LA BOÎTE À OUTILS

DES RESSOURCES HUMAINES

Annick Haegel

64 outils clés en main

+ 3 vidéos d'approfondissement

DUNOD

Crédits iconographiques

Avant-propos : © sabelskaya - Adobe Stock; Dossier 1 : © tashatuvango – Adobe Stock; Outil 1 : © Flatart – Noun Project; Outil 3 : © Viral faisalovers – Noun Project; Outil 4 : © Adrien Coquet / © Mint Shirt / © Saepul Nahwan / © Creative Stall – Noun Project; Outil 5 : © Gilbert Bages – Noun Project; Outil 6 : © Wilson Joseph – Noun Project; Outil 7 © Gregor Cresnar – Noun Project; Dossier 2 : © Leonid – Adobe Stock; Outil 8 : © Gan Khoon Lay – Noun Project; Outil 9 : © Aneeque Ahmed / © Adrien Coquet / © AliWijaya / © Adrien Coquet – Noun Project; Outil 10 : © b parias – Noun Project; Outil 11 : © Adrien Coquet / © Erik Vullings / © Eat Bread Studio / © Fauzan Adiima / © Edward Boatman / © Anna Sophie – Noun Project; Outil 12 : © Wilson Joseph – Noun Project; Dossier 3 : © sebra – Adobe Stock; Outil 15 : © Aneeque Ahmed – Noun Project; Outil 16 : © Adrien Coquet / © Nithinan Tatah / © Chanut is Industries – Noun Project; Outil 21 : © Fatih Studio – Noun Project; Dossier 4 : © ordinary042 – Adobe Stock; Outil 26 : © Daniel Falk – Noun Project; Dossier 5 : © Trueffelpix – Adobe Stock; Outil 30 : © hafiudin / © Dennis Dick / © kareemovic2000 / © Mister Pixel / © Arafat Uddin – Noun Project; Outil 31 : © ProSymbols – Noun Project; Outil 32 : © jesadaphorn – Adobe Stock; Outil 34 : © hafiudin / © b farias / © ArtWorkLeaf /© zidney – Noun Project; Dossier 6 : © contrastwerkstatt – Adobe Stock; Outil 37 : © Maxim Kulikov – Noun Project; Dossier 7 : © Rawpixel.com – Adobe Stock; Outil 46 : © parkjisun – Noun Project; Dossier 8 : © andyller – Adobe Stock; Outil 49 : © parkjisun / © Wilson Joseph / © Arafat Uddin / © Adrien Coquet – Noun Project; Dossier 9 : © thodonal – Adobe Stock; Outil 52 : © Gan Khoon Lay – Noun Project; Dossier 10 : © Rawpixel.com – Adobe Stock; Outil 53 : © icon 54 / © Adrien Coquet / ©popcornarts – Noun Project; Outil 56 : © Eucalyp – Noun Project; Outil 61 : © Adrien Coquet – Noun Project; Outil 62 : © JeromeCronenberger – Adobe Stock; Outil 64 : © Adrien Coquet / © Creative Mania / © Wilson Joseph / © b farias – Noun Project.

Illustration (outil 42) : **Rachid Maraï**

Mise en page : Belle Page

11 rue Paul Bert, 92240 Malakoff
www.dunod.com

ISBN 978-2-10-080660-7

VOUS AUSSI, AYEZ LE RÉFLEXE

Boîte à outils

Des outils classés par dossiers thématiques

Une présentation visuelle de chaque outil

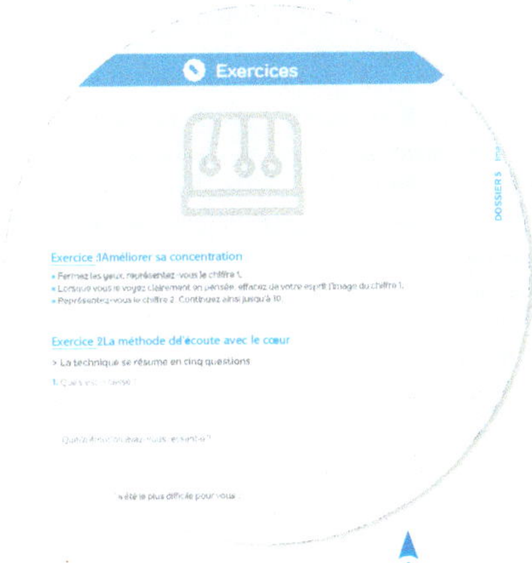

Des **exemples, cas** ou **exercices** pour approfondir

Avant-propos

> Commencez maintenant, pas demain.
> Demain est une excuse de perdant.
>
> Andrew Fashion

L'ouvrage que nous vous proposons est dédié aux Ressources Humaines. Il a pour objectif de fournir des grilles de compréhension et des outils pour répondre aux problématiques RH régaliennes mais également à celles nouvellement rencontrées dans les organisations. De récentes réformes, comme la Loi Travail et les ordonnances Macron, ainsi que la loi « Avenir Professionnel », ont fortement modifié le paysage RH.

La gestion des Ressources Humaines en pleine évolution

La flexibilité de l'organisation a succédé à la standardisation. Aujourd'hui, les organisations éclatées en petites structures sont imbriquées dans des formes variées de dépendance et d'externalisation qui débordent des frontières nationales. La flexibilité sous toutes ses formes (effectifs, équipes, temps de travail, horaires, localisation du lieu de travail, lien de subordination, flexibilité fonctionnelle...), mais aussi les nouvelles technologies, l'intelligence artificielle, le travail en réseau, la qualité, la satisfaction du client, l'individualisation des situations de travail, la diversification des formes d'emploi, ont contribué à générer, pour beaucoup d'entre elles, stress, surcharge de travail, insécurité et exclusion, même si elles ont développé un travail de qualité à la fois rentable et porteur de flexibilité aux avantages partagés.

Ces nouvelles formes d'organisation du travail beaucoup plus agiles et réinventées, voire libérées, les plus aptes à répondre aux défis d'une économie mondialisée en mouvance rapide (compétitivité, maximisation des profits) ont profondément modifié les manières de travailler, les critères de définition et de reconnaissance du travail.

La digitalisation, la responsabilité sociale et sociétale des entreprises, l'importance de la protection des données personnelles, l'arrivée progressive de l'intelligence artificielle,

font déjà partie du quotidien. Dans ce contexte perturbé, les DRH doivent avoir de solides convictions et savoir les faire partager à leur comité de direction et à leurs managers pour accompagner les transformations en cours et celles à venir.
Cette 3e édition offre une vision globale des problématiques RH actuelles et futures. Les domaines régaliens, plus traditionnels du métier de RH (tels que le recrutement, l'appréciation, le développement de compétences...) sont également étudiés et apportent des outils concrets adaptés au monde actuel. Cette dernière édition intègre les modifications du Code du travail introduites par les ordonnances Macron de 2017 et la « loi pour la liberté de choisir son avenir professionnel » de 2018 qui impactent fortement les pratiques.

Les solutions apportées

La *Boîte à Outils des Ressources Humaines* répond aux besoins des directions des Ressources Humaines, aux étudiants voulant intégrer cette dimension RH dans leur cursus, ainsi qu'aux managers opérationnels qui utilisent au quotidien les démarches et les outils RH. Il ne faut pas perdre de vue que le manager est la pièce maîtresse de la gestion des Ressources Humaines dans la mesure où le manager est le premier RH de son équipe et sans lequel la mise en œuvre des politiques RH ne pourrait se faire.
Outils, diagnostics, exemples de supports et quiz sont proposés à travers les 10 dossiers de cette *Boîte à Outils*. Elle offre à la fois les clés pour faire évoluer la fonction RH, comprendre les différents rôles permettant de répondre aux nouveaux enjeux de l'organisation, mais également les outils favorisant le développement de la professionnalisation et la facilitation du partage de la fonction RH avec les managers.

Sommaire des vidéos

Certains dossiers sont accompagnés de vidéos, accessibles par QR codes, qui complètent, développent ou illustrent le propos.

- Repenser la fonction RH (dossiers 1, 2 et 6)
- Accompagner les transformations (dossiers 3, 4, 7 et 9)
- Les évolutions juridiques de la fonction RH (dossiers 5 et 10)

Sommaire

1 DOSSIER

NOUVEAU RH : BUSINESS, HUMAN, DIGITAL & MACHINE PARTNER

« Prenez vos décisions en fonction d'où vous allez, pas en fonction d'où vous êtes.

James Arthur Ray

http://dunod.link/ehhois6

Face à un environnement en perpétuelle transformation, les organisations passent d'une logique de gestion à une logique de changement et d'adaptation permanente. Le facteur humain reste aujourd'hui l'un des derniers leviers pour gagner en efficacité et augmenter la performance de l'organisation. Pour accompagner les transformations, le DRH est plus que jamais au cœur du dispositif.

Quels sont les changements constatés ?

La digitalisation et l'intelligence artificielle, la globalisation des marchés, la dérégulation de pans entiers de l'économie et les transformations démographiques et sociologiques, qui créent de nouvelles attentes et exigences, ont considérablement modifié le rapport au travail. Le numérique favorise également le développement de nouvelles formes de travail qui participent au brouillage des frontières entre vie professionnelle et vie personnelle. Ces bouleversements profonds impactent directement la fonction RH, ses rôles et ses processus-clés.

Les directions générales sont, pour la plupart, bien conscientes que toutes ces transformations modifient en profondeur la relation au travail. Dans ce contexte, elles comptent sur la fonction RH pour accompagner humainement ces transformations et préparer ce nouveau futur, mais elles exigent en parallèle des réductions de coûts, des retours sur investissements rapides et une mise en conformité constante vis-à-vis des nouvelles réglementations françaises et européennes.

Quels sont les nouveaux rôles et attentes des Directions Générales vis-à-vis de la fonction RH ?

Les équipes RH ne sont pas toujours en phase avec les besoins réels de l'organisation et des collaborateurs. Au-delà de ses rôles traditionnels, tels que le recrutement, les relations sociales, etc., elle doit se renouveler en profondeur. Être DRH nécessite de répondre de manière circonstanciée et de faire évoluer ses politiques et ses pratiques. La fonction RH doit réussir sa propre transformation en s'affirmant davantage dans ses rôles de *Business, Human, Digital* & *Machine Partner*.

Les outils

Outil 1 La fonction RH Business Partner

> “ Changez vos stratégies et tactiques, mais jamais vos principes.
>
> John Kessel

En quelques mots

Le processus d'alignement de la politique RH aux objectifs stratégiques de l'organisation est connu sous le nom de *RH Business Partner*. Dave Ulrich a popularisé l'idée que les RH sont de véritables partenaires stratégiques au même titre que les autres fonctions de l'organisation. Il a proposé, dès 1997, une modélisation des quatre rôles que doivent assurer les professionnels RH pour devenir des HRBP (*Human Ressources Business Partner*). Cette modélisation est toujours d'actualité.

LES 4 RÔLES DE LA FONCTION RH

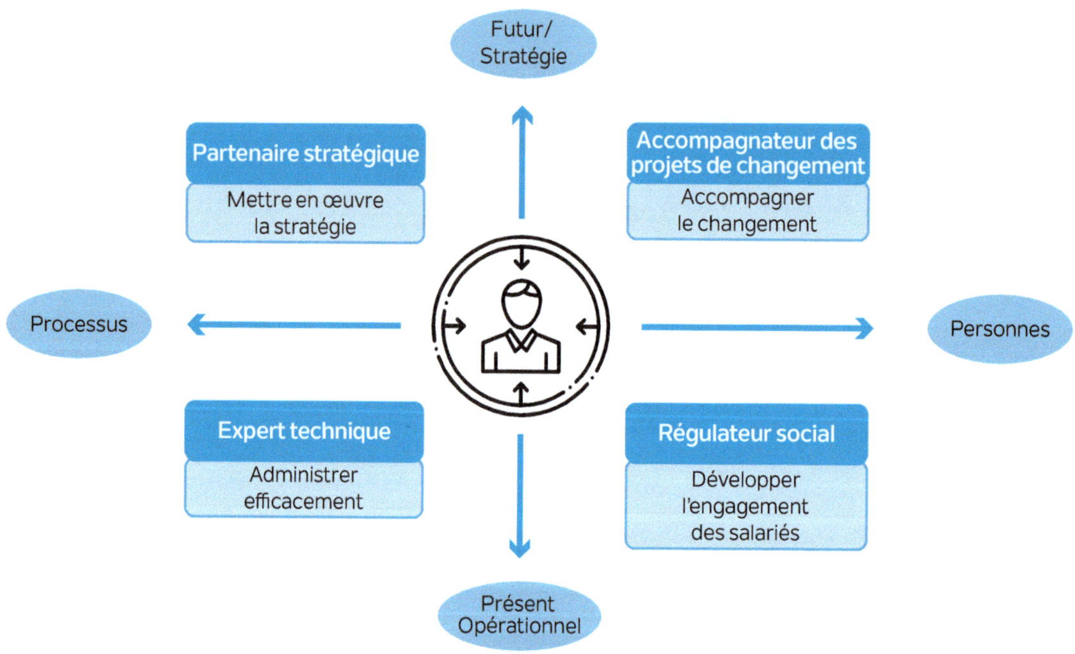

Selon Dave Ulrich, HR Champions, 1997.

POURQUOI L'UTILISER ?

Objectif

La matrice de Dave Ulrich permet de prendre conscience des différentes dimensions de la fonction RH. Elle doit permettre à la fonction RH de mieux comprendre son rôle et ses missions qui vont bien au-delà de la partie administrative et des relations sociales où elle représente la Direction Générale dans le dialogue social.
Dave Ulrich propose ainsi, dès 1997, une **modélisation des quatre rôles que doivent assurer les professionnels RH** pour devenir des acteurs clés du business.

Contexte

Aujourd'hui encore, les quatre rôles décrits par Ulrich sont d'actualité et toujours attendus par les Directions Générales. Les DRH sont mandatés pour définir la politique RH et l'aligner sur la stratégie de l'organisation. La fonction RH est considérée comme un acteur clé de l'accompagnement des transformations de l'organisation. Elle doit oser poser les questions « RH » et conseiller la Direction Générale sur des décisions qui impactent les femmes et les hommes au travail. Elle influe ainsi sur les décisions en soulevant les problèmes sociaux.

COMMENT L'UTILISER ?

Étapes

La fonction RH doit jouer quatre rôles complémentaires contribuant à atteindre les objectifs stratégiques de l'organisation.
Elle doit être :

1. **Un partenaire stratégique**
La fonction RH doit faire en sorte que la stratégie RH supporte la stratégie de l'entreprise. Les politiques RH, telles que le recrutement, le développement des compétences, la rémunération, la gestion des talents, la démarche de gestion des emplois et des parcours professionnels (GEPP) ou encore la politique sociale, doivent contribuer à atteindre les objectifs stratégiques.

2. **Un expert administratif**
Elle assure la qualité des prestations administratives RH : paie et relations sociales. C'est le socle indispensable sur lequel s'appuient les autres processus RH.

3. **Un agent du changement**
Elle doit intervenir en amont du changement afin d'encourager les nouveaux comportements et leur efficacité. C'est de sa responsabilité de mettre en place une culture du changement et de la transformation.

4. **Un champion des salariés**
Elle doit développer l'engagement des salariés et jouer un rôle de régulateur social. Elle s'assure de faire changer les mentalités et veille à la mise en valeur des salariés en tant que ressources stratégiques et non seulement en tant que variables d'ajustement. Elle assure ainsi le développement du capital humain et veille au bon développement du climat social et du bien-être au travail. Quand elle fait gagner ses salariés, elle fait gagner l'entreprise. Selon une étude réalisée en 2018 par Harvard et le MIT, les salariés heureux sont deux fois moins malades, six fois moins absents, 31 % plus productifs et 55 % plus créatifs.

Avant de vous lancer...

√ **Gardez toujours en tête qu'un *RH Business Partner* optimise les Ressources Humaines d'une entreprise en intégrant systématiquement une dimension sociale importante dans sa démarche.**

√ **Accompagnez toute décision importante d'un effort particulier de conduite du changement.**

Outil 2

La fonction RH Human Partner et la responsabilité sociétale

> « Pas d'entreprise qui gagne dans un monde qui perd. »
>
> Alain Dinin et Jean-Philippe Ruggieri

En quelques mots

La RSE (Responsabilité Sociétale des Entreprises) regroupe l'ensemble des pratiques mises en place par les entreprises dans le but de respecter les principes du développement durable (social, sociétal, environnemental et économique). Le volet social de la RSE a pour objectif de lutter contre les inégalités, de respecter la diversité, d'assurer l'égalité des chances, de faire travailler les salariés dans des conditions décentes et d'assurer l'employabilité de tous. La fonction RH peut en partie contribuer à résoudre les problèmes de société en développant des politiques RH socialement responsables. Par le développement de son volet social et sociétal, elle atteste de sa volonté de reconnaître l'existence du potentiel humain de l'entreprise et de son engagement du développement de ce patrimoine immatériel.

LES 3 DIMENSIONS DU DÉVELOPPEMENT SOCIALEMENT RESPONSABLE

- Ne pas avoir recours au travail des enfants et au travail forcé
- Liberté d'association pour les salariés et les négociations collectives
- Développement de la diversité
- Non-discrimination
- Santé et bien-être au travail
- Respect des données à caractère personnel (RGPD)

- Formation des jeunes en situation précaire
- Égalité des chances
- Loi « Avenir Professionnel »
- Actions solidaires
- Valeurs éthiques
- Formes d'aides et de mécénat

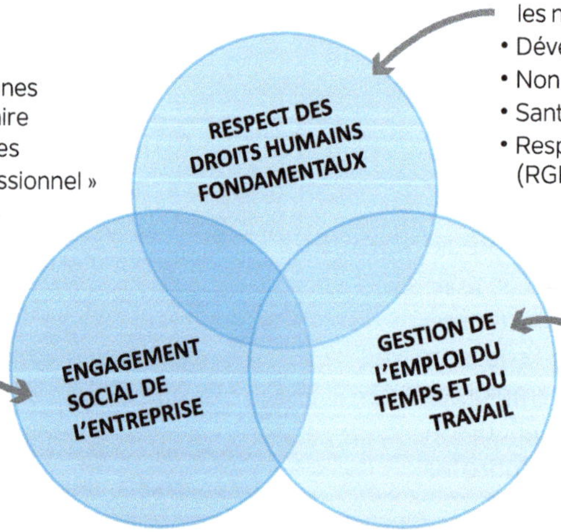

- Dialogue social, mesures salariales et avantages sociaux
- Développement durable des compétences
- Formation tout au long de la vie
- Sécurisation des parcours professionnels
- Gestion de l'emploi et des parcours professionnels (GEPP)

? POURQUOI L'UTILISER ?

Objectif

Les crises financières, sociales et écologiques, ont entraîné une perte de confiance des salariés dans leur entreprise. L'intégration des enjeux sociétaux dans la stratégie des organisations pourrait inverser cette tendance, améliorer la compétitivité et la croissance des entreprises, mais également l'attractivité et la fidélisation des talents. Le volet social de la RSE entraîne une augmentation de la productivité par une baisse des coûts, des pénalités et des conflits. Il crée un engagement plus fort des jeunes générations hautement sensibles à cette dimension sociale entre collaborateurs.

Contexte

La loi sur les Nouvelles Régulations Économiques (NRE), puis la loi Grenelle 2 complétée par la loi Warsmann 4 et enfin la transposition de la directive 2014/95/EU obligent, par le décret du 9 août 2017, les entreprises cotées sur un marché réglementé et les grandes entreprises à publier des indicateurs extra-financiers dans leur rapport de gestion.
Les entreprises et les groupes qui y sont soumis doivent publier leurs données sociales, sociétales, économiques et environnementales dans un rapport RSE appelé **Déclaration de performance extra-financière**.

COMMENT L'UTILISER ?

Étapes

1. Impliquer la Direction Générale dans une démarche de responsabilité sociale durable.
2. Faire contribuer la fonction RH à cette politique en prenant en compte la dimension sociale et sociétale dans ses pratiques et politiques.
3. Présenter les actions RH et les moyens à mettre en place pour accompagner les problématiques sociales et sociétales.
4. Signer des accords et des chartes en y intégrant des engagements sociaux et sociétaux à mettre en œuvre.
5. Communiquer auprès des managers et les rendre acteurs du déploiement des engagements pris auprès de leurs équipes.
6. Élaborer des indicateurs pour mesurer la réelle contribution de la fonction RH au volet social et sociétal de la politique RSE de l'entreprise.

Méthodologie et conseils

Les indicateurs à suivre pour mesurer la contribution RH à la politique RSE sont, par exemple, le taux d'absentéisme, le nombre de conflits, l'augmentation des compétences, le taux d'emploi des populations à risque, le taux d'accidents de travail, le taux de satisfaction des salariés, le nombre de recrutements des populations issues de la diversité, etc.
Par cette démarche RSE, la fonction RH apporte un changement de comportement, un passage de l'individuel au collectif et permet d'inscrire l'entreprise dans un mouvement d'entreprises socialement responsables. Elle améliore l'image de l'entreprise en mettant l'homme au cœur de l'organisation et favorise la rétention et l'attraction des talents, qui se reconnaissent dans ces valeurs éthiques.

Avant de vous lancer...

√ **Dans un avenir très proche, les entreprises seront jugées et valorisées, non seulement sur leur performance financière, mais aussi sur leurs moyens et actions déployés pour faire converger la stratégie de l'entreprise et les problématiques de société. La DRH est attendu sur ces nouvelles dimensions sociales et sociétales. Il n'y a plus de temps à perdre.**

Outil 3

La fonction RH Digital Partner

« Accrochons-nous à ce que nous faisons de mieux en changeant notre façon de faire.

Pascal Tricoire

En quelques mots…

Le **digital** modifie l'organisation et les conditions de travail, les modes de vie des collaborateurs, les pratiques RH et les styles de management. Le modèle pyramidal, ainsi que l'approche en étoile où le manager est au centre, est remis en question. S'installe alors **un mode de travail en réseau** où les frontières hiérarchiques et géographiques s'estompent et où les démarches collaboratives prennent place en dehors du lien hiérarchique.

Les nouvelles technologies provoquent donc **un véritable changement culturel et managérial**. La fonction RH a pour rôle d'accompagner rapidement ces transformations.

LES ACTIONS CLÉS POUR ACCOMPAGNER LA DIGITALISATION

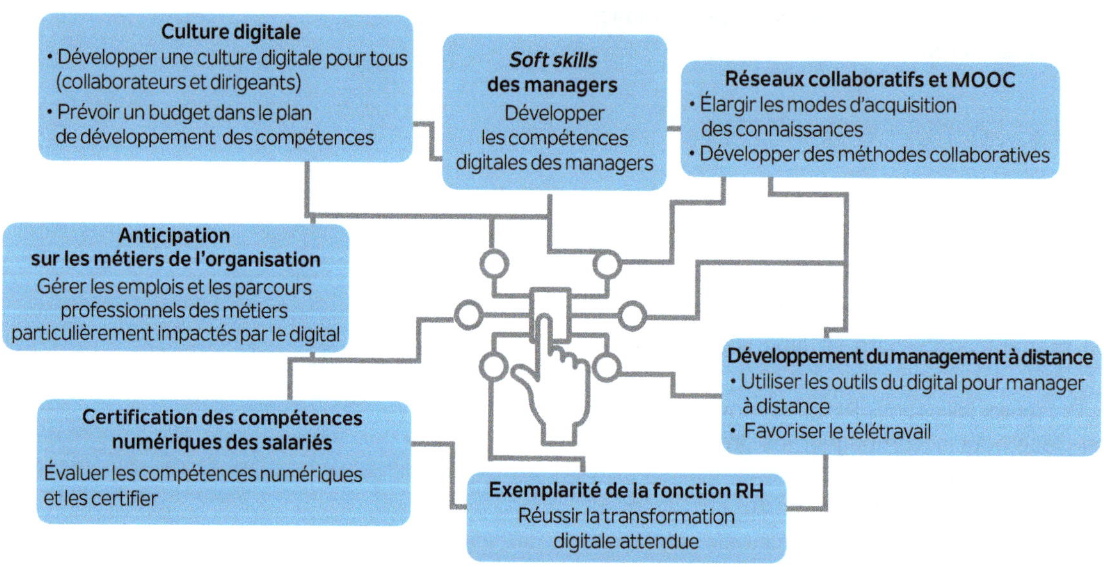

POURQUOI L'UTILISER ?

Objectif

La transformation digitale a de nombreuses implications sur le monde du travail. C'est à la fonction RH d'identifier les évolutions liées au digital dans l'entreprise et d'en mesurer les impacts. Dans les organisations, la fonction RH est au cœur de cet accompagnement digital.

Contexte

Les entreprises françaises se placent aux trois dernières places du « Digital Transformation Index II » établi par Dell Technologies auprès de 40 pays et 4 600 dirigeants (classement qui évalue la maturité digitale des organisations). Cette mauvaise place française s'explique par un manque de culture digitale, de savoir-faire numérique des collaborateurs et des dirigeants.

COMMENT L'UTILISER ?

Étapes

1. Développer une culture digitale pour tous les collaborateurs afin de leur permettre de maîtriser les outils du numérique et développer des méthodes collaboratives nécessaires aux nouveaux modes de travail.
2. Transformer les rôles et les postures du manager. La fonction RH se charge de former et d'accompagner le manager dans ce nouvel environnement connecté.
3. Favoriser le management à distance et développer une nouvelle culture managériale.
4. Élargir les modes d'acquisition des compétences par l'utilisation des nouvelles modalités d'apprentissage tels que les MOOC, les e-learnings, les réseaux collaboratifs, etc.
5. Anticiper l'impact du numérique sur les métiers et les compétences en identifiant les impacts quantitatifs et qualitatifs sur les métiers actuels et futurs tout en élaborant le plan d'action RH.
6. Mettre en place des règles de fonctionnement pour préserver l'équilibre entre vie personnelle et vie professionnelle (cf. ordonnances Macron).
7. Veiller, en tant que DRH en collaboration avec le délégué à la protection des données (DPO), à respecter la confidentialité des données et à contrôler ses usages.
8. Utiliser les outils du numérique pour communiquer avec les collaborateurs et permettre à la fonction RH d'être au plus proche du terrain et d'être exemplaire en matière de digitalisation.
9. Développer des partenariats qui favorisent l'apprentissage en classes virtuelles.
10. Évaluer les compétences numériques de son entreprise pour la faire progresser.

Méthodologie et conseils

La fonction RH doit être extrêmement vigilante quant à la préservation de la marque employeur de son organisation qui peut être rapidement mise à mal par les commentaires de ses salariés ou des candidats. La DRH doit constamment évaluer la marque employeur en se connectant régulièrement sur les sites dédiés. Dans la course effrénée aux talents, la notation de l'entreprise peut avoir un effet d'attraction, de fidélisation ou de répulsion.

Avant de vous lancer...

√ **Faites des outils du numérique des occasions de rencontre entre collaborateurs en offrant ainsi des opportunités pour capitaliser, mutualiser des connaissances et relier des individus qui ne se rencontreraient jamais sans ces nouveaux outils.**

√ **La Loi Travail reconnaît un droit à la déconnexion. Mettez en place des mesures visant à assurer le respect des congés payés et du temps de repos. Ces mesures sont négociées directement dans l'entreprise entre les représentants du personnel, les représentants syndicaux et la direction.**

Outil 4

La fonction RH et l'intelligence artificielle

> “ *L'homme a la possibilité non seulement de penser, mais encore de savoir ce qu'il pense ! C'est ce qui le distinguera toujours du robot le plus perfectionné.*
>
> Jean Delumeau

En quelques mots

Il existe un foisonnement d'initiatives en **intelligence artificielle** (IA) au sein de l'organisation, pilotées par les lignes opérationnelles. C'est à la fonction RH de jouer un rôle de coordination de toutes ces initiatives dispersées, en prenant en compte les aspects multidimensionnels de l'IA (aspects sociaux, technologiques, juridiques, industriels et éthiques).

Le rôle de la fonction RH est de **quantifier ce changement provoqué par l'IA** en identifiant le nombre de métiers impactés et le nombre de personnes concernées par des transformations. Elle mettra en œuvre le changement et aura aussi en charge l'acculturation à l'IA de toute l'organisation.

QUELS MÉTIERS ET SECTEURS SERONT CONCERNÉS PAR LES DISPARITIONS ET TRANSFORMATIONS D'EMPLOIS ?

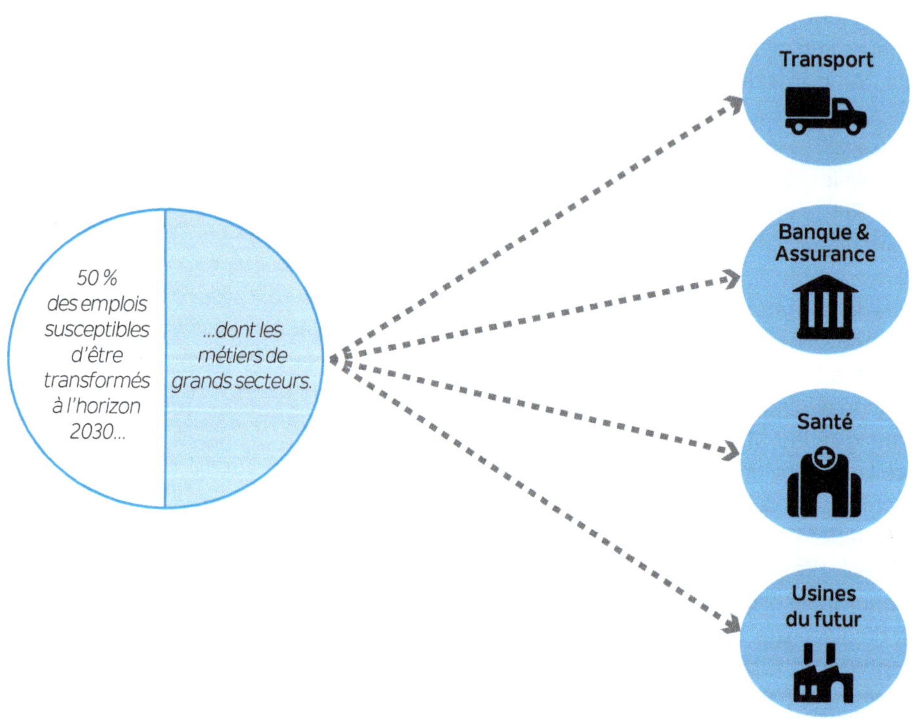

POURQUOI L'UTILISER ?

Objectif

L'arrivée massive de l'intelligence artificielle (IA) dans quelques années engloutira de nombreux emplois et risquera d'être socialement néfaste si elle n'est pas anticipée. Pour autant, face à ce constat alarmiste, il y a bien évidemment un volet « création d'emplois » qui pourrait être plus puissant que celui entraînant la disparition des métiers.

Contexte

Une étude de 2003 de l'université d'Oxford avertissait qu'environ 47 % des emplois aux États-Unis couraient un risque élevé d'être automatisés. Même si ces chiffres sont largement surestimés, l'impact de l'automatisation sera préjudiciable pour les groupes d'emplois déjà menacés sur le marché du travail. Les conséquences seront plus graves pour les salariés les plus fragiles, notamment les jeunes et les moins qualifiés.

Mais qualifiés ou non, tous les métiers seront impactés par cette évolution. L'éducation ne protégera plus autant qu'avant dans la mesure où l'IA automatise aussi les tâches à forte valeur ajoutée. Par exemple, l'intuition d'un radiologue, le savoir-faire d'un expert-comptable ou d'un avocat, jusque-là inimitables par la machine, seront désormais captés par les algorithmes.

COMMENT L'UTILISER ?

Étapes

Il existe trois leviers de la fonction RH pour accompagner les transformations liées à l'IA.

1. **Levier 1 : Mettre en place un observatoire d'évolution des métiers**

Il est nécessaire d'anticiper les impacts de l'IA sur tous les métiers et non seulement sur ceux à forte répétitivité ou à faible valeur ajoutée. La fonction RH doit s'interroger, avec l'aide des directions opérationnelles concernées, sur les nouveaux métiers qui se créent, ceux recomposés et ceux disruptés par l'IA.

2. **Levier 2 : Développer les nouvelles compétences comportementales**

La fonction RH se doit de diffuser une culture en intelligence artificielle au sein de l'organisation, c'est-à-dire qu'elle doit développer des compétences transversales telles que la créativité, les capacités relationnelles mais aussi l'autonomie, la coopération et l'expérience client augmentée. Ces *soft skills* resteront demain l'apanage de l'humain et ne pourront être remplacés par la machine.

3. **Levier 3 : Agir sur le management, pierre angulaire de la transformation**

Les pratiques managériales doivent s'assouplir et les managers doivent devenir des managers dits « agiles ». Ces derniers expérimenteront ainsi de nouvelles approches telles que l'innovation participative ou le *design thinking*. Ces pratiques managériales seront requises dans les organisations disruptées par l'IA.

Méthodologie et conseils

Il est essentiel d'élever le niveau de conscience des partenaires sociaux sur les enjeux de l'IA et ses impacts sur les métiers. Cette prise en compte des impacts sur les métiers doit être au cœur des accords de GEPP (Gestion des Emplois et des Parcours Professionnels), ancienne GPEC.

Avant de vous lancer...

- √ **Abordez le sujet avec prudence et évitez d'avoir une approche anxiogène.**
- √ **Agissez rapidement pour accompagner au mieux les salariés dont la disruption de leur métier est plus ou moins programmée.**
- √ **Recrutez de nouveaux profils et de nouvelles compétences requises par l'intelligence artificielle.**

Outil 5

La médiation en entreprise

> “
> *Un mauvais accommodement vaut mieux qu'un bon procès.*
> Dicton français

En quelques mots...

La **médiation** est un **processus** dans lequel deux ou plusieurs personnes confient à un tiers, neutre et impartial, la mission de les aider à résoudre un litige qu'ils n'ont pas pu régler. La **médiation en entreprise** est un **processus structuré** permettant de créer un équilibre ou de retrouver un équilibre perdu entre deux parties.
C'est une approche innovante socialement qui permet de régler des conflits de manière plus rapide, moins coûteuse et plus apaisée. C'est à la fonction RH de proposer ce type de démarche. Le médiateur peut être externe ou interne.

LES 5 ÉTAPES D'UNE MÉDIATION

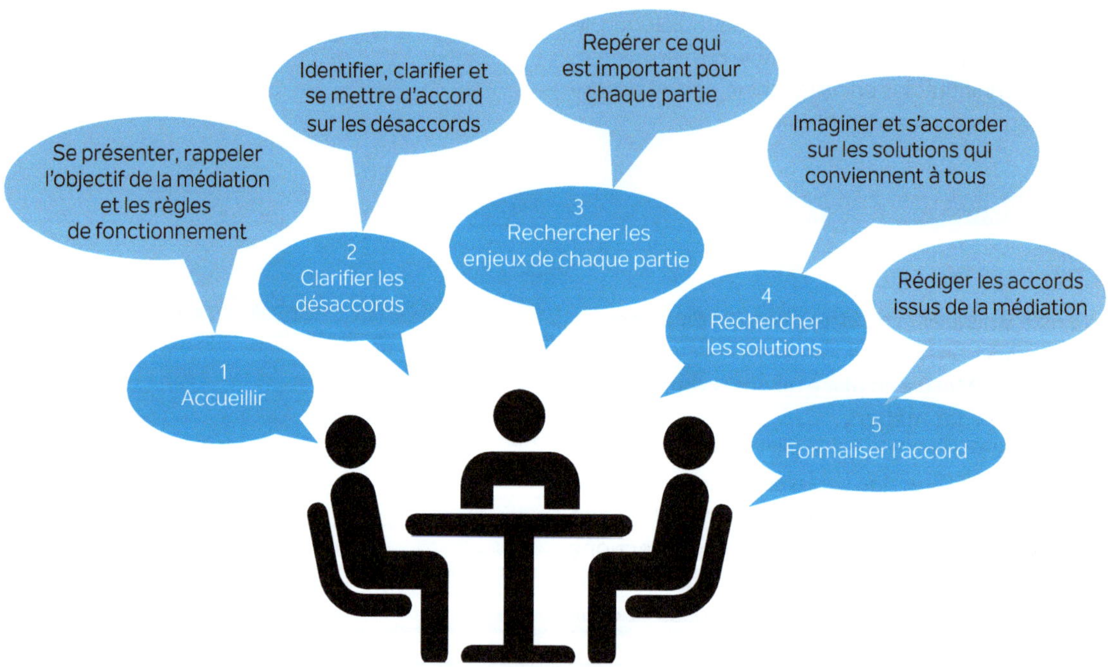

POURQUOI L'UTILISER ?

Objectif

Plusieurs modalités de résolution de conflit existent, à savoir la négociation, la conciliation juridique et la procédure d'arbitrage. La médiation est également un mode alternatif de règlement des litiges. L'intérêt de la médiation (en comparaison aux autres approches citées) est de sortir du litige par un accord acceptable pour les deux parties avec l'aide d'un tiers.

Contexte

En Europe et surtout en France, même si la médiation prospère à l'ombre de la justice, le fonctionnement syndical, protecteur des droits collectifs, fonctionne bien. Néanmoins, on introduit de plus en plus dans les entreprises cet outil complémentaire qu'est la médiation.
Le médiateur peut être externe ou interne : si le médiateur est interne, il doit respecter les règles éthiques de la profession, telles que la neutralité, l'impartialité et l'indépendance. Ces règles sont plus difficiles à respecter quand le médiateur est interne, mais il doit s'y soumettre tout autant qu'un médiateur externe.

COMMENT L'UTILISER ?

Étapes

1. Avant de démarrer une médiation, les médiateurs prendront rendez-vous avec le commanditaire et les personnes concernées par la médiation. Des entretiens préalables sont particulièrement utiles lorsque de fortes tensions ou émotions s'expriment dans les propos des médiés lors du premier échange.
2. L'accueil est une phase clé de la première séance de médiation. Le médiateur doit réussir à installer la confiance dans les quinze premières minutes.
3. Après cette mise en confiance, le médiateur a pour objectif de clarifier le désaccord qui oppose les médiés et de les mettre d'accord sur ce qui les oppose avant de comprendre les enjeux des parties. Pour cela, il recherche les valeurs, les croyances et les besoins de chacune des parties.
4. Une médiation commence à prendre fin quand les solutions envisagées sont identifiées. Si le médiateur constate que l'accord risque d'être déséquilibré, il peut reformuler et ouvrir sur d'autres solutions.
5. La conclusion met fin à la médiation. Il est important de conclure par un rituel de fin dans lequel il faut être vigilant et ne pas se laisser piéger par un nouveau sujet en fin de séance.

Méthodes et conseils

- L'accueil par le médiateur repose également sur la bonne utilisation des techniques de communication, à savoir la reformulation. Le questionnement est proscrit pendant cette phase.
- Le médiateur ne doit pas reprendre les mots violents ou intimes utilisés par les médiés. Il les transforme en mots neutres pour calmer la situation. Il doit savoir « enrober » les paroles.
- Le médiateur ne travaille pas sur les faits mais sur les représentations. Comprendre l'autre c'est avant tout connaître son cadre de référence.

Avant de se lancer...

√ **La médiation doit rester un processus volontaire auquel chaque partie doit exprimer son adhésion.**

√ **La médiation permet de gagner du temps et de l'argent mais surtout de conserver les liens entre les parties après la médiation.**

√ **C'est la totale liberté d'y recourir et d'en fixer les modalités qui est garante de son efficacité.**

Outil 6

La fonction RH : une fonction partagée avec les managers

> « *Nous avons besoin les uns des autres. L'être humain n'est pas fait pour s'isoler, mais pour partager.* »
>
> Alice Parizeau

En quelques mots

Le **partage de la fonction RH avec les managers** n'est pas toujours optimal. Il doit être renforcé pour que le capital humain soit au cœur de l'entreprise. Ce partage ne peut se faire sans une clarification des rôles des managers sur chacun des processus RH. En fonction du degré de partage des différents processus, la **fonction RH aura un rôle opérationnel, de soutien, de transfert ou de coordination et de contrôle**. Elle vient en renfort si besoin et a pour mission de transférer son savoir auprès des managers.

LES 4 RÔLES DE LA FONCTION RH ET DES MANAGERS DANS LES DIFFÉRENTS PROCESSUS RH

1. Rôle opérationnel
Gestion des processus RH

- Dans les cas où le processus n'est pas ou faiblement partagé avec les managers (ex. : gestion des IRP)

2. Rôle de soutien
Soutenir et conseiller les managers

- Joue ce rôle quand les processus sont complexes ou peu fréquents

4. Rôle de coproduction et de coordination
Contrôler la réalisation et l'alignement stratégique

- Joue ce rôle quand les managers maîtrisent déjà les savoir-faire RH (ex. : entretien annuel)

3. Rôle de transfert
Transférer des savoir-faire aux managers pour qu'ils deviennent autonomes

- Joue ce rôle quand les managers ne maîtrisent pas encore les savoir-faire RH
- Le processus RH doit être fortement partagé avec les managers

POURQUOI L'UTILISER ?

Objectif

Le partage de la fonction RH avec les managers est un enjeu fort pour les directions des RH. Depuis la fin des années 1990, les spécialistes RH ont pris conscience que les managers sont les mieux placés pour remplir le rôle de premier RH de l'équipe. Mais cette prise de conscience de la part des managers ne peut s'enclencher d'elle-même. Il faut absolument sensibiliser, former et accompagner les managers à l'utilisation des outils permettant de générer les bons réflexes RH.

Contexte

Les services RH ont subi des transformations fortes ces dernières années : allégement des effectifs, standardisation de la fonction RH, culture du *reporting*, etc. La DRH a donc encore plus besoin des managers pour jouer le rôle de premier RH de l'équipe.

Mais le partage n'est pas toujours mis en pratique alors qu'il devrait être au premier rang des priorités des responsables RH. Face à la surcharge de travail, les managers ont souvent peu de temps à consacrer à la gestion RH de leur équipe et n'y trouvent pas d'intérêt.

COMMENT L'UTILISER ?

Étapes

1. Afficher clairement la volonté politique de mettre le manager au cœur des dispositifs RH.
2. Libérer du temps pour accomplir cette mission.
3. Faire un audit des processus RH au regard du critère « partage » et identifier les processus RH qui sont partagés, ceux qui le sont en partie et ceux qui ne le sont pas du tout.
4. Pour chacun des processus RH, se poser la question du partage (qui fait quoi, jusqu'où, quand) et prendre en compte les niveaux de savoir-faire des managers sur chacun des processus.
5. Fournir une boîte à outils RH à chaque manager et les former sur les sujets RH (droit du travail, risques psychosociaux, discrimination, recrutement, rémunération, développement des compétences...). Faire comprendre, avant tout, la finalité et le mode opératoire des outils.
6. Évaluer le rôle de « manager premier RH de son équipe », réellement tenu par le manager, lors de son appréciation annuelle et lors de l'identification de son potentiel managérial.

Méthodologie et conseils

La fonction RH a un rôle plus opérationnel sur les processus peu partagés (par exemple, la gestion des instances représentatives), alors qu'elle est en coproduction et en coordination sur des processus tels que l'appréciation annuelle ou la rémunération des collaborateurs. Elle joue un rôle de formateur ou de pédagogue sur les processus partagés mais encore non maîtrisés par les managers. Elle doit donc conseiller et soutenir les managers sur ces processus partagés mais dont la complexité ou la faible fréquence d'utilisation font que le manager est démuni et a besoin d'aide.

Avant de vous lancer...

- √ **La fonction centrale RH reste le concepteur des politiques et des outils RH même si la méthode est participative.**
- √ **Le partage RH sera plus difficile si l'entreprise a une structure pyramidale et que les managers n'ont habituellement aucune capacité décisionnelle au quotidien, en dehors de leur champ technique.**
- √ **Partager la fonction RH avec les managers, c'est leur donner un puissant levier de management et éviter les risques juridiques et humains. Les outils RH bien maîtrisés leur permettent de gagner en légitimité auprès de leurs équipes et de ne pas être démunis et mis à mal sur des sujets dont ils sont directement responsables.**

Outil 7

Des outils RH au service des managers

> “ Les outils RH « 3 U » sont les fondations de la fonction RH partagée.

En quelques mots

La démarche des outils RH « 3 U », alignés sur la stratégie de l'organisation, permet de mettre en place des outils RH au service des managers. Les « 3 U » d'un bon outil RH sont les suivants :

- **utile** : les managers comprennent l'intérêt de l'outil dans leur management au quotidien ;
- **utilisable** : les outils sont « ergonomiques » et les managers les trouvent faciles à utiliser. Ils savent également qui fait quoi : les contributions et rôles de chacun sont bien définis ;
- **utilisé** : c'est un bon moyen de vérifier que l'outil est bien utile et utilisable.

LES CARACTÉRISTIQUES DES OUTILS RH « 3 U »

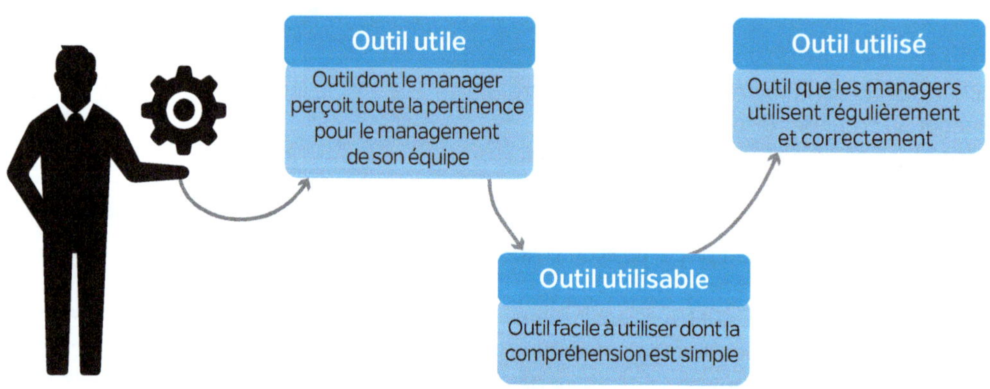

POURQUOI L'UTILISER ?

Objectif

Les DRH constatent souvent que les managers n'utilisent pas correctement ou insuffisamment les outils RH qu'ils ont en leur possession. C'est donc à eux de construire des outils au service des managers. Ces outils doivent être alignés sur la stratégie de l'entreprise.

Contexte

Les outils RH sont souvent parfaits techniquement mais complexes à utiliser au quotidien. Les responsables RH doivent veiller à les simplifier pour leur bonne utilisation et s'armer de pédagogie pour en faire comprendre le sens et l'intérêt aux managers, qui en sont les principaux utilisateurs.

COMMENT L'UTILISER ?

Étapes

1. Faire un diagnostic des outils existants. Pour chaque outil, vérifier qu'il est utilisé par l'ensemble des managers, conformément aux orientations stratégiques de l'organisation. Si ce n'est pas le cas, vérifier que les managers en comprennent bien la finalité et contrôler sa facilité d'utilisation.
2. Pour les outils manquants :
   - identifier les projets stratégiques de l'entreprise ;
   - sélectionner le ou les outils manquants en fonction du diagnostic et des projets stratégiques de l'entreprise ;
   - faire valider les choix par la Direction Générale.
3. Bâtir des outils selon la stratégie de l'entreprise, de manière simple et opérationnelle.
4. Fournir aux managers une boîte à outils RH complète et la publier, si possible, sur l'intranet RH pour faciliter sa diffusion.
5. Faire preuve de pédagogie et expliquer les finalités de chaque outil. Présenter le mode d'emploi.
6. Faire évoluer les outils en fonction des évolutions de l'environnement juridique, social et sociétal.

Voir Outil 6

Méthodologie et conseils

- Veiller à l'alignement des outils sur la stratégie de l'entreprise et vérifier la cohérence des outils entre eux (par exemple, utiliser toujours le même dictionnaire de compétences quand on recrute, quand on évalue ou quand on promeut un collaborateur). Ne pas multiplier les outils RH si ces derniers ne correspondent pas à un besoin.
- Les outils RH ne sont pas normés. C'est à chaque entreprise de les concevoir, de les sélectionner, de les adapter à son propre contexte et de les faire évoluer.
- Avoir un catalogue d'outils déjà prêts à l'emploi permet de répondre de manière plus professionnelle et rapide aux sollicitations qui émanent de la direction, de l'encadrement, des partenaires sociaux et des salariés. Les outils aident à prendre des décisions de manière éclairée et objective.

Avant de vous lancer...

√ **Ne passez pas tout votre temps à construire des outils au risque de perdre le contact avec le terrain et ainsi vous enfermer dans un rôle purement technique.**

√ **Formez les managers à la gestion et au management des RH afin qu'ils comprennent l'intérêt d'être le premier RH de leur équipe.**

√ **Communiquez et expliquez chaque outil uniquement après la prise de conscience de l'importance pour tout manager de savoir gérer les RH. Faire prendre conscience aux managers que ce temps social est un puissant levier de motivation et de performance de l'équipe.**

DOSSIER 2

DIVERSITÉ ET DISCRIMINATION AU TRAVAIL

“

Les humains doivent se reconnaître dans leur humanité commune, en même temps que reconnaître leur diversité tant individuelle que culturelle.

Edgar Morin

L'arrivée des générations Y puis Z dans l'entreprise, l'allongement de la durée de la vie professionnelle des seniors, la volonté de mettre en place l'égalité, la mixité et la parité entre les femmes et les hommes, interpellent les fonctions RH et managériales.

La discrimination au travail

L'origine ethnique est encore, pour les DRH, le premier facteur de discrimination. La discrimination fondée sur la religion s'est aggravée au cours de la dernière décennie, selon un rapport de l'OIT. Différentes enquêtes montrent qu'on ne constate pas de réduction du nombre de discriminations. Pourtant, le législateur et les entreprises ont particulièrement investi le champ de la responsabilité sociale vis-à-vis des seniors, des jeunes, des personnes handicapées et des femmes... Pour l'heure, il est difficile de savoir si ces politiques ont éveillé la conscience des salariés, qui identifient et osent dénoncer plus facilement les actes de discrimination au quotidien, ou si elles restent sans effets réels.

Les diversités au travail

La génération Y désigne les jeunes nés entre 1978 et 1994 alors que la génération Z ceux nés entre 1995 et 2008. Ces derniers sont les véritables *digital natives*. Le mode de relation de ces jeunes avec l'entreprise est la contractualisation des échanges. Cela laisse apercevoir une autre conception du rapport au travail, marquée par une volonté de donner une place égale et d'équilibrer vie personnelle et professionnelle par une approche des relations sociales plus privatisées que communautaires.
De nos jours, les femmes au travail n'ont toujours pas le même traitement que les hommes concernant la rémunération, les évolutions professionnelles et les formations. Mais dans le cadre du regroupement des obligations d'information et de consultation récurrentes du CSE, l'égalité professionnelle entre les femmes et les hommes a été intégrée dans le champ de la consultation annuelle sur la politique sociale de l'entreprise, les conditions de travail et l'emploi, soit dans l'une des trois grandes consultations annuelles du CSE. Ces lois récentes et ces nouvelles consultations vont aider à la prise de conscience des inégalités de traitement entre les femmes et les hommes. Ces différences encore présentes nécessitent une adaptation des politiques et des processus RH, ainsi que des pratiques managériales.

Les outils

Outil 8 La discrimination au travail

> “ Il a fallu cent ans pour effacer les discriminations les plus criantes entre les hommes et les femmes, mais qu'attend-on pour abroger celles qui restent ?
>
> Benoîte Groult

En quelques mots

Les managers doivent connaître les cas de discrimination prohibés par la loi et veiller à les respecter dans tous les processus RH. Même si les lignes bougent et que des avancées certaines ont été réalisées, la non-discrimination doit rester une préoccupation constante.

La discrimination peut s'exercer partout (les managers comme les collaborateurs peuvent en être les acteurs) et peut prendre des formes larvées et moins directes, telles que des rumeurs ou des plaisanteries douteuses. Ces formes détournées et plus anonymes sont peu visibles et redoutables pour les personnes qui en sont victimes. Elles sont d'autant plus violentes qu'elles sont diffusées sur les réseaux sociaux.

LES CAS DE DISCRIMINATION PROHIBÉS PAR LA LOI

POURQUOI L'UTILISER ?

Objectif

La discrimination consiste à restreindre les droits de certains salariés en leur appliquant un traitement défavorable, sans raison objective. Qu'elle soit volontaire ou inconsciente, la discrimination porte atteinte à l'égalité des droits et à l'égalité des chances.

En entreprise, la discrimination consiste à écarter toute personne d'une procédure de recrutement, ou de tout autre dispositif RH, en raison d'un critère discriminatoire prohibé par la loi.

Contexte

En France, il est interdit de fournir des statistiques qui font référence à l'origine ethnique, sociale et religieuse des personnes. Cette analyse est jugée discriminatoire à la différence des pays anglo-saxons. Il est donc difficile de la tracer, comme par exemple la discrimination à l'égard des minorités visibles et de mesurer l'efficacité des politiques anti-discrimination.

Cependant, toute personne s'estimant lésée ou victime de discrimination, directe ou indirecte, peut saisir le défenseur des droits (DDD). Le défenseur des droits, autorité constitutionnelle indépendante, reprend les attributions de la HALDE depuis mai 2011. La saisie du défenseur des droits est gratuite.

COMMENT L'UTILISER ?

Étapes

1. Sensibiliser l'ensemble du corps managérial et les salariés au problème de la discrimination au travail.
2. Informer les managers et les recruteurs sur les cas de discriminations prohibés.
3. Former les managers et les recruteurs aux pratiques RH et aux pratiques de recrutement non-discriminatoires.
4. Faire respecter au sein de l'entreprise le principe de non-discrimination dans les pratiques RH et managériales.
5. Inscrire l'entreprise dans le mouvement des entreprises socialement responsables.
6. Se mettre en conformité avec les obligations légales et supprimer les risques juridiques.

Méthodologie et conseils

- Une différence de traitement, ou toute différence de traitement professionnel, peut, dans certains cas, justifier le refus d'une embauche. Cette différence de traitement doit répondre à une exigence professionnelle essentielle. Par exemple, certaines activités ne concernent que les artistes, certains postes de mannequins peuvent être expressément réservés à une femme ou un homme, ou encore, pour des raisons de sécurité et la protection de la santé des travailleurs, l'accès à certains emplois peut être interdit à des travailleurs trop jeunes et / ou trop âgés.
- En revanche, la loi autorise des mesures de discrimination positive. Ainsi, elle précise bien que « *les mesures prises en faveur des personnes résidant dans certaines zones géographiques et visant à favoriser l'égalité de traitement ne constituent pas une discrimination* » (nouvel article L.1133-5 du Code du travail et article L.225-1 du Code pénal).

Avant de vous lancer...

√ **Soyez tout particulièrement vigilant en cas de crise. La discrimination a tendance à se renforcer en période troublée.**

Outil 9 La diversité au travail

> « La créativité et le génie ne peuvent s'épanouir que dans un milieu qui respecte l'individualité et célèbre la diversité.
>
> Tom Alexander

En quelques mots

Afficher une **politique de diversité**, c'est exprimer son engagement en faveur de la non-discrimination à l'emploi et de l'égalité des chances. Concernant les politiques de diversité, les entreprises sont plutôt dans l'incantation que dans l'action, car les préjugés à l'égard des diversités visibles et invisibles ont la peau dure. Des actions de sensibilisation des managers et des salariés doivent être mises en place pour la favoriser.

LES PRATIQUES RH POUR FAVORISER LA DIVERSITÉ

EN RECRUTEMENT

- Utiliser des méthodes objectives basées sur les simulations, les *assessment centers* ou les méthodes des habilités de Pôle emploi
- Utiliser le CV anonyme
- Élargir le *sourcing* (quartiers sensibles)
- Sensibiliser et former les managers et les recruteurs à la non discrimination
- Diversifier les profils de recruteurs

EN GESTION DES CARRIÈRES

- Mettre en place un observatoire des évolutions professionnelles par CSP, sexe, âge et handicap
- Promouvoir les personnes issues des diversités et des minorités visibles dans des postes à responsabilités
- Utiliser les simulations et les *assessment centers* en mobilité et gestion des carrières

EN ÉVALUATION

- Intégrer le critère « diversité » dans les objectifs de chaque manager
- Intégrer la dimension « diversité » dans la charte de l'entreprise
- Intégrer le critère « valorisation de la diversité » dans les critères de potentiel et de haut potentiel

EN FORMATION

- Sensibiliser l'ensemble des managers et des salariés à la non-discrimination et à la diversité
- Former les managers au management de la diversité
- Mesurer le taux de formation des personnes issues de la diversité et des minorités

POURQUOI L'UTILISER ?

Objectif

Développer une politique de la diversité permet d'introduire plus d'émulation, d'innovation et de créativité au sein de l'entreprise, tout en répondant à un besoin d'image et aux obligations légales. La diversité génère l'intelligence collective.

Contexte

En dehors des actions obligatoires imposées par le législateur, peu d'entreprises ont vraiment mis en place des actions pour favoriser la diversité et lutter contre les discriminations. Les directions sont plutôt dans l'affichage d'une volonté politique que dans l'action réelle.

Selon les résultats issus d'un *testing* sur CV, réalisé par Jean-François Amadieu, directeur de l'Observatoire des discriminations, à compétences et expériences identiques, un homme aux nom et prénom de souche française, blanc et dont l'apparence physique ne présente pas de traits particulièrement disgracieux, a davantage de chance d'être convoqué à un entretien d'embauche :

- 3 fois plus qu'un candidat âgé ;
- 3 fois plus qu'un candidat au patronyme maghrébin ;
- 2 fois plus qu'un candidat en situation de handicap ;
- 1,5 fois plus qu'une femme.

COMMENT L'UTILISER ?

Étapes

1. Afficher clairement la volonté de développer une politique de diversité dans l'entreprise.
2. Désigner un correspondant « diversité » au sein de l'entreprise.
3. Faire un audit de tous les processus RH et vérifier qu'aucun d'entre eux ne favorise la discrimination de certaines catégories de personnes.
4. Définir un plan d'action diversité :
   - objectiver toutes les décisions RH en réalisant une véritable gestion des RH, basée sur les compétences et la performance ;
   - sanctionner tous les actes discriminatoires ;
   - établir et signer une charte de la diversité.
5. Communiquer et sensibiliser tous les acteurs de l'entreprise à la diversité et à la lutte contre les préjugés.
6. Former les managers au management d'équipes issues de la diversité.
7. Mesurer les effets de la politique de diversité et communiquer sur le bilan.

Méthodologie et conseils

Les deux conditions pour développer la diversité sont :

- l'exemplarité de la ligne managériale et du top management ;
- la bienveillance à l'égard de tous les salariés dans le management au quotidien.

Mettre « la compétence » au cœur de tous les processus RH, car s'appuyer sur la compétence dans tous les actes RH coupe l'herbe sous le pied à la discrimination.

Avant de vous lancer...

√ **Inscrivez rapidement votre entreprise dans un mouvement d'entreprises socialement responsables.**

√ **Appuyez-vous sur des études qui attestent que la diversité participe à la bonne ambiance au travail et crée de l'émulation, de l'augmentation des initiatives, de l'intelligence collective et de l'innovation pour convaincre votre Direction Générale.**

√ **Veillez à être rapidement dans l'action. En effet, les entreprises sont encore dans le discours et non dans l'action ; cela risque de décrédibiliser la démarche en interne si rien n'est mis en place.**

Outil 10 L'égalité de traitement entre les femmes et les hommes

> « Un homme est jugé a priori compétent jusqu'à ce qu'il fasse la preuve de son incompétence. Une femme est jugée incompétente jusqu'à ce qu'elle fasse la preuve de sa compétence.
>
> Yseulis Costes

En quelques mots

Réduire les inégalités entre les hommes et les femmes est un **enjeu permanent** pour les directions RH. Il faut agir à plusieurs niveaux :

- respecter les principes en faveur de l'égalité de traitement entre les femmes et les hommes ;
- revisiter en priorité les processus RH (formation, recrutement) ;
- lutter contre tous les stéréotypes à l'égard des femmes par une sensibilisation des managers ;
- agir sur l'organisation en prenant en compte les contraintes familiales.

LES ACTIONS À METTRE EN PLACE POUR FAVORISER ÉGALITÉ, PARITÉ ET MIXITÉ

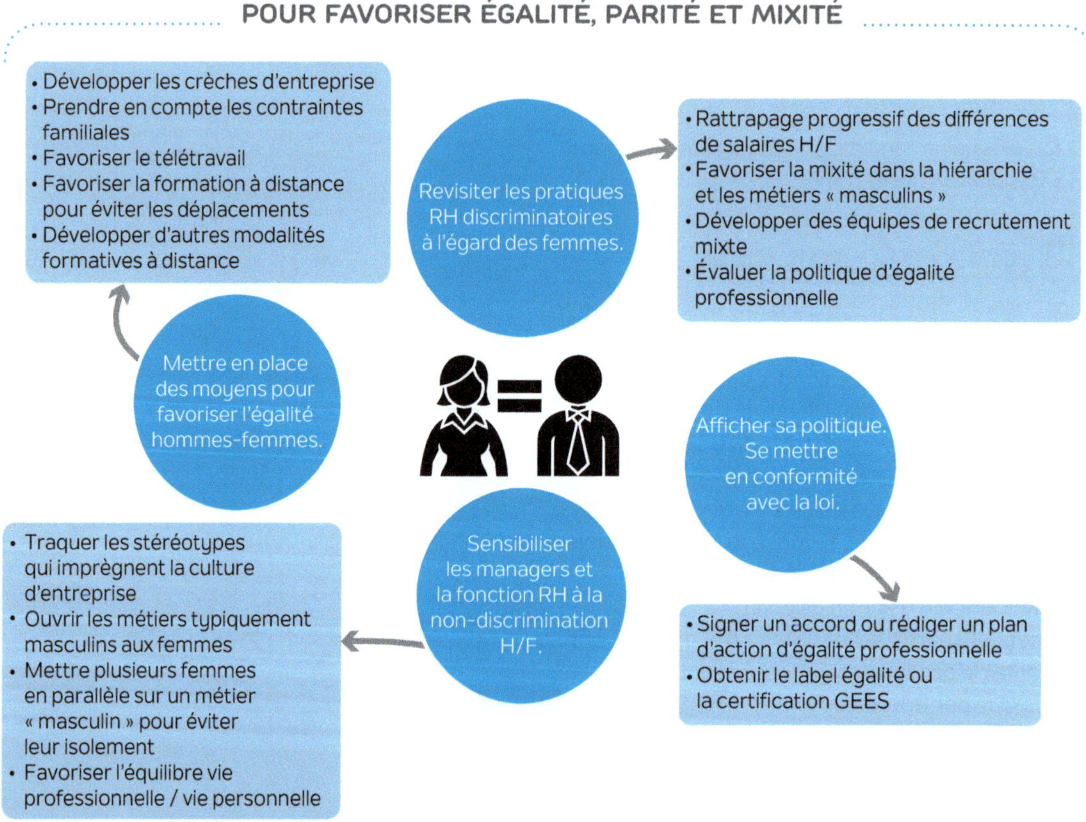

POURQUOI L'UTILISER ?

Objectif

L'égalité Femmes-Hommes au travail reste un sujet d'actualité. Les différences entre les hommes et les femmes en matière de politique salariale, de formation et de promotion ont du mal à s'estomper. Le législateur a encore renforcé les lois pour contraindre les entreprises à agir.

Contexte

Pour les entreprises de plus de 50 salariés, des pénalités à la charge de l'employeur peuvent être mises en œuvre, soit lorsqu'elles ne sont pas couvertes par un accord ou, à défaut, par un plan d'action relatif à l'égalité professionnelle selon la loi du 5 septembre 2018 et le décret du 8 janvier 2019, si elles n'ont pas publié leur « Index de l'égalité » ou si elles n'ont pas mis en œuvre les mesures permettant de supprimer les écarts de rémunération entre les femmes et les hommes.
La base de données économiques et sociales (BDES) constitue le support des consultations pour la négociation sur l'égalité professionnelle. Elle contient désormais obligatoirement une rubrique dédiée à l'égalité professionnelle entre les femmes et les hommes au sein de l'entreprise.

COMMENT L'UTILISER ?

Étapes

1. Se mettre en conformité avec la loi et respecter les principes en faveur de l'égalité de traitement entre les femmes et les hommes :
- interdiction de discriminations en matière d'embauche ;
- absence de différenciation en matière de rémunération et de déroulement de carrière ;
- mise à disposition des partenaires sociaux d'informations relatives à l'égalité professionnelle dans la base de données économique et sociale ;
- information des salariés et candidats à l'embauche et mise en place de mesures de prévention du harcèlement sexuel dans l'entreprise.

2. Sensibiliser les managers à la question de l'égalité, de la mixité et de la parité entre les deux sexes dans les actes de gestion et de management.
3. Rédiger un plan d'action ou négocier un accord.
4. Sensibiliser le conseil d'administration.
5. Revisiter les politiques et pratiques RH pour favoriser une meilleure égalité, mixité et parité.
6. Mesurer, puis publier l'index « Égalité de traitement ».
7. Mettre en place des actions correctives au regard des écarts constatés.

Voir Outil 11

Méthodologie et conseils

- L'accès à la commande publique est conditionné au respect par les entreprises à leurs obligations en matière d'égalité professionnelle et à la mise en place d'un **accord relatif à l'égalité professionnelle entre les femmes et les hommes.**
- L'employeur doit évaluer les risques pour la sécurité et la santé des travailleurs et doit prendre en compte l'impact différencié de l'exposition au risque en fonction du sexe.

Suite outil 10 →

Avant de vous lancer...

√ Remettez l'égalité, la mixité et la parité au cœur de la politique RH de l'entreprise et réduisez ainsi la discrimination liée au critère de genre.

√ Appuyez-vous sur des techniques objectives, basées sur l'évaluation des compétences, pour prendre des décisions en matière de promotion et de recrutement et éviter de générer des critiques.

Suite outil 10

L'égalité de traitement entre les femmes et les hommes

COMMENT ÊTRE PLUS EFFICACE ?

Après un siècle d'importantes conquêtes, les femmes ne jouent pas avec les mêmes cartes dans l'entreprise que les hommes. Les femmes occidentales n'ont toujours pas réussi à obtenir l'égalité de traitement en matière de rémunération, de formation et de promotion. Certains métiers sont toujours réservés aux hommes ; d'autres se féminisent et perdent de surcroît leur valeur sur le marché du travail.

Des femmes en plus grande difficulté pendant la crise économique

Les études montrent qu'en période de crise, les femmes sont encore plus vulnérables. En effet, la crise a un impact plus important sur la vie professionnelle des femmes que celle des hommes. La crise accroît l'écart de traitement entre les sexes. L'homme est toujours considéré comme le « pilier de l'économie familiale » et les entreprises donnent la priorité aux hommes en cas de coup dur.

La différenciation entre sexe et genre

D'où vient cette dépréciation des femmes dans le monde du travail ?

Pour comprendre ce phénomène, il est important de différencier deux notions : le sexe et le genre. Le sexe est caractérisé par une différence anatomique entre les deux sexes (mâle et femelle), alors que le concept de genre est un construit social et culturel, qui définit les comportements normatifs du masculin et du féminin. L'état des recherches actuelles concernant le sexe ne permet pas d'affirmer de telles différences de comportement. La différence de sexe n'explique en rien les traitements inégaux accordés aux hommes et aux femmes au travail.

C'est au concept de genre que revient cette explication. Ce concept renvoie directement à un ensemble de règles implicites et explicites régissant les rapports entre les hommes et les femmes et qui leur attribuent des valeurs et des responsabilités propres à leur genre. Les femmes sont, par exemple, systématiquement orientées vers des métiers liés à la santé et à l'éducation, alors que les hommes le sont vers des métiers plus techniques.

Comment ce construit social se met-il en place ?

Ce construit social se fabrique dès la naissance. On élève les enfants de façon à qu'ils soient conformes à leur genre et on élabore un travail psychique de différenciation. Celui-ci s'impose également de l'extérieur, par le regard des autres.

Ces stéréotypes sont entretenus par la société et les deux groupes sociaux ont intériorisé ces convictions. Par exemple, les attributs supposés masculins, tels que la compétitivité et l'agressivité, sont estimés avantageux pour la progression professionnelle chez l'homme. Ces mêmes attributs sont totalement dévalorisés s'ils sont présents chez une femme dans le contexte du travail.

Comment réussir à changer les mentalités ?

Les lois récentes concernant l'égalité et la parité entre les hommes et les femmes contribuent au changement de représentation à l'égard des femmes et permettront peut-être de faire bouger les frontières. Exiger un quota de femmes dans les conseils d'administration contribue à faire évoluer les mentalités.

Pour aller plus loin

La parité dans les conseils d'administration et de surveillance

Le pourcentage de femmes dans les conseils d'administration exige un quota de représentativité des femmes au minimum de 40 %.

- Ce dispositif concerne les entreprises publiques et les entreprises cotées en bourse. Mais aussi certaines non cotées.
- Il s'applique aux sociétés anonymes (SA) et aux sociétés en commandites par actions cotées en bourse. Mais aussi aux sociétés anonymes et sociétés en commandites non cotées d'au moins 500 salariés ou avec un CA ou un bilan annuel supérieur à 50 millions €.

→

Les conseils d'administration et de surveillance ne répondant pas aux exigences de la loi sur la parité encourent des sanctions financières.

- Les sanctions peuvent se traduire par la suspension du versement des jetons de présence de tous les administrateurs et l'invalidation de toute nouvelle nomination.
- Selon les derniers chiffres, fournis par le cabinet Leyder Associates, les 120 entreprises françaises les plus importantes cotées ont quasiment atteint ce quota.
- Les autres sociétés cotées françaises sont loin du compte avec 24% de femmes. La proportion tombe même à 16% pour les 2 000 entreprises de taille intermédiaire concernées par la loi.

En 2011, la loi Copé-Zimmermann relative à la représentation équilibrée des femmes et des hommes au sein des conseils d'administration et de surveillance et à l'égalité professionnelle avait fixé un quota de 20 % du sexe sous-représenté. En 2017, ce quota est passé de 20 % à 40 %. Néanmoins, ce quota concerne uniquement les entreprises cotées et les sociétés comptant plus de 500 salariés permanents et un chiffre d'affaires supérieur à 50 M€.

En cas de non-respect de la loi, les sanctions sont, d'une part, la nullité des nominations non conformes à l'objectif de parité, et d'autre part, la suspension temporaire de versement des jetons de présence.

Outil 11

L'index de l'égalité professionnelle Femmes-Hommes

> *Je pense que les droits des femmes et des filles est le grand processus inachevé du XXIe siècle.*
>
> Hillary Clinton

En quelques mots

Depuis 2011, les entreprises de plus de 50 salariés sont obligées d'être couvertes par un accord sur l'égalité professionnelle Femmes-Hommes ou par un plan d'action.
Cette obligation de moyens est désormais complétée d'une obligation de résultat. Pour en finir avec les écarts de salaire injustifiés entre les femmes et les hommes, la « loi pour la liberté de choisir son avenir professionnel » de 2018 oblige les entreprises à des résultats. Elle s'adosse sur un outil pratique pour faire progresser les entreprises : l'**Index de l'égalité Femmes-Hommes**.

L'INDEX DE L'ÉGALITÉ FEMMES-HOMMES

L'index de l'Égalité Femmes-Hommes est composé de 5 indicateurs et est noté sur 100 points.

Le 1er indicateur mesure les écarts de rémunération entre les femmes et les hommes, noté sur 40 points.

Le 2e indicateur mesure les écarts des augmentations entre les femmes et les hommes, sur 20 points.

Le 3e indicateur mesure les écarts de répartition des promotions entre les femmes et les hommes, sur 15 points.

Le 4e indicateur mesure le pourcentage de salariées augmentées après la maternité, sur 15 points.

Le 5e indicateur mesure la parité entre les femmes et les hommes parmi les 10 plus hautes rémunérations, sur 10 points.

POURQUOI L'UTILISER ?

Objectif

Une législation plus stricte et contrôlée en matière d'égalité entre les femmes et les hommes oblige les entreprises à mettre en place des actions concrètes en vue d'aboutir à une réelle égalité professionnelle. On mesure l'efficacité de l'accord par un score sur 100 points. L'entreprise doit obtenir au moins 75 points. Les entreprises, dont le score est inférieur à 75, disposent de trois ans pour se mettre en conformité, délai au-delà duquel elles s'exposeront à des sanctions pouvant aller jusqu'à 1 % de leur masse salariale.

Contexte

Depuis 1946, les constitutions, conventions, traités, lois et directives européennes se sont succédé pour affirmer le principe d'égalité des droits des femmes dans tous les domaines.
La publication de l'Index d'égalité Femmes-Hommes est obligatoire pour les entreprises d'au moins 50 salariés au 1er mars 2020. Cette note devra être publiée, sur le site Internet de chaque entreprise. Elle devra également la communiquer, avec le détail des différents indicateurs à son comité social et économique (CSE) ainsi qu'à l'inspection du travail (DIRECCTE).

COMMENT L'UTILISER ?

Étapes

1. Faire un état des lieux de l'existant en matière d'égalité de traitement.
2. Mesurer le score de l'entreprise sur 100 points.
3. Négocier obligatoirement pour les entreprises dotées de délégués syndicaux.
4. Traiter dans l'accord ou le plan d'action, selon les effectifs, *a minima* 3 ou 4 domaines d'action parmi les 9 proposés par la loi. À savoir : l'embauche, la formation, la promotion, la qualification, la classification, les conditions de travail, la sécurité et la santé au travail, la rémunération, l'articulation entre activité professionnelle et exercice des responsabilités familiales.
5. S'appuyer sur les informations de la base de données économiques et sociales (BDES) mise à jour pour préparer l'accord.
6. Rédiger le plan d'action prenant en compte les actions prioritaires identifiées.
7. Se doter d'objectifs chiffrés et d'indicateurs précis pour chaque action.
8. Établir un échéancier précis.
9. Communiquer par affichage sur les engagements pris.
10. Recalculer et publier chaque année l'Index de l'égalité Femmes-Hommes offrant ainsi la possibilité de voir les progrès effectués.

Méthodologie et conseils

Des outils de diagnostics sont fournis aux entreprises par le secrétariat d'État chargé de l'égalité entre les femmes et les hommes et de la lutte contre les discriminations pour mesurer son index. L'index mesure, par exemple, le ratio d'hommes et de femmes parmi les dix plus grosses rémunérations de l'entreprise, lui attribuant ainsi un score nul si un sexe est bien plus représenté qu'un autre.

Avant de vous lancer...

- √ **Répondez aux obligations légales et évitez les pénalités.**
- √ **Permettez de passer de l'intention à l'action dans cette quête de l'égalité, de mixité et de parité.**
- √ **Fixez des objectifs ambitieux pour ne pas se contenter d'un score de 75 sur 100. L'égalité de genre est un enjeu de communication important et un axe clé de la politique RSE.**
- √ **Appliquez le principe « à travail égal, salaire égal » grâce à l'Index.**

Outil 12 Les générations Y et Z au travail

> “
> *Être jeune, c'est être spontané, rester proche des sources de la vie, pouvoir se dresser et secouer les chaînes d'une civilisation périmée, oser ce que d'autres n'ont pas eu le courage d'entreprendre.*
>
> Thomas Mann

En quelques mots

L'approche générationnelle montre que les nouvelles générations Y et Z ont l'expérience d'un contexte particulier caractérisé par le chômage de masse, l'élévation des niveaux d'éducation et la féminisation du marché du travail. Ce qui laisse apercevoir une autre conception du rapport au travail marquée par une volonté de donner une place égale dans la vie des différentes sphères porteuses de sens, par un rétrécissement de l'écart de modèles masculins et féminins d'engagement dans le travail et par une approche des relations sociales plus privatisées que communautaires.

LES PRATIQUES RH ADAPTÉES AUX NOUVELLES GÉNÉRATIONS

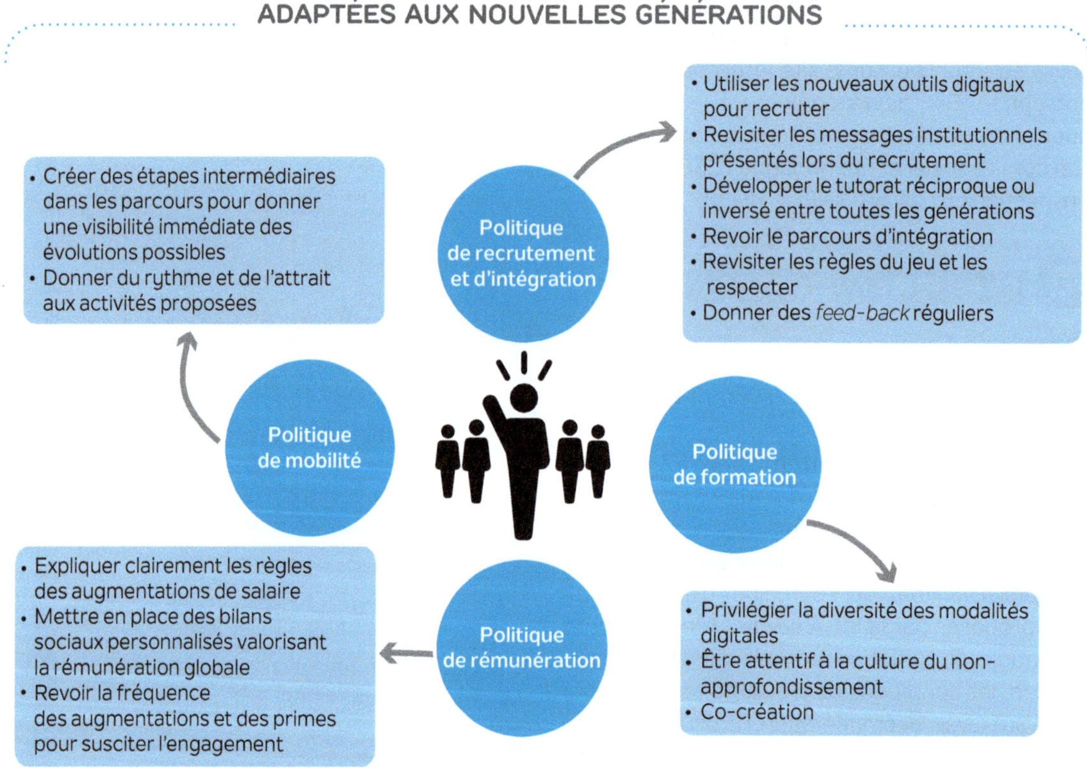

POURQUOI L'UTILISER ?

Objectif

Il s'agit de mieux comprendre les générations Y et Z et leur rapport au travail pour mieux les intégrer et tirer parti de leurs différences. Cette compréhension permet de faire évoluer les pratiques de gestion des RH et de management pour travailler autrement avec ces nouvelles générations. Cela permet de faire changer les stéréotypes que les managers ont à l'égard des jeunes et de les amener à adapter leur façon de manager.

Contexte

Ces générations sont en quête de sens. Elles sont sensibles à l'équilibre entre vie personnelle et vie professionnelle. Toutes les entreprises sont concernées, aujourd'hui ou à court terme, par l'arrivée des jeunes au travail. Une adaptation de la politique RH et du mode de management est absolument nécessaire pour 2 raisons :

- les politiques RH mises en place par les entreprises ne sont pas suffisamment adaptées aux principales attentes et revendications des jeunes salariés ;
- les managers ont beaucoup de difficultés à gérer ces jeunes par manque de compréhension des motivations de cette nouvelle génération.

COMMENT L'UTILISER ?

Étapes

1. Faire prendre conscience aux managers des différences qui existent entre les générations et de la nécessité d'adapter au plus vite les pratiques managériales (besoin de sens, partage...).
2. Revisiter les pratiques RH en matière de recrutement, de mobilité, de rémunération et de formation de la nouvelle génération.
3. Développer la culture de l'expérimentation, de la confrontation et de l'exigence.
4. Donner des repères clairs : par exemple, contractualiser des objectifs à court terme explicites et préciser le mode d'évaluation, ainsi que les attendus en termes de posture.
5. Créer des espaces de convivialité et développer une bonne ambiance.
6. Donner de l'autonomie tout en renforçant la supervision.

Méthodologie et conseils

La génération Y (jeunes nés entre 1978 et 1994) a connu le confort matériel et technologique, le sentiment d'insécurité (drogue, racket à l'école) mais aussi l'incertitude affective dans les familles (divorces, familles monoparentales) et le chômage de leurs proches.

Quant à la génération Z (jeunes nés entre 1995 et 2008), elle a été surprotégée par les parents. Elle est présente sur les réseaux sociaux dès son plus jeune âge gérant ainsi sur le web sa capacité d'influence.

Le mode de relation de ces jeunes avec l'entreprise est la contractualisation des échanges. Ils ont une soif d'immédiateté, un haut niveau d'exigence vis-à-vis du monde du travail et de leur manager, un besoin de changement, de rythme et de respect. Ils ont une relation moins affective et plus distanciée avec l'entreprise et souhaitent un retour sur investissement rapide. Ils sont en quête de sens et ne remettent pas en cause l'autorité, mais la légitimité des porteurs de l'autorité.

Avant de vous lancer...

√ **Ne croyez pas que ces nouvelles générations se plieront avec le temps aux pratiques actuelles et qu'elles rentreront dans le « moule » comme l'ont fait les générations précédentes.**

√ **C'est à l'entreprise de s'adapter aux Y et Z qui ont un tout autre rapport au travail, mais qui savent s'y investir si leurs attentes sont assouvies.**

√ **Les Z sont hyperconnectés mais ont néanmoins un besoin de sociabilité réelle et physique.**

3

DOSSIER

LE **RECRUTEMENT :** UN **PROCESSUS FORTEMENT ENCADRÉ**

“

Aujourd’hui, l’égalité des droits, c’est le droit pour chacun d’être différent. Celui qui opte pour la discrimination a perdu.

Shimon Peres

http://dunod.link/d99s1d4

La qualité d'un recrutement ne dépend pas uniquement de la façon dont le recruteur conduit l'entretien. La DRH élabore en amont une politique de recrutement, qui définit à la fois les besoins quantitatifs et qualitatifs de l'organisation, ainsi que les profils recherchés et les techniques utilisées pour recruter les personnes les plus adaptées. La stratégie de l'entreprise, la stratégie RH et la politique RSE, les accords et les chartes RH signées par l'entreprise, qui prennent des engagements concernant les profils recrutés, ainsi que les valeurs de l'entreprise, sont à prendre en compte pour bâtir une politique de recrutement.

La protection des données : impact du RGPD sur le recrutement

Depuis le 25 mai 2018, le règlement général sur la protection des données (RGPD) oblige les entreprises à se mettre en conformité avec un nouveau règlement qui consiste à encadrer la gestion de la collecte des données personnelles, notamment celles qui sont récupérées lors du processus de recrutement. L'enregistrement du dossier de candidature est, selon la CNIL, soumis au RGPD. Ce règlement renforce le droit des personnes au sujet de la protection des données personnelles, responsabilise légalement les entreprises et harmonise les politiques de protection des données à travers l'UE.

La non-discrimination en recrutement et le défenseur des droits

Pour répondre à la lutte contre les discriminations, le recrutement doit être de plus en plus standardisé et uniformisé afin de garantir l'égalité des chances. Une traçabilité de chaque étape du processus est requise pour attester des pratiques non discriminatoires dans l'entreprise.

Par la loi du 29 mars 2011, le défenseur des droits (DDD) et ses équipes ont contribué à faire émerger un droit de la non-discrimination, avec ses concepts spécifiques, qui sont de plus en plus souvent repris par les juridictions. Pour cela, le processus de recrutement doit être clairement défini pour permettre la sélection de candidats dans des conditions de traitement égales pour tous. Les méthodes par questionnaire sans CV ou par simulation sont de très bonnes approches pour éliminer les actes discriminatoires liés à l'âge, au sexe ou à la situation géographique.

Les outils

Outil 13 Le processus de recrutement

> “
> *Distinguer le « raisonnable » et le « rationnel ». Le premier inclut l'intuition et l'affectif. Le second n'implique qu'un déroulement correct du processus logique.*
>
> Hubert Reeves

En quelques mots

Le recrutement est un processus essentiel de la politique RH. Il peut influencer dans des directions très différentes l'état du capital humain de l'entreprise. Un processus de recrutement qui respecte les 3 temps forts, que sont la préparation, la sélection et l'intégration, est une opération longue et onéreuse.

Toutefois, un recrutement bâclé est une opération encore plus coûteuse à long terme. Chaque étape est importante et nécessite un professionnalisme de la part de tous les acteurs.

Des méthodes, basées sur des mises en situations réelles, sont considérées comme les plus valides scientifiquement et assurent ainsi une meilleure prédictivité.

LES ÉTAPES DU PROCESSUS DE RECRUTEMENT

Phase amont

- Définir la politique recrutement
- Élaborer le plan prévisionnel
- Définir le besoin à court et long termes : décrire le poste et le profil
- Réaliser le *sourcing* pour obtenir des candidatures

Phase sélective

- Sélectionner les candidats
- Conduire les entretiens de recrutement
- Utiliser les tests, les mises en situations
- Décider de manière collégiale

Phase aval

- Accueillir et intégrer
- Évaluer le processus et l'adéquation des personnes recrutées avec les besoins de l'organisation

POURQUOI L'UTILISER ?

Objectif

Élaborer un processus de recrutement consiste à clarifier à la fois la politique de recrutement, les outils, les méthodes utilisées, les étapes et le rôle de chaque acteur du processus. Ce processus est défini par la fonction RH et est communiqué à l'ensemble des acteurs du recrutement.

Contexte

Le processus varie en fonction de la taille de l'entreprise, des niveaux de postes recrutés et de la culture de l'entreprise. La mise en place d'un processus formalisé permet de le sécuriser, d'appliquer les mêmes méthodes à chaque recrutement, de respecter l'égalité de traitement et d'optimiser la qualité des recrutements.

COMMENT L'UTILISER ?

Étapes

1. Élaborer une politique de recrutement en définissant les axes prioritaires qui orientent l'état du potentiel humain de l'entreprise.
2. Définir le plan prévisionnel de recrutement annuel ou pluriannuel. Il donne les autorisations de recrutement pour l'année, mois par mois. Ce plan prévisionnel doit néanmoins être revalidé à chaque ouverture de poste.
3. Définir le besoin par une description précise du poste et du profil.
4. Rechercher les candidats. Le *sourcing* réalisé varie en fonction des cibles recherchées. Divers canaux peuvent être utilisés :
   - les sources classiques (APEC, Pôle Emploi, sites de recrutement, site de l'entreprise...) ;
   - les réseaux sociaux, tels les fichiers des anciens élèves, ou encore les médias sociaux, tels Facebook et LinkedIn ;
   - les rencontres directes avec des candidats lors de forums ou par cooptation ou parrainage.
5. Faire une présélection des candidatures, par un tri des CV, des entretiens téléphoniques et / ou des tests de préqualification, en général réalisé par la fonction RH.
6. Conduire les entretiens de recrutement. Plusieurs entretiens structurés permettent de découvrir le candidat et de valider son profil.
7. Décider. Les acteurs du recrutement rédigent par écrit leurs conclusions et statuent sur la pertinence de la candidature.
8. Accueillir et intégrer. Un plan d'intégration d'une durée d'un à plusieurs mois (en fonction du poste à pourvoir) est mis en place par la fonction RH et le manager.
9. Évaluer le processus. L'évaluation consiste à mesurer les coûts, les délais, l'efficacité et l'efficience de celui-ci.

Méthodologie et conseils

Dans la politique de recrutement, les directions très impliquées dans des approches RSE (responsabilité sociale des entreprises) décrivent les engagements que l'entreprise prend en matière de diversité, de non-discrimination et de responsabilité sociale à l'embauche. L'entreprise peut proposer, par exemple, l'élargissement du *sourcing* aux quartiers sensibles ou utiliser le recrutement sans CV.

Avant de se lancer...

√ **Utilisez des outils issus de l'innovation collaborative (*Hackaton**, *Kaggle*...) pour repérer les jeunes talents et ainsi constituer un vivier d'experts très efficace. Pour attirer des profils rares, les méthodes classiques, comme LinkedIn, ne suffisent plus.**

* Un *Hackathon* est un rassemblement de développeurs organisés en équipe autour d'un porteur de projet avec l'objectif commun de tester une idée et de produire un prototype d'application à l'issue du temps imparti.

Outil 14 La non-discrimination en recrutement

> “ La moindre injustice, où qu'elle soit commise, menace l'édifice tout entier.
>
> Martin Luther King

En quelques mots

Aucun salarié ne peut être discriminé au travail en matière d'embauche, mais aussi en matière de formation, de stage, de salaire, de reclassement. Il peut s'agir de discrimination raciale, sexiste, homophobe, selon l'âge ou selon l'état de santé. Les discriminations pour les opinions politiques ou syndicales sont également interdites.
Les managers doivent connaître les cas de discrimination prohibés par la loi et veiller à les respecter lors du recrutement mais également dans tous les autres actes RH (appréciation, formation, promotion, mobilité, rémunération...).

LES QUESTIONS INTERDITES EN RECRUTEMENT

- Quel est votre âge ?
- Combien avez-vous d'enfants ? Pensez-vous avoir des enfants ?
- Êtes-vous enceinte ?
- Souhaitez-vous avoir d'autres enfants ?
- Quel est votre handicap ?
- Êtes-vous physiquement apte à occuper ce poste ?
- De quel parti politique vous sentez-vous proche ?
- Quelle est votre religion ?
- Quelles professions exercent vos frères et sœurs / époux / parents ?
- Quelle est votre place dans la fratrie ?
- Êtes-vous propriétaire de votre logement ?
- Où habitez-vous ?

POURQUOI L'UTILISER ?

Objectif

En entreprise, la discrimination consiste à écarter toute personne d'une procédure de recrutement (ou de tout autre dispositif RH) en raison d'un critère discriminatoire prohibé par la loi, et à restreindre les droits de certains salariés en leur appliquant un traitement défavorable sans raison objective. La discrimination porte atteinte à l'égalité des droits et à l'égalité des chances. La non-discrimination à l'embauche doit être appliquée au cours d'un entretien de recrutement.

Contexte

La discrimination a tendance à se renforcer en période de crise économique.
En France, il est interdit de fournir des statistiques qui font référence à l'origine ethnique, sociale et religieuse des personnes. Cela est jugé discriminatoire. Il est donc difficile de mesurer, par exemple, l'efficacité des politiques anti-discrimination à l'égard des minorités visibles.

COMMENT L'UTILISER ?

Étapes

1. Sensibiliser l'ensemble du corps managérial au problème de la discrimination en recrutement. Les managers ne se sentent pas toujours concernés alors qu'ils peuvent être à l'origine de discriminations non volontaires et souvent indirectes.
2. Informer les managers et les recruteurs sur les cas de discriminations prohibés et les former aux pratiques RH non discriminatoires :
   - les former à la législation en vigueur en matière de non-discrimination ;
   - les former aux pratiques de recrutement basées sur les compétences ;
   - leur donner la liste des questions interdites en recrutement (voir page précédente) :
     - les questions posées au cours d'un entretien doivent se limiter aux seules questions ayant un trait direct avec l'emploi. Elles doivent donc avoir pour seul but d'en apprécier les qualités professionnelles et l'adéquation de la personnalité du candidat au poste proposé.
3. Faire respecter au sein de l'entreprise le principe de non-discrimination dans les pratiques RH et managériales au risque d'être sanctionné.

Méthodologie et conseils

- Une différence de traitement, ou toute différence de traitement professionnel, peut dans certains cas justifier le refus d'une embauche.
- Une différence de traitement doit répondre à une exigence professionnelle essentielle. Par exemple, pour des raisons de sécurité et pour la protection de la santé des travailleurs, l'accès à certains emplois peut être interdit à des travailleurs trop jeunes et/ou trop âgés.

Avant de vous lancer...

√ **Soyez vigilant. En effet, la discrimination peut s'exercer partout et à tous les niveaux dans l'entreprise : les managers, mais aussi les collègues, peuvent en être les acteurs.**

√ **Veillez à former les managers et à sensibiliser tous les salariés à ce sujet.**

Outil 15

La description de poste ou de fonction

> « Il n'est pas de vent favorable pour celui qui ne sait pas où il va. »
>
> Sénèque

En quelques mots

La **description de poste**, aussi appelée **description de fonction**, est une étape fondamentale dans le recrutement. Il est indispensable pour le recruteur de rencontrer le manager qui recherche son futur collaborateur, sauf si le poste a déjà été décrit dans le cadre d'une gestion des compétences (GEPP).

L'objectif est de définir clairement l'ensemble de la fonction et les différentes missions à assurer, ainsi que d'établir une réflexion sur les responsabilités et les priorités du poste. C'est **un gage d'objectivité et de professionnalisme** pour un recruteur. Comprendre le poste facilite également la conduite de l'entretien.

LES QUESTIONS CLÉS À POSER AU MANAGER POUR DÉCRIRE UN POSTE OU UNE FONCTION

1. Raison du recrutement

Est-ce une création de poste, un remplacement suite à une démission, un départ à la retraite ?

2. Type de contrat

Quel est le type de contrat le plus adapté ? Si le contrat n'est pas un CDI, qu'est-ce qui le justifie ?

3. Interaction

Avec quels interlocuteurs et à quelle fréquence les interactions auront-elles lieu ?

4. Activités et objectifs

Quels sont les activités principales et objectifs qui en découlent ? Quel est le partage du temps entre les différentes activités ?

5. Difficultés rencontrées et compétences

Quelles sont les difficultés rencontrées et à quelle fréquence ? Quelles sont les compétences-clés pour réussir dans ce poste ?

6. Contraintes

Les titulaires sont-ils exposés à des contraintes particulières (stress, chaleur, pénibilité, déplacement…) ?

7. Évolutions du poste

Quelles sont les évolutions que va subir ce poste ? À quelle échéance ?

POURQUOI L'UTILISER ?

Objectif

La description de poste ou de fonction permet d'analyser de manière fine et précise les missions, les activités, les responsabilités, les contraintes et l'environnement du poste de travail. Elle permet au recruteur de bien connaître les spécificités du poste pour bien questionner le candidat.

Contexte

La description du poste est réalisée par le recruteur avec l'aide du manager, dès lors qu'un poste est à pourvoir. Si l'entreprise a déjà décrit les fiches emplois, le recruteur peut les utiliser. Il sera néanmoins nécessaire de les compléter lorsque ces dernières sont trop génériques.

COMMENT L'UTILISER ?

Étapes

1. Valider que le poste est bien ouvert auprès du service compétent (contrôle de gestion, finance).
2. Utiliser une grille de questionnement pour passer en revue toutes les rubriques-clés d'une définition de poste.
3. Décrire précisément les activités et préciser le temps passé entre elles, afin de mesurer le poids respectif de chacune des activités.
4. Identifier les situations délicates ou difficiles rencontrées dans le poste. Cela consiste à demander au manager de décrire les situations qui posent problème aux titulaires, mais qui sont des clés pour la réussite du futur employé. Il s'agit d'utiliser la méthode des incidents critiques de Flanagan.

Méthodologie et conseils

Pour mieux décrire la fonction à pourvoir, le recruteur décrira de la manière la plus précise possible les points suivants :

- La raison d'être du poste : *Quels sont les résultats ou apports réguliers qui donnent au poste toute sa raison d'être ?*
- Le contexte et les interactions attendues : *Avec quels interlocuteurs est-il en contact ? À quelle fréquence ? Quels sont les liens hiérarchiques et fonctionnels afférents ? Quelles sont les difficultés majeures ?*
- Les missions et objectifs : *Quelles sont les missions principales et objectifs qui en découlent ? Quel est le partage du temps entre les différentes missions ?*
- Les autorités et responsabilités : *Quelles sont les principales responsabilités de ce poste ? Quels sont les problèmes que le titulaire sera seul à résoudre ?*
- Les difficultés rencontrées : *À quelles situations professionnelles concrètes est confronté le titulaire dans l'exercice de ses responsabilités ? Quelles sont les fautes qui pourraient être commises et leurs conséquences ?*
- Les conditions de travail : *Y a-t-il des déplacements et à quelle fréquence ? Quelles sont les contraintes ? Les titulaires sont-ils exposés aux éléments suivants : clients difficiles, stress, risques professionnels, monotonie, autres ? Quel est le style de management des supérieurs ?*
- Les évolutions de l'emploi : *Quelles sont les évolutions que va subir l'emploi, à moyen terme, au niveau qualitatif et quantitatif ?*

Suite outil 15 →

Avant de vous lancer...

√ **Décrivez toujours le poste avant de décrire le profil. Les managers ont tendance à décrire immédiatement le profil avant de faire une analyse précise du poste.**

√ **Identifiez les situations difficiles. Cela permettra, lors de la description du profil, de déduire les qualités requises indispensables pour réussir dans le poste.**

Voir Outil 16

Suite outil 15

La description de poste ou de fonction

COMMENT ÊTRE PLUS EFFICACE ?

Définition

La fiche de poste décrit les activités d'une situation professionnelle dans une structure donnée ou un service identifié, en prenant en compte l'environnement de travail. Elle est donc individualisée et contextualisée, ce qui la différencie d'une description d'emploi-type, plus globalisante, générique et collective.

Les principaux usages d'une fiche de poste

Elle est utilisée en recrutement ou lors de l'entretien annuel pour valider que le collaborateur maîtrise toutes les facettes de son poste, lors de la mobilité, pour repérer les compétences requises et détenues dans l'emploi, lors de l'entretien professionnel et lors de l'élaboration d'une formation, pour identifier les activités et les compétences non maîtrisées.

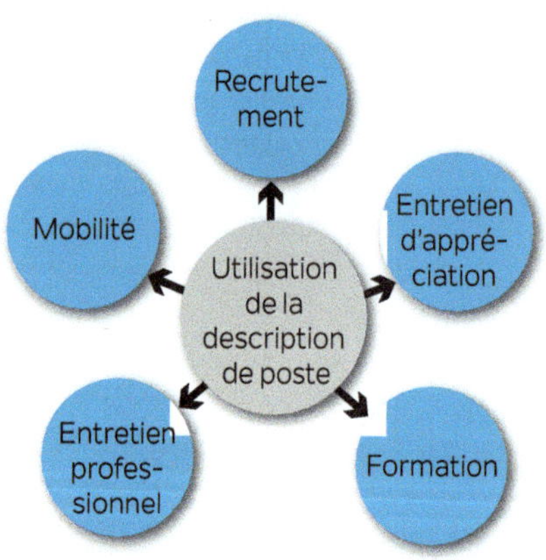

Les éléments-clés d'une fiche de poste

1. Les éléments du contexte

Ils décrivent le poste dans son environnement de travail.

- Intitulé du poste : désignation courante.
- Situation fonctionnelle : rattachement hiérarchique, effectif à encadrer, nombre de collaborateurs directs.
- Caractéristiques de l'emploi : classification, type de contrat, durée de travail.
- Conditions d'exercice : lieu de travail, horaires, déplacements, congés, RTT.
- Difficultés du poste : situations particulières auxquelles le titulaire va se trouver confronté. On peut les aborder à partir des difficultés rencontrées par les prédécesseurs. Le recruteur recherchera les difficultés que le candidat pourra rencontrer dans les situations énoncées :
  - liées à la conduite habituelle des missions ;
  - liées aux caractéristiques du manager, des collègues ou des collaborateurs ;
  - liées à l'environnement externe (technique, commercial, économique, social) ;
  - liées à des contraintes spécifiques du poste (déplacements, sédentarité, absences).

2. Le contenu du poste

Il se subdivise en 4 niveaux :

- **Niveau 1 : la mission** = il est important d'identifier la raison d'être du poste. Question : *À quoi sert-il ?*
- **Niveau 2 : les domaines de contribution** = ils décrivent les grands processus sur lesquels le titulaire du poste intervient. Question : *À quels processus le poste doit-il contribuer ?*
- **Niveau 3 : les activités** = décrire les activités à effectuer pour accomplir la mission définie plus haut. Question : *Que fait-on à ce poste ?*
- **Niveau 4 : les tâches** = elles décrivent ce que fait le titulaire au plus petit niveau de détail. Question : *Que fait-on concrètement dans chacune des activités ?*

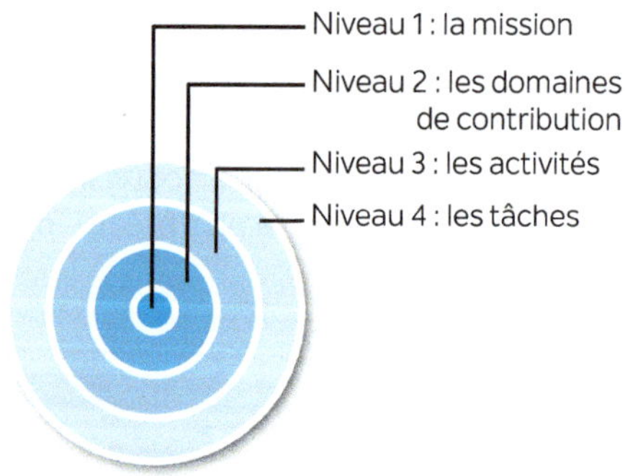

Cas d'entreprise

Fiche de poste : Directeur des Ressources Humaines et du Développement

Mission
Agit comme un *Business, Human, Digital* et *Machine Partner* auprès de l'équipe de direction. Par l'efficacité de sa politique RH, il augmente l'efficacité et la compétitivité de l'organisation, tout en veillant au climat social et au bien-être au travail.

Informations sur le contexte du poste
Rattaché au directeur général de l'entreprise.
Encadrement d'une équipe de 15 personnes pour un effectif de 1 000 personnes en France.
Liens fonctionnels avec les RRH des filiales à l'étranger.

Compétences requises
Compétences techniques en gestion des RH.
Intégrité et éthique, leadership, vision stratégique, orienté résultats, communication, négociation, gestion du stress et de l'hostilité, innovation et ouverture d'esprit.

Domaines de contribution	Activités/tâches	
Politique RH	- Définit les politiques RH en lien avec la stratégie de l'organisation.	- Rédige la politique RH, la politique RSE...
Développement de l'organisation	- Conduit une gestion des emplois et des parcours professionnels (GEPP). - Définit et met en place l'organisation cible avec les managers pour répondre aux opportunités de croissance. - Accompagne les projets de changement.	- Deploie l'outil SWOT/Compétences dans les unités. - Analyse le travail .
Recrutement / mobilité	- Définit et met en place la politique recrutement. - Traduit les besoins du business en postes à pourvoir.	- Suit les indicateurs. - Met en place un processus d'intégration. - Anime les revues de personnel et de potentiel.
Développement des compétences	- Définit les axes stratégiques en matière de politique de développement des compétences. - Met en place une organisation apprenante.	- Rédige le plan de développement des compétences. - Organise des groupes de retour d'expérience.
Législation du travail, instances représentatives et climat	- Assure une veille permanente de la législation. - Construit des relations positives avec les partenaires sociaux. - Négocie les accords, la qualité de vie et le bien-être. - Assure les conditions de travail pour favoriser un bon climat.	- Signe des accords. - Met en place un observatoire social (enquêtes, entretiens). - Conduit les négociations.
Rémunérations	- Définit et met en place une politique de rémunération. - Équilibre l'individuel et le collectif.	- Élabore les outils de gestion des rémunérations. - Forme les managers à la politique de rémunération. - Élabore les matrices d'augmentation.

Outil 16 La description du profil recherché pour tenir le poste

> « La description précise du profil permet d'éviter la recherche du mouton à 5 pattes !

En quelques mots

La description du profil ne peut être réalisée qu'après une analyse précise de la description du poste ou de la fonction. Faire l'impasse de la description de profil en amont du recrutement met en danger le processus de sélection.
Le recruteur identifie la formation, l'expérience et les compétences techniques et comportementales requises pour tenir le poste dans des conditions optimales. Il classe les critères en deux catégories : les critères indispensables et les critères souhaités.

LES DIFFÉRENTS CRITÈRES DE LA DESCRIPTION DE PROFIL

Critères indispensables	Critères souhaités
Formation requise Exemple : Bac + 3 en chimie	**Formation requise** Exemple : école d'ingénieur
Expérience professionnelle Exemple : 3 ans dans un laboratoire	**Expérience professionnelle** Exemple : 5 ans dans un laboratoire international
Compétences techniques Exemple : techniques commerciales, anglais commercial	**Compétences techniques** Exemple : techniques de négociation de haut niveau, anglais courant
Compétences comportementales Exemple : capacités relationnelles, négociation niveau 2	**Compétences comportementales** Exemple : techniques de négociation de haut niveau, anglais courant

POURQUOI L'UTILISER ?

Objectif

Décrire le profil consiste à définir la formation, l'expérience, le secteur d'activité où l'expérience s'est déroulée et les compétences nécessaires pour tenir le poste à pourvoir. Les critères sont classés en deux catégories : les indispensables, sans lesquels le titulaire ne peut tenir le poste, et les critères souhaités, qui complètent et apportent des compétences supplémentaires intéressantes mais non obligatoires.

Contexte

La description du profil est l'outil indispensable du recruteur car il lui permet, à la fois de trier les CV, et d'orienter l'entretien afin de valider les compétences requises pour tenir le poste.

COMMENT L'UTILISER ?

Étapes

1. Lister les critères jugés indispensables pour tenir le poste. Le chargé de recrutement cherchera à identifier :
- la formation nécessaire ;
- l'expérience professionnelle requise (en nombre d'années, secteur d'activité) ;
- les compétences techniques ou *hard skills* nécessaires ;
- les compétences comportementales professionnelles, appelées également compétences transversales ou *soft skills*.

2. Hiérarchiser les compétences énoncées. Après avoir spontanément listé l'ensemble des critères nécessaires pour tenir le poste, le recruteur aura pour objectif de les classer en deux catégories :
- **les critères indispensables** : un critère est jugé « indispensable » si ce dernier ne peut être négocié. On parle de minimum requis. L'absence de ce critère chez le candidat l'élimine directement.
- **les critères souhaités** : un critère est qualifié de « souhaité » si ce dernier est important mais non déterminant. Si le candidat ne détient pas ce critère, il ne sera pas éliminé pour autant ; ce critère apporte un plus pour l'emploi.

3. Décrire les compétences de manière détaillée et factuelle :
- demander au manager de donner la définition précise de chaque compétence requise ;
- le manager peut donner des exemples d'actions à réaliser dans le poste qui nécessitent la mise en œuvre des compétences qu'il a sélectionnées. Pour être plus précis, il peut indiquer les situations délicates à traiter dans le poste, car elles permettent d'en identifier les compétences nécessaires pour tenir le poste.

Voir Outil 15

Méthodologie et conseils

- Chaque individu a ses propres définitions des compétences. Il faut absolument faire un travail de clarification des mots utilisés pour éviter les erreurs de sens, ou utiliser le dictionnaire des compétences si l'entreprise en possède un.
- Un bon recruteur ne peut vérifier que 4 ou 5 compétences comportementales lors d'un entretien de recrutement. Il faut donc hiérarchiser les compétences comportementales pour connaître celles les plus importantes pour tenir la fonction.

Avant de vous lancer...

√ **Laissez le manager s'exprimer librement sur les critères qu'il identifie comme importants, afin de ne pas limiter d'entrée de jeu la réflexion.**

√ **Faites, dans un deuxième temps, la hiérarchisation des compétences et la description du profil.**

√ **Demandez au manager une définition précise des compétences recherchées si l'entreprise ne possède pas de dictionnaire des compétences comportementales.**

Outil 17 La structure de l'entretien de recrutement

> "Il est facile de recruter mille soldats, mais il est difficile de trouver un général.
>
> Proverbe chinois

En quelques mots

Structurer l'entretien de recrutement permet d'explorer chaque domaine (formation, expérience, motivation, personnalité) de manière méthodique et organisée. Le recruteur cherche à exploiter l'ensemble des thématiques dans un ordre bien précis, ce qui l'oblige à approfondir chaque thématique avant de passer à la suivante.

Un entretien conduit en suivant des étapes bien définies permet d'obtenir des informations précises pour faire le bon choix et augmente la validité scientifique de l'entretien.

LES ÉTAPES DE L'ENTRETIEN DE RECRUTEMENT

1. Préparation de l'entretien
2. Accueil du candidat
3. • Introduction et présentation succincte de l'entreprise et du poste • Présentation de la structure de l'entretien
4. Enquête biographique : formation - expérience
5. Mise en situation pour validation des compétences techniques et transversales
6. Analyse des compétences comportementales
7. Recherche des motivations
8. Présentation détaillée de l'entreprise et du poste – avis du candidat et réponses aux questions
9. Conclusion de l'entretien

POURQUOI L'UTILISER ?

Objectif

L'entretien de recrutement est une situation de face-à-face qui met en présence deux personnes dont la finalité est la meilleure connaissance mutuelle, permettant à chaque partie de prendre sa décision.

Contexte

Tous les recruteurs qui souhaitent avoir une meilleure connaissance du candidat se dotent d'une structure d'entretien. Elle assure également un traitement équitable des candidats.

COMMENT L'UTILISER ?

Étapes

1. Mettre à l'aise le candidat et commencer par se présenter.
2. Présenter les objectifs et la structure de l'entretien : le recruteur définit la façon dont va se dérouler l'entretien et présente sa structure.
3. Présenter succinctement l'entreprise et le poste pour ne pas orienter les réponses du candidat et mieux gérer le temps.
4. Compléter l'enquête biographique en demandant :
   - la formation : cette partie sera particulièrement développée pour les jeunes en début de carrière ;
   - les expériences professionnelles : il est préférable de commencer par les dernières lorsque le candidat a une très longue expérience derrière lui, et finir par les expériences qui ont moins de lien direct avec l'emploi à pourvoir ;
   - les mises en situation : elles peuvent être réalisées au cours de l'entretien pour valider les compétences techniques et comportementales en lien avec le poste. Il s'agit de situations critiques que pourra rencontrer le futur embauché ;
   - les compétences comportementales : elles sont en lien avec les exigences du poste et sont à rechercher tout au long de l'entretien. Des questions précises devront être posées à ce stade ;
   - les motivations : il faut savoir pourquoi le candidat a répondu, ce qu'il recherche et ce qui est important pour lui dans son futur poste.
5. Présenter l'entreprise et le poste, et répondre aux questions des candidats : le recruteur donne beaucoup d'informations sur le poste à pourvoir, l'entreprise et ses valeurs.
6. Valoriser l'entreprise et le poste sans survendre.
7. Conclure. Cette étape ne doit pas être occultée. Donner des informations sur le processus lui-même et expliciter les prochaines étapes.

Méthodologie et conseils

Les mises en situation sont des mini-cas, ou mini-jeux de rôles, présentées sous forme orale ou écrite. Elles sont préparées en amont par le manager. La structure de l'entretien est adaptée à la personne et contextualisée, c'est-à-dire qu'elle varie en fonction de l'âge des candidats, de l'environnement de travail et du niveau de poste.

Avant de vous lancer...

√ **N'oubliez pas que l'entretien n'est ni un débat d'idées, ni un interrogatoire, mais une interaction entre deux parties dont l'objectif est de faire le bon choix.**

√ **Relisez bien la description de poste et de profil avant l'entretien.**

√ **Ne donnez pas trop d'information au candidat en début d'entretien sur la définition du poste et de l'entreprise. Donnez uniquement quelques éléments et passez directement à l'enquête biographique complète. En fin d'entretien, donnez toutes les informations utiles au candidat sur le poste et l'entreprise.**

√ **N'oubliez pas qu'un recrutement est à la fois un acte de sélection, mais aussi de « séduction ». Vous devez donner envie au candidat de rejoindre l'entreprise.**

Outil 18

Les questions posées en recrutement

> « Le monde répond toujours à côté de toute question. Il convient donc de ne lui poser que des questions décalées.
>
> Georges-Olivier Chateaureynaud

En quelques mots

L'**art de questionner** est la clé de réussite de tout entretien. Les questions ouvertes, larges et neutres permettent d'englober un maximum d'information sans orienter la réponse du candidat. Le législateur autorise le recruteur à ne poser que des questions dont la réponse apporte des éléments pertinents et objectifs sur les capacités du candidat à tenir le poste. Savoir poser les bonnes questions permet d'avoir des informations plus précises et pertinentes sur les compétences du candidat.

ENCHAÎNEMENT DES QUESTIONS LORS DE L'EXPLORATION D'UN DOMAINE EN RECRUTEMENT

1. Phrase de transition *« Nous venons d'étudier votre parcours, je vous invite maintenant à ... »*
2. Questions ouvertes larges
3. Questions réflexives ouvertes
4. Questions réflexives fermées
5. Mise en situation pour validation des compétences techniques
6. Questions sonde
7. Questions ouvertes larges conclusives

POURQUOI L'UTILISER ?

Objectif

L'entretien de recrutement gagne en validité si le recruteur pose les bonnes questions et structure son entretien. Un bon interviewer doit être capable de manier l'écoute active et d'obtenir les réponses à ses interrogations. La qualité du recueil d'informations dépendra de l'utilisation judicieuse du questionnement.

Contexte

Trop souvent, les recruteurs posent peu de questions et font deviner la bonne réponse. Travailler sur le questionnement est une étape préalable à la conduite des entretiens de recrutement.

L'article L. 1221-6 du Code du travail encadre le questionnement autorisé lors des entretiens de recrutement : « *les questions posées au cours d'un entretien doivent se limiter aux seules questions ayant un lien direct avec l'emploi. Les questions posées au candidat doivent donc avoir pour seul but d'en apprécier les qualités professionnelles et l'adéquation de sa personnalité au poste proposé.* » Cela incite le recruteur à poser des questions dont la réponse apporte des éléments pertinents et objectifs sur les capacités du candidat à tenir le poste.

COMMENT L'UTILISER ?

Étapes

La « méthode de l'entonnoir » permet l'exploration de chaque domaine en utilisant un plan en 7 étapes.

1. Utiliser systématiquement une phrase de transition pour passer d'un domaine à l'autre et permettre au candidat de se repérer dans l'entretien.
2. Lancer une question ouverte large pour explorer le domaine.
3. Laisser le candidat parler sans l'interrompre en utilisant les techniques de l'écoute active (reformulations actives ou passives, silences).
4. S'appuyer sur des questions réflexives qui s'adossent sur le discours du candidat.
5. Introduire une question d'auto-évaluation qui demande au candidat de s'auto-positionner sur ses réussites ou ses échecs et en tirer des enseignements sur son profil.
6. Élargir avec une question sonde, qui permet de généraliser à un niveau plus global.
7. Conclure avec une question ouverte large conclusive qui permet, après un silence, d'amener à la surface des informations importantes pour le candidat.

Voir Outils 14 et 17

Méthodologie et conseils

Laisser le temps au candidat de former ses réponses. En général, les silences stressent les recruteurs alors qu'ils sont bénéfiques parce qu'ils laissent au candidat le temps de construire ses réponses. Un silence n'est pas angoissant pour le candidat si celui-ci ne dépasse pas 6 secondes.

Suite outil 18 →

Avant de vous lancer...

√ **Obligez-vous à poser des questions en suivant des enchaînements naturels et évitez les transitions abruptes.**

√ **Posez un ensemble de questions pour approfondir la connaissance du candidat, dans un ordre précis, afin d'obtenir les réponses les plus justes et les plus significatives. Les jeunes cadres sont particulièrement à l'aise dans les entretiens de recrutement et leurs réponses sont souvent préparées avant l'entretien.**

√ **N'utilisez aucune des questions interdites, quel que soit le poste recherché.**

Suite outil 18

Les questions posées en recrutement

COMMENT ÊTRE PLUS EFFICACE ?

Il existe différents types de questions qui ont des répercussions importantes sur la qualité de l'échange. Certaines ont pour conséquence de biaiser la réponse, d'autres en revanche permettent une exploration plus profonde.

Les questions ouvertes

Elles incitent le candidat à parler, elles amènent une masse d'informations dans lequel l'interviewer n'a plus qu'à choisir celles qui l'intéressent et approfondir.
Les questions ouvertes sont celles qui commencent par : Comment ? Pourquoi ? Qu'est-ce qui ? Parlez-moi de... ?
Exemples : *Pourquoi avez-vous démissionné ? Qu'attendez-vous de votre N + 1 ?*

Les questions fermées

C'est la forme la plus concise et l'interlocuteur ne peut répondre qu'avec un ou deux mots. Elles permettent au recruteur d'obtenir des informations précises mais risquent de laisser de côté des informations très précieuses sur les caractéristiques du candidat, son système de valeurs ou ses motivations. L'utilisation de nombreuses questions fermées rend l'entretien « sec », avec un échange de questions et de réponses brèves. L'interviewer risque d'être rapidement à court de questions. De nombreux silences vont survenir immanquablement mettant en difficulté le recruteur et le recruté.
Exemples : *Savez-vous faire une déclaration d'accident ? Savez-vous faire une paie ?*

Les questions orientées

Ce sont des questions qui possèdent en elles une partie de la réponse. Elles ne laissent pas le choix à l'interlocuteur de manifester ses opinions, ses pensées ou ses impressions. Elles contraignent en quelque sorte à fournir la réponse attendue. Elles sont stériles et sans intérêt.
Exemple : *Avez-vous démissionné pour des raisons financières ou pour des raisons d'intérêt au travail ?*

Les questions neutres

Elles sont dénuées de prise de position ou de toute opinion. Elles permettent d'obtenir des informations objectives.
Exemple : *Pourquoi avez-vous démissionné ?*

Les questions réflexives

Elles s'appuient sur les propos du candidat. Le recruteur utilise le matériel verbal du candidat pour explorer un champ qui l'intéresse, afin de valider des compétences recherchées dans le poste à pouvoir ou approfondir un sujet.
Exemple : le candidat parle des bonnes relations qu'il entretient avec les partenaires sociaux de son usine. Le recruteur va s'appuyer sur ce que dit le candidat et poser une question réflexive : *Vous venez de parler de vos bonnes relations avec vos partenaires sociaux, pouvez-vous m'en dire plus, ou me dire pourquoi ?* Puis le recruteur pose une question réflexive fermée pour vérifier : *Quel est le nombre de conflits dans votre usine depuis 3 ans ?*

Les questions d'auto-évaluation

Elles demandent au candidat de s'auto-positionner sur des compétences comportementales.
Exemple : *Quelle compétence avez-vous mise en œuvre pour développer des relations positives avec vos partenaires sociaux ?*

Les questions sondes

Elles donnent une vision plus globale du candidat.
Exemple : *Quelle est, en général, votre qualité première ?*

Questions-types qui explorent la formation, l'expérience professionnelle, la motivation et les différentes compétences transversales

Domaines à explorer lors de l'entretien	Questions-types
Formation Études	Pourquoi avoir choisi ce cursus de formation ? Si c'était à refaire, que choisiriez-vous ? Qu'est-ce qui vous intéressait dans vos études ? Quelles matières ? Pourquoi ? Quelles étaient les matières que vous aimiez le moins ? Pourquoi ?
Expérience professionnelle	Quelles sont les compétences que vous détenez et qui sont utiles pour cet emploi ? Quelles sont vos expériences qui nous permettraient d'en déduire que vous avez les compétences-clés pour tenir ce poste ?
Motivation	Pourquoi changez-vous d'emploi ? Quel type de management préférez-vous ? Pourquoi ? Qu'attendez-vous de votre responsable hiérarchique ? Que doit faire l'entreprise pour vous motiver ? Quelles sont les valeurs que vous appréciez dans une entreprise ? Quelles sont les activités que vous préférez ? Au contraire, quelles sont celles que vous aimez le moins ? Pourquoi ?

Compétences transversales	Questions-types
Travail en réseau Transversalité	Comment développez-vous votre réseau ? Quelles sont vos capacités qui facilitent la constitution de votre réseau ? Avez-vous travaillé avec d'autres équipes ? Pouvez-vous m'expliquer comment vous avez procédé ? Quelles sont les difficultés que vous avez rencontrées lors d'un travail regroupant différentes équipes ? Comment y avez-vous fait face ?
Gestion de l'incertitude Adaptabilité *Self-control*	Dans quel genre d'environnement aimez-vous travailler ? Avez-vous vécu des situations difficiles ? Comment avez-vous fait face ? Dans quelles situations avez-vous fait preuve d'adaptabilité ? Avez-vous rencontré des situations professionnelles où vous avez dû gérer l'incertitude ? Comment avez-vous opéré ?
Sens de l'éthique Intégrité Respect des valeurs	Quelles valeurs avez-vous appréciées dans vos différentes entreprises ? Comment y contribuez-vous ? Quelles actions concrètes avez-vous mises en œuvre pour les porter et les diffuser ?
Capacités relationnelles Communication orale et aisance Écoute et empathie	Dans quelles situations êtes-vous à l'aise pour parler : en entretien, en face-à-face ? En petit ou grand groupe ? Avez-vous animé des réunions, des formations, des colloques ? Quels en ont été les résultats ?
Capitalisation Partage Contribution à la transmission de connaissances	Comment réalisez-vous votre veille métier ? Comment transférez-vous vos compétences ? À qui ? Lesquelles ? Comment et quand avez-vous capitalisé votre savoir ? Quels ont été les *feed-back* ? Qu'est-ce qui est difficile pour vous lors du transfert de compétences ?
Innovation Créativité	Quels sont le nombre et la nature de vos innovations ? Quel est l'impact de ces innovations au sein de votre service, département, entreprise ? Quels ont été les résultats économiques ? Quelle a été votre idée la plus folle ? À quand cela remonte-t-il ? Comment trouvez-vous des idées nouvelles ? Que sont-elles devenues ?

Suite outil 18 →

Suite outil 18 Les questions posées en recrutement

Pour aller plus loin

Cas du questionnement en recrutement

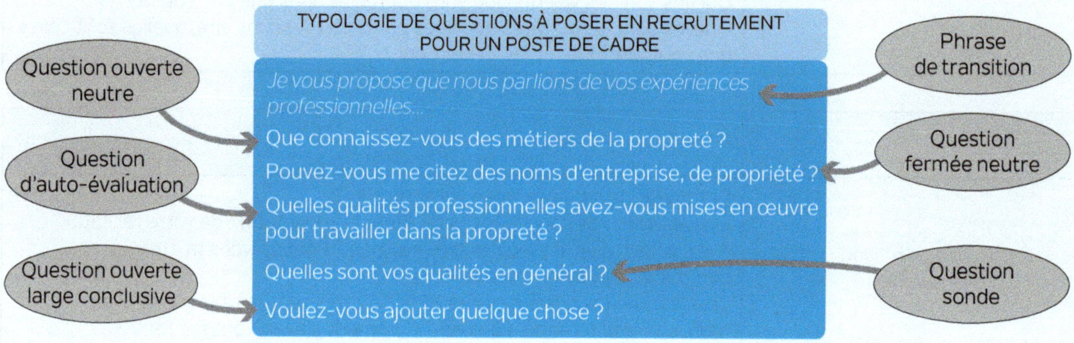

La règlementation en matière de questionnement

Le questionnaire d'embauche nécessite une réglementation particulière. En effet, les employeurs sont obligés d'informer les candidats sur le caractère obligatoire ou non des réponses, les conséquences d'un défaut de réponse, les personnes ou entreprises destinataires des informations, la possibilité dont dispose le candidat d'accéder et de rectifier les informations fournies.

Lors du recrutement, toutes les informations ne peuvent être demandées au candidat. Elles doivent avoir pour seul but d'apprécier la capacité du candidat à occuper l'emploi ou ses aptitudes professionnelles et doivent avoir un lien direct et nécessaire avec le poste proposé. L'employeur ne saurait demander des renseignements portant sur la vie privée du candidat sans lien direct avec le poste à pourvoir.

Lorsque la demande d'information est pertinente, le candidat est tenu d'y répondre de bonne foi. Une fausse déclaration peut, si elle est à l'origine d'une situation préjudiciable à l'employeur, justifier la rupture ultérieure du contrat de travail. Si l'information sollicitée est sans lien avec l'emploi, le candidat peut refuser de la fournir.

Auto-évaluation

Avez-vous bien conduit votre entretien de recrutement ?

QUESTIONS	Plutôt OUI	Plutôt NON
1. Est-ce que les conditions matérielles ont été suffisantes ?		
2. Ai-je suivi la structure de l'entretien ?		
3. Ai-je utilisé des questions ouvertes au démarrage ?		
4. Ai-je réussi à utiliser la technique de la reformulation au moins deux fois au cours de l'entretien ?		
5. Ai-je utilisé des phrases de transition entre les différentes parties de l'entretien ?		
6. Ai-je parlé moins d'un tiers du temps ?		
7. Ai-je obtenu les informations que je souhaitais ?		
8. Ai-je suffisamment approfondi certains points en utilisant des relances ?		
9. Ai-je gardé le contrôle de la conduite de l'entretien pendant toute la durée de l'échange ?		
10. Ai-je su donner toutes les informations utiles au candidat sur l'entreprise et le poste, notamment en fin d'entretien, pour susciter l'envie de venir dans notre entreprise ?		
11. Ai-je évité les questions interdites ?		
12. Ai-je bien posé les questions en lien avec les compétences recherchées ?		
TOTAL		

Analysez vos résultats

- Si vous obtenez entre 1 et 5 « Oui », relisez le dossier 3 « Le recrutement : un processus fortement encadré » de A à Z afin d'améliorer vos pratiques.
- Si vous obtenez entre 6 et 9 « Oui », retravaillez certains outils de ce dossier 3.
- Si vous obtenez entre 10 et 12 « Oui », vous maîtrisez l'art du questionnement en recrutement. Bravo !

Outil 19 Les tests utilisés en gestion des Ressources Humaines

> « Un test, c'est quand on vous fait faire des petits dessins pour voir si vous n'êtes pas fou.
>
> Émile Ajar

En quelques mots

Les **tests** permettent d'évaluer les aptitudes, les connaissances, les valeurs, la personnalité et les motivations d'une personne par rapport à un poste donné. Ils sont utilisés lors d'un recrutement, d'une formation, d'une mobilité ou d'une promotion.

Les batteries de tests composites (batteries formées de plusieurs tests) ont une valeur prédictive forte quant à la réussite dans un poste. Les tests sont **une source complémentaire d'information** concernant un candidat ou un salarié, permettant de prendre une décision éclairée.

LES 5 CATÉGORIES DE TESTS UTILISABLES EN ENTREPRISE

Tests de valeurs professionnelles et humaines

Concernant les objectifs vitaux qui dynamisent les traits de personnalité (altruisme, matérialisme, besoin de variété, indépendance).

Utilisation en RH : validation des valeurs des candidats et adaptation au contexte.

Tests de connaissances

- Évaluent le niveau d'acquisition de certaines connaissances.
- *Utilisation en RH : validation du niveau de connaissances en langues, par exemple.*

Tests d'aptitudes

- Évaluent les aptitudes cognitives (verbales, numériques, spatiales), perceptive (vision, audition), psychomotrices (temps de réaction, dextérité, manuelle), physique (force, équilibre).
- *Utilisation en RH : permettent d'évaluer les dispositions à effectuer des tâches spécifiques.*

Tests d'intérêts professionnels ou de motivation

- Apprécient les tendances stables guidant les choix des personnes vers des activités concrètes : scientifiques, sociales, commerciales, artistiques.
- *Utilisation en RH : dans le cadre de la mobilité, du reclassement et des réorientations.*

Tests de personnalité

- Explorent les caractéristiques individuelles non intellectuelles.
- *Utilisation en RH : fournissent des informations sur le comportement, les capacités d'intégration dans une équipe, une entreprise, les qualités relationnelles, le style de management.*

POURQUOI L'UTILISER ?

Objectif

Les tests sont des outils qui permettent d'évaluer les personnes sur différentes dimensions, telles que les aptitudes verbales, numériques, spatiales, de mémoire et de raisonnement, la personnalité, les intérêts professionnels et les valeurs.
Évaluer consiste à comparer une personne à un référentiel donné et disposer d'une norme de comparaison. Le recruteur choisit les tests en fonction des dimensions qu'il souhaite évaluer par rapport à un poste précis et une organisation donnée.

Contexte

Les entreprises françaises utilisent peu les tests, contrairement aux pays anglo-saxons, alors que la valeur prédictive des batteries de tests composites est forte.

COMMENT L'UTILISER ?

Étapes

1. Définir le poste et le profil.
2. Identifier les aptitudes, les connaissances et les valeurs nécessaires de ce poste.
3. Identifier les tests les plus pertinents parmi la batterie de tests existants :
   - les tests cognitifs (qui mesurent les aptitudes numériques, verbales, spatiales, de raisonnement et de mémoire) ;
   - les tests de personnalité par questionnaire ;
   - les tests de connaissances ;
   - les tests d'intérêt professionnel ;
   - les tests de valeurs.
4. Faire la passation des tests, en interne ou en externe, et faire exploiter les résultats par des personnes compétentes et habilitées.
5. Adosser les résultats aux autres évaluations réalisées (entretiens, *assessment*).
6. Prendre une décision éclairée au regard de ce faisceau d'informations récoltées.

Voir Outil 45

Méthodologie et conseils

L'utilisation des tests doit être en lien direct avec l'emploi. La validité prédictive des tests mesure le lien ou la corrélation entre le résultat aux tests et la performance dans l'emploi. On parle de prédiction parfaite quand le coefficient de corrélation est égal à 1. La batterie de tests d'aptitudes cognitives se situe à 0.54 et les tests de personnalité à 0.38. En comparaison, le coefficient de corrélation des *assessment centers* est très fort, car égal à 0.68. Pour les entretiens structurés, la corrélation se situe à 0.34, alors que pour les entretiens non structurés, la corrélation est extrêmement faible, soit de 0.10.
L'entreprise doit veiller à la fiabilité des outils utilisés et aux qualités psychométriques des tests. On dispose, en France, d'une base de données comportant de nombreuses fiches descriptives des tests : la **base de données de la testothèque de l'INETOP** (Institut National d'Étude du Travail et d'Orientation Professionnelle du CNAM).

Avant de vous lancer...

√ **Veillez à ce que l'évaluation par les tests fournisse des résultats objectifs, fiables et valables.**

√ **N'utilisez les tests que s'ils sont conduits et analysés par des professionnels. L'utilisation des tests requiert des compétences spécifiques, du fait de la nature scientifique des tests. Les psychologues et les professionnels qualifiés, en référence aux décrets du 22 mars 1990 et en application de la loi du 25 juillet 1985, sont autorisés à les utiliser. Les professionnels RH non spécialistes disposent de certains tests après avoir suivi une habilitation à leur utilisation.**

Outil 20

Le processus d'intégration des nouveaux embauchés

> *« Il ne faut pas uniquement intégrer. Il faut aussi désintégrer. C'est ça la vie. C'est ça la philosophie. C'est ça la science. C'est ça le progrès, la civilisation.*
>
> Eugène Ionesco

En quelques mots

La réussite d'un candidat dans un poste est relative aux circonstances qui vont présider à son **intégration** dans ses nouvelles fonctions. La **période d'adaptation** au poste constitue une phase d'apprentissage progressif qui peut être facilitée et accélérée par un dispositif d'intégration efficient.

Le changement d'emploi a toujours des répercussions psychologiques sur le candidat, qui doit démontrer ses capacités dans un nouvel environnement. Il est important de prendre en compte ce phénomène pour accompagner au mieux le nouvel embauché dans sa prise de fonction.

LES ÉTAPES-CLÉS DU PARCOURS D'INTÉGRATION

1. Concevoir le processus d'intégration : qui fait quoi ?
2. Bâtir les outils de l'intégration : livret d'accueil, tutorat, séminaire d'intégration, fiche de suivi, etc
3. Diffuser aux personnes concernées le parcours d'intégration et le rôle de chacun
4. Organiser l'accueil du premier jour et remettre le parcours d'intégration au nouvel embauché
5. Entretien de suivi d'intégration de la première semaine par le N+1
6. Première validation de la période d'essai à mi-parcours (fiche de suivi et grille de compétences)
7. Décision de l'embauche définitive, du renouvellement de l'essai ou rupture. (en fonction des clauses du contrat de travail)
8. i embauche définitive
9. • Habilitations obligatoires
   • Suivi de l'intégration par le N+1 de la DRH pendant plusieurs mois
   • Entretien de fin de période d'intégration

POURQUOI L'UTILISER ?

Objectif

L'intégration n'est pas une fin en soi, mais une manière d'accélérer l'adaptation à l'emploi et à la culture de l'entreprise. L'intégration est un des facteurs clés du succès du recrutement. Pour le salarié, c'est l'occasion de se familiariser avec les valeurs de l'entreprise, son organisation et sa mission. Il apprend les règles du jeu pour réussir dans sa fonction et acquiert les connaissances générales et techniques nécessaires à la prise de poste. La période d'essai lui permet de vérifier l'adéquation et la cohérence entre ce qui a été présenté lors du recrutement et ce qu'il vit au quotidien.

Pour l'entreprise, la phase d'intégration a pour objectif de valider les compétences techniques et comportementales du nouvel embauché, de vérifier l'adéquation aux valeurs, au règlement de l'entreprise et à son intégration dans l'équipe. Si l'intégration est bien réalisée, elle permet d'accélérer la prise de fonction et de réduire le coût d'adaptation aux processus, aux activités confiées et à la culture de l'entreprise.

Contexte

Toutes les entreprises intègrent à leur façon leurs collaborateurs, mais mettent rarement en place un processus détaillé et structuré, permettant d'accélérer la montée en puissance des nouveaux entrants. C'est au manager qu'incombe la lourde responsabilité de cette intégration.

COMMENT L'UTILISER ?

Étapes

1. Concevoir l'ensemble des outils du dispositif (livret d'accueil, rôles et missions du parrain, étapes du parcours d'intégration, séminaire d'intégration, grille de validation des compétences, grille de suivi de la période d'essai, rapport d'étonnement).
2. Communiquer et former tous les acteurs impliqués (managers, tuteurs, parrains...) sur le processus et les outils.
3. Organiser les prises de rendez-vous avec les différents interlocuteurs avant l'arrivée du nouvel embauché.
4. Concevoir avec le manager le contenu du parcours d'intégration.
5. Conduire des entretiens intermédiaires au cours de la période d'essai.
6. Valider la période d'essai sur des compétences validées en situation.

Voir Outils 16 et 26

Méthodologie et conseils

L'intégration ne s'improvise pas, c'est un acte de management et de gestion RH. Le programme d'intégration est élaboré sous la responsabilité de la direction des RH, mais la mise en œuvre est laissée au manager direct.

La durée de la période d'intégration varie en fonction du niveau de poste et de l'organisation. Elle peut durer de 1 mois à 2 ans (pour les cadres à potentiel).

Le contenu du parcours d'intégration consiste à organiser des activités et des missions qui permettent de valider les compétences requises pour l'emploi. Utiliser la liste des compétences recherchées au cours de l'entretien de recrutement pour construire des situations qui permettraient d'évaluer en situation réelle les compétences indispensables.

Suite outil 20 →

Avant de vous lancer...

- √ **Conduisez des entretiens intermédiaires avec le nouvel entrant plusieurs fois au cours de la période d'essai.**
- √ **Donnez des *feed-back* réguliers en lien avec les compétences attendues.**
- √ **Passez du temps avec le nouvel embauché pour accélérer sa montée en charge et faciliter son intégration.**

Suite outil 20

Le processus d'intégration des nouveaux embauchés

COMMENT ÊTRE PLUS EFFICACE ?

5 outils permettent de suivre l'intégration des nouveaux embauchés. Ils sont personnalisés et spécifiques à chaque nouvel employé.

Le parcours d'intégration

Il permet de planifier et de fixer avec le nouvel arrivant le calendrier, les activités, les rendez-vous, les tâches à réaliser et les formations à suivre qui se dérouleront tout au long de l'intégration.

La fiche de suivi de l'intégration

C'est la trace écrite des comptes rendus d'entretiens rédigés par les différents acteurs de l'intégration (fonction RH, N + 1, parrains) qui interviennent dans le suivi du nouvel embauché. Elle est formalisée dans un document appelé **fiche de suivi de l'intégration**.
Ces entretiens sont de véritables moments de dialogue et d'échange entre le nouveau et l'entreprise. Ils ont pour objectif de dresser des bilans périodiques en repérant les points forts et les points à renforcer. Les comptes rendus doivent détailler les progrès réalisés et ceux qu'il reste à accomplir, les difficultés rencontrées, les questions posées et les mesures correctives.

La grille d'évaluation des compétences

Elle permet d'identifier les compétences à valider pendant la période d'essai et tout au long de l'intégration. Cette grille doit être complétée par le manager lors de chaque entretien de suivi.
Concrètement, pour chaque compétence à valider, le manager recherche une situation dans laquelle le salarié peut la mettre en œuvre. Le nouveau collaborateur est confronté à la situation qui doit révéler cette compétence. Le manager évalue *a posteriori* si la compétence est présente ou pas. Si elle n'est pas validée, il peut proposer une autre situation permettant de la développer et de la tester à nouveau.

L'entretien de fin de période d'essai

À la fin de la période d'intégration, le N + 1, après avoir échangé avec le tuteur et la DRH, conduit un entretien de fin de période d'essai avec le nouvel arrivant. Cet entretien a pour objectif de dresser le bilan de cette période pour la valider ou non.

Le rapport d'étonnement

Le recruté élabore un rapport écrit sur ce qui l'a étonné en arrivant dans l'entreprise, ses remarques, ses interrogations, les atouts et les points faibles de l'organisation. Ce rapport doit être rédigé, au plus tard, 1 mois après son arrivée, sinon l'étonnement s'efface au profit des habitudes.
Ce rapport est pour le manager et la fonction RH un moyen de prendre conscience des forces et faiblesses de l'organisation et de mettre en place un plan d'action pour réduire les lacunes repérées. Les formes du rapport d'étonnement peuvent varier et s'adapter à la culture de l'entreprise ou à la personnalité du candidat.
L'intégration est la dernière étape du recrutement et la première étape de la vie dans l'entreprise. L'intégration des nouveaux salariés est devenue aujourd'hui un enjeu stratégique pour les entreprises qui doivent non seulement recruter de nouveaux talents, mais surtout les fidéliser. Si les premières semaines et premiers mois sont ponctués de temps forts, d'apprentissage et d'acculturation, les collaborateurs se sentiront plus motivés, plus engagés et donc plus performants.

Cas d'entreprise

Parcours d'intégration
Poste d'ingénieur dans une entreprise de chimie

journée 1	RDV avec la direction des RH. Présentation des contrats, règlement intérieur. Déjeuner avec le service RH. RDV avec le N + 1.
semaine 1	Rencontre avec les directions. Grille de compétences présentée au nouvel entrant. Déjeuner avec le manager et l'équipe.
semaines 2 et 3	Mise en observation pendant 3 semaines. Validation de la grille de compétences. RDV avec le parrain en semaines 2 et 3 + repas. RDV entre le N + 1 et le parrain.
semaines 4 et 5	Formation aux processus et outils. Entretien de mi-parcours de la période d'essai. Rapport d'étonnement remis au manager et à la DRH. Validation de la grille de compétences.
semaines 6 et 7	RDV entre le parrain et le manager. RDV avec le tuteur. Validation de la grille de compétences. RDV avec la DRH, point sur la période d'essai.
fin de période d'essai	Entretien de validation de la période d'essai. Grille de compétences totalement remplie. RDV avec la DRH.
entre 4 et 12 mois	Entretien de suivi tous les 15 jours avec le tuteur. RDV tous les mois avec le N + 1.
fin de période d'intégration	Entretien de fin de période d'intégration avec manager et DRH.

Face à un *turn-over* important de jeunes talents dans une entreprise à culture forte, le parcours d'intégration a été mis en place pour fidéliser ceux qui avaient du mal à se positionner au sein de l'entreprise. La mise en place d'un suivi régulier a permis de mieux les acculturer, de faciliter leur prise de fonction et de réduire leur départ au cours de la première année. Les *feed-back* réguliers ont été très appréciés par les jeunes recrues qui ont besoin de retours sur leurs actions et leur investissement au travail.

Outil 21 La période d'essai

> Un échec est un succès si on en retient quelque chose.
>
> Malcoln Forbes

En quelques mots

La **période d'essai** permet à l'employeur d'évaluer les aptitudes et les qualités du salarié dans son travail et au salarié d'apprécier si les fonctions occupées lui conviennent. La période d'essai ne se présume pas. La durée de la période d'essai, ainsi que son éventuel renouvellement, doivent être inscrits dans le contrat de travail. Chaque partie est libre de mettre fin à la période d'essai en respectant un délai de prévenance qui, en fonction de la durée du temps de travail passé dans l'entreprise, peut être d'une durée différente pour le salarié et l'employeur.

DÉLAI DE PRÉVENANCE DE LA FIN DE L'ESSAI

- Si durée du travail effectuée dans l'entreprise inférieure ou égale à 7 jours → Délai de prévenance de 24 heures pour l'employeur et de 24 heures pour le salarié
- Si durée du travail effectuée dans l'entreprise supérieure à 7 jours et inférieure ou égale à 1 mois → Délai de prévenance de 48 heures pour l'employeur et de 48 heures pour le salarié
- Si durée du travail effectuée dans l'entreprise supérieure ou égale à 1 mois et inférieure à 3 mois → Délai de prévenance de 2 semaines pour l'employeur et de 48 heures pour le salarié
- Si durée du travail effectuée dans l'entreprise supérieure à 3 mois → Délai de prévenance de 1 mois pour l'employeur et de 48 heures pour le salarié

POURQUOI L'UTILISER ?

Objectif

La période d'essai permet à l'employeur d'évaluer les aptitudes et les qualités du salarié dans son travail compte tenu de sa qualification. Elle permet au salarié d'apprécier si les fonctions occupées lui conviennent et répondent aux promesses faites lors du recrutement.

Contexte

La loi affiche clairement que la période d'essai et la possibilité de la renouveler ne se présument pas. Elles doivent être expressément stipulées dans la lettre d'engagement ou le contrat de travail pour être valables.
La durée maximale de la période d'essai est fixée par la loi. Elle ne dépasse pas 2 mois pour les ouvriers et les employés ; 3 mois maximum pour les techniciens et les agents de maîtrise et 4 mois pour les cadres (hors renouvellement).

COMMENT L'UTILISER ?

Étapes

La fonction RH rédige le contrat de travail en intégrant les clauses liées à la période d'essai et à son éventuel renouvellement.

1. Sensibiliser les managers à l'importance de la période d'essai et au rôle clé qu'ils ont à jouer pour la suivre et l'évaluer.
2. Organiser un plan d'intégration pertinent qui permet de valider les compétences et aptitudes nécessaires pour tenir l'emploi. Ce plan doit être réaliser par le manager.
3. Faire des points réguliers avec le nouvel embauché pour les valider.
4. Justifier de l'incapacité du collaborateur à réaliser correctement son travail en cas de rupture de la période d'essai. C'est au manager de donner une justification.
5. Respecter un délai de prévenance qui varie de 24 heures à 1 mois en cas de rupture du fait de l'employeur.
6. Respecter un délai de prévenance qui n'excède pas 48 heures en cas de rupture du fait du salarié.

Méthodologie et conseils

- On parle de **prolongation** quand la période d'essai est prolongée pour donner suite à une suspension du contrat de travail (maladie, congés payés, accident du travail).
- On parle de **renouvellement** quand la durée de la période d'essai est rallongée et intervient à l'issue de la période d'essai initialement prévue.
- On parle de **liberté de rupture** pour les deux parties dès lors que la période d'essai n'est pas terminée :
  - l'employeur est libre de la rompre à tout moment et ceci sans procédure ni motif. Cette rupture doit cependant être inhérente à la qualité de travail requise. Il doit respecter le délai de prévenance prévu dans la convention collective ;
  - le salarié peut également rompre à tout moment sa période d'essai en respectant également un délai de prévenance, mais beaucoup plus court que celui de l'employeur.

Avant de vous lancer...

√ **Il n'y a pas de période d'essai au contrat de travail en CDI si celui-ci succède à un CDD pour le même salarié et pour le même poste.**

√ **Veillez à ce que la rupture de l'essai ne soit pas être étrangère à la finalité de l'essai. Si tel était le cas, le juge peut requalifier la rupture de l'essai en rupture abusive.**

4

DOSSIER

LA GESTION DES EMPLOIS ET DES PARCOURS PROFESSIONNELS (GEPP)

« Les prévisions sont difficiles, surtout lorsqu'elles concernent l'avenir.

Pierre Dac

Depuis le 1er janvier 2019, la GEPP (Gestion des Emplois et des Parcours Professionnels) élargit le concept de GPEC (Gestion Prévisionnelle des Emplois et des Compétences) en prenant en compte le parcours professionnel et le développement du collaborateur. Depuis 2005, les entreprises et groupes d'au moins 300 salariés, ainsi que les entreprises et groupes communautaires comportant au moins un établissement ou une entreprise de 150 salariés en France, sont soumis à une obligation triennale de négocier sur la GPEC et dorénavant sur la GEPP.

Une nouvelle approche et terminologie, pourquoi ?

Cette nouvelle approche ne se limite plus à la notion d'emplois et de compétences liés à l'entreprise. Elle intègre une dimension « parcours professionnel » articulée autour de dispositifs attachés à la personne, permettant de favoriser le retour à l'emploi. En introduisant cette nouvelle terminologie, la loi incite à élargir l'enjeu de la GPEC à la sécurisation des parcours des salariés, au-delà des besoins de l'entreprise.

Les thèmes obligatoires lors de la négociation triennale des accords de GEPP n'ont pas été modifiés et sont les suivants :

- mise en place d'un dispositif de GEPP, associé à des mesures d'accompagnement des salariés, en particulier en matière de développement des compétences, de validation des acquis, de bilan de compétences ainsi que d'accompagnement de la mobilité professionnelle ;
- grandes orientations à trois ans de la formation professionnelle dans l'entreprise et objectifs du plan de développement des compétences ;
- perspectives de recours aux différents contrats de travail, moyens mis en œuvre pour diminuer le recours aux emplois précaires ;
- conditions d'information des entreprises sous-traitantes sur les orientations stratégiques de l'entreprise ayant un effet sur leurs métiers, l'emploi et les compétences ;
- négociation sur le déroulement de carrière des salariés exerçant des responsabilités syndicales et sur l'exercice de leur fonction ;
- loi sur le contrat de génération est supprimée au profit d'une politique intergénérationnelle qui doit faire l'objet d'une négociation spécifique. Un accord pourra intégrer ces mesures intergénérationnelles, à condition qu'elles respectent l'ensemble des obligations fixées par le contrat de génération.

Les outils

Outil 22 La démarche de gestion des emplois et des parcours professionnels

> “ La chance ne sourit qu’aux esprits préparés.
>
> Louis Pasteur

En quelques mots

La **gestion des emplois et des parcours professionnels** (GEPP), qui remplace la démarche GPEC jusqu’alors utilisée, se déroule en 3 étapes et implique tous les acteurs de l’entreprise (DRH, managers, Direction Générale, collaborateurs et partenaires sociaux) :

- étape 1 : faire une analyse de l’existant ;
- étape 2 : analyser les écarts quantitatifs et qualitatifs entre l’existant et les besoins futurs de l’organisation ;
- étape 3 : réduire les écarts quantitatifs (en termes d’effectifs) ou les écarts qualitatifs (en termes de compétences) par la mise en place d’un plan d’action RH. Permettre ainsi à l’organisation d’atteindre ses objectifs stratégiques et de sécuriser les parcours professionnels des collaborateurs.

LES ÉTAPES ET OUTILS D’UNE GESTION DES EMPLOIS ET DES PARCOURS PROFESSIONNELS

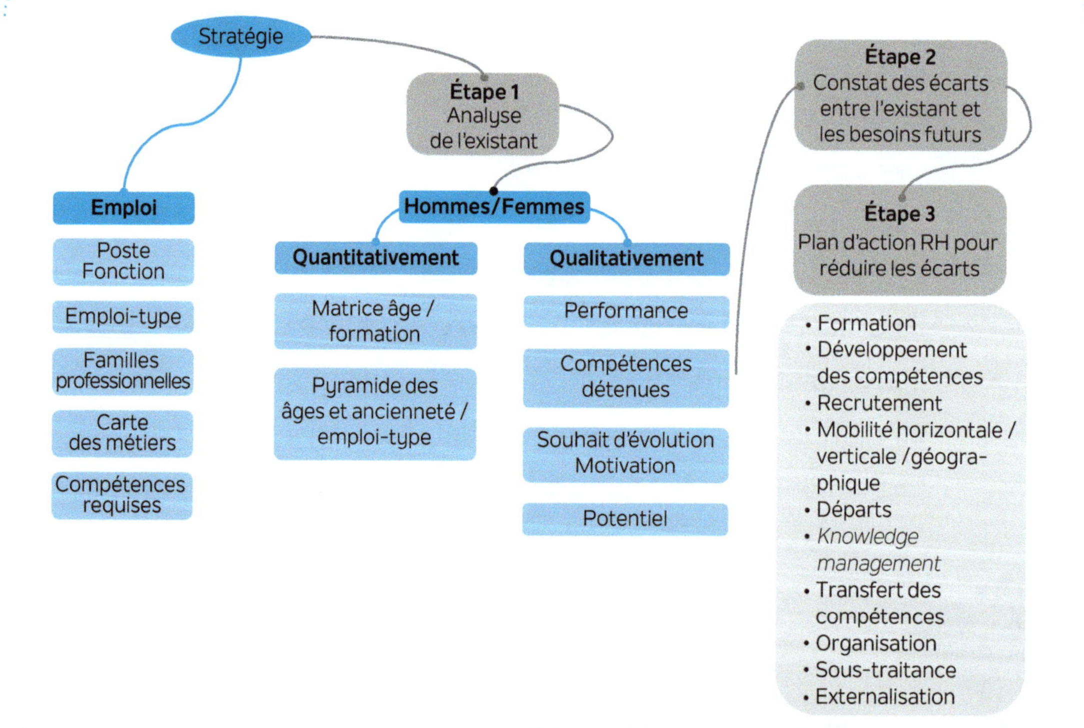

POURQUOI L'UTILISER ?

Objectif

La gestion des emplois et des parcours professionnels (GEPP/GPEC) a pour objectif de disposer, en temps voulu, de collaborateurs ayant les compétences et la motivation nécessaires pour répondre aux évolutions de l'entreprise, mais également de sécuriser l'employabilité interne et externe des collaborateurs.

La GEPP permet d'optimiser l'efficacité à court terme, tout en minimisant les coûts des adaptations futures.

Elle aide à préparer l'entreprise et ses collaborateurs aux évolutions de ses produits, de ses marchés, de ses métiers de demain et de sécuriser les parcours professionnels des collaborateurs.

Contexte

On parle désormais de Gestion des Emplois et des Parcours Professionnels (GEPP) (art L.2242-13 du Code du travail).

En introduisant cette nouvelle terminologie de GEPP, la loi incite à élargir l'enjeu de la GPEC à la sécurisation des parcours des salariés au-delà des besoins de l'entreprise.

COMMENT L'UTILISER ?

Étapes

1. **Faire une analyse de l'existant :**

- décrire les emplois-types, les regrouper dans des familles professionnelles et analyser les compétences requises pour chaque emploi ;
- identifier les ressources disponibles en termes d'effectifs disponibles (au niveau quantitatif) et de compétences détenues (au niveau qualitatif) ;
- identifier l'impact des évolutions stratégiques de l'organisation sur les emplois actuels et les compétences qui seront requises à terme.

2. **Identifier les écarts :**

- pour chaque emploi-type, repérer les écarts entre les effectifs disponibles aujourd'hui et les effectifs nécessaires demain ;
- pour tous les emplois-types, mesurer les écarts entre les compétences requises aujourd'hui et les compétences nécessaires demain.

3. **Opérer des ajustements RH nécessaires :**

- pour combler l'écart d'effectif et de compétences entre les ressources actuelles et les besoins de demain, tout en sécurisant les parcours professionnels des collaborateurs. Cet ajustement peut se faire par la formation (le CPF), la mobilité, la réalisation de projets professionnels en interne ou externe, le recrutement ou le départ de collaborateurs.

Méthodologie et conseils

Même si la GEPP a pour objectif de limiter les licenciements et les PSE (Plans de Sauvegarde des Emplois), elle ne peut être un obstacle à la mise en place de projets de réorganisation ou de restructuration ayant des incidences sur l'emploi à court terme. On peut donc mener de front une GEPP et un PSE.

Les entreprises de plus de 300 salariés sont soumises à l'obligation de lancer tous les 3 ans une négociation sur la GEPP.

Pour les entreprises de moins de 300 salariés, la GEPP est un outil de prévention et d'identification des emplois à risques.

Avant de vous lancer...

√ **L'ancienne GPEC a été, pendant de nombreuses années, pilotée par la Direction des Ressources Humaines, selon un modèle centralisé, mal accepté par les managers qui ne voyaient pas l'utilité de la démarche.**

√ **Il est conseillé d'impliquer la direction, les managers, les collaborateurs et les partenaires sociaux, très en amont, afin qu'ils s'approprient la démarche de la GEPP.**

Outil 23 La description de l'emploi-type

> “ L'emploi-type est l'unité de travail de la GEPP.

En quelques mots

L'emploi-type est un regroupement de postes similaires. C'est la pièce maîtresse de la GEPP. La méthode de regroupement des postes en emploi-type se déroule en 3 étapes successives à respecter à la lettre :

- étape 1 : vérifier que les activités sont communes ;
- étape 2 : vérifier que les compétences sont de même nature et de même niveau ;
- étape 3 : vérifier que les titulaires qui occupent les postes (qu'on cherche à regrouper dans un même emploi-type) peuvent facilement passer d'un poste à un autre, sans grande adaptation.

LA MÉTHODE POUR REGROUPER LES POSTES DANS UN EMPLOI-TYPE

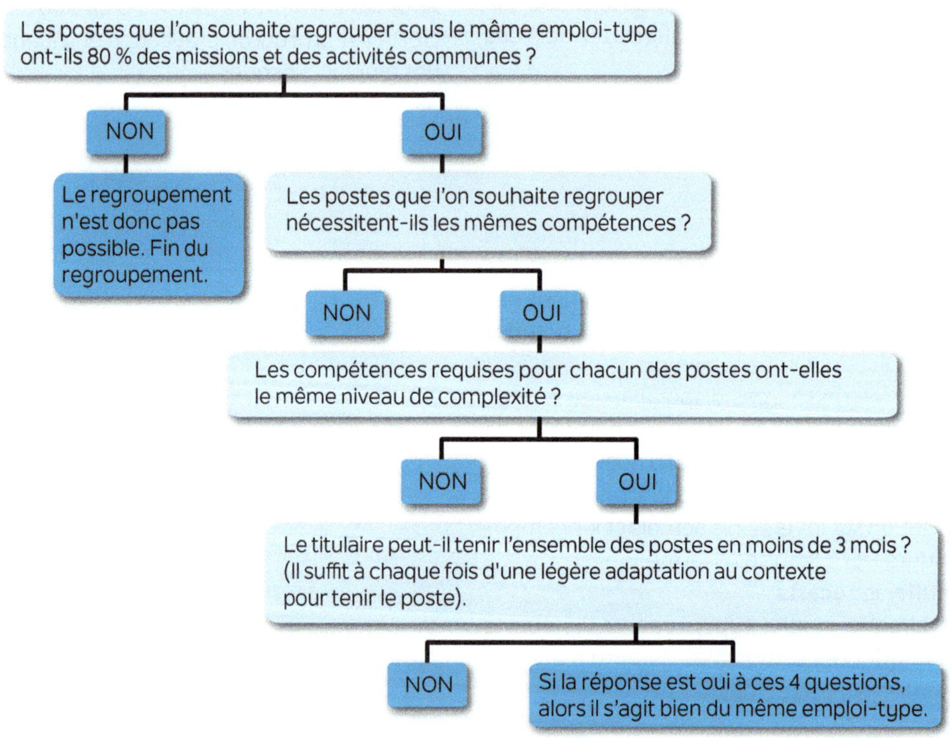

POURQUOI L'UTILISER ?

Objectif

Dans toute démarche de GEPP, l'entreprise doit commencer à identifier les emplois-types de son organisation.
L'emploi-type est un regroupement de postes qui sont proches. Ce regroupement se fait en fonction de trois critères bien définis et hiérarchisés (voir page suivante « Comment être plus efficace »).

Contexte

Toutes les entreprises qui souhaitent mettre en place une GEPP ou développer une logique de compétences doivent *a minima* décrire les emplois-types de leur organisation.

COMMENT L'UTILISER ?

Étapes

1. Utiliser les descriptions de postes qui existent dans l'organisation (réalisées lors du recrutement, des classifications). Si rien n'est décrit, décrire directement les emplois-types sans passer par les postes ou utiliser les fiches emplois de sa branche professionnelle et les adapter à son organisation.
2. Regrouper les postes en emplois-types. Cela consiste à regrouper tous les postes proches dans un même emploi-type. Pour pouvoir les regrouper, il faut vérifier que les activités sont proches et que les compétences requises pour tenir le poste sont similaires.
3. Décrire de façon générique l'emploi-type sur une seule page.

Méthodologie et conseils

La description des emplois-types comprend les rubriques suivantes :
- la raison d'être de l'emploi-type ;
- les activités principales ;
- les compétences requises et leur niveau de complexité ;
- les aires de mobilité en amont et en aval.

La description de poste est la description la plus fine et la plus détaillée possible concernant une personne au travail. Cette description n'est pas utilisée en GEPP mais seulement en recrutement, car elle perturbe l'analyse et son niveau de détail.
Cette approche par les emplois-types peut effrayer les salariés et les managers qui ne comprennent pas toujours l'intérêt de ce regroupement et de cette globalisation. Il est pourtant indispensable de communiquer auprès des salariés sur la démarche.
L'emploi-type étant un regroupement de postes similaires, la difficulté consiste à nommer en lui-même l'emploi-type. Il faut veiller à ce que cette appellation ne soit pas en décalage avec les intitulés des postes regroupés sous ce même emploi-type.

Suite outil 23 →

Avant de vous lancer...

√ **Décrivez les emplois-types et non les postes. Cela permet de faire une économie d'échelle. En effet, dans la mesure où l'emploi-type regroupe généralement plusieurs postes, le nombre de descriptions à faire est moindre.**

√ **La démarche centrée sur les emplois-types permet à la fonction RH et à la Direction Générale de connaître de manière plus globale les emplois de son organisation. En effet, l'emploi-type fait abstraction des spécificités rencontrées localement permettant ainsi une visualisation plus macroscopique de l'entreprise.**

Suite outil 23

La description de l'emploi-type

COMMENT ÊTRE PLUS EFFICACE ?

L'emploi-type est la plus petite unité de mesure de la GEPP. La fiche emploi-type rédigée est composée d'un ensemble de rubriques.

Le titre de l'emploi-type

Chaque emploi-type est une construction faite à partir de postes proches et nécessite qu'on lui donne un titre propre. Il faut veiller, dans l'intitulé donné, à ne pas le sous-évaluer ou le surévaluer et à éviter l'appellation statutaire (agent de maîtrise, employé...).

Les postes regroupés dans l'emploi-type

On peut rappeler dans la fiche emploi-type les intitulés des postes qui ont été regroupés.
Exemple :

> Emploi-type : chargé de recrutement.

> Postes regroupés : consultant en recrutement, chargé de l'embauche, attaché en recrutement.

La famille professionnelle

Chaque emploi-type est rangé dans une famille professionnelle qui regroupe un ensemble d'emplois-types dont les finalités sont proches et la technicité de base est de même nature.
Par exemple, on regroupe dans la famille professionnelle « commercial », tous les emplois liés au commerce et à la vente.

La raison d'être de l'emploi-type

La raison d'être de l'emploi explique pourquoi l'emploi-type existe et quelle est sa finalité. Elle se résume en une seule phrase.

Les activités principales

Les activités principales explicitent ce que doit faire concrètement le titulaire de l'emploi et quelles sont ses responsabilités pour chaque activité. On identifie entre 3 à 5 activités principales par emploi-type.

Les effectifs

Il est intéressant d'identifier les effectifs associés à cet emploi-type et d'en analyser les impacts.
Par exemple, s'il s'agit d'un emploi sensible qui va disparaître à terme, un faible effectif est plutôt une opportunité.

Les compétences requises

Les compétences requises pour tenir l'emploi seront décrites dans la fiche emploi-type. Elles sont classées par typologie.
Exemples de catégorisations possibles :

> Savoir-faire généraux, savoir-faire relationnels et savoir-faire techniques.

> Compétences techniques et compétences transversales.

Le niveau de complexité de la compétence

Chaque compétence requise sera identifiée en fonction de son niveau de complexité requis dans l'emploi.

La formation en lien avec l'emploi-type

La fiche emploi-type prévoit les formations que les titulaires vont devoir suivre pour acquérir les compétences liées à l'emploi.

Les aires de mobilité en amont et en aval

La fiche indique les emplois sources (ou emplois qui permettent d'accéder à cet emploi) et les emplois cibles (les emplois vers lesquels il est possible d'évoluer). Ces indications donnent très rapidement une visibilité des passerelles de mobilité.

Cas d'entreprise

Fiche emploi-type « Responsable de projet » dans une Entreprise de Services du Numérique (ESN)

- Postes regroupés dans l'emploi-type
  - *Project manager*
  - Manager de projet
- Famille professionnelle
  - Management de projet
- Mission principale
  - Manage la performance des projets dont il a la charge, ainsi que l'équipe.
- Activités principales
  - Pilote le lancement de nouveaux projets :
    - Représente son service aux réunions de lancement de projet et réalise les choix techniques les mieux adaptés à la demande du client interne.
    - Décide des ressources en personnel à affecter aux projets.
    - Délègue le suivi des projets aux membres de son équipe.
  - Planifie et coordonne son équipe engagée dans le lancement d'un projet :
    - Élabore les plannings de son équipe.
    - Anime et supervise l'ensemble de son équipe.
    - Contrôle les productions et suivis de projet réalisés par les membres de son équipe.
    - Réalise le suivi administratif de l'activité de son équipe.
    - Recrute les nouveaux membres de son équipe.
  - Communique et négocie les modalités d'avancement des projets avec ses clients internes :
    - Analyse les incidents rencontrés.
    - Élabore et communique les actions correctives nécessaires.
    - Supervise la mise en œuvre des actions correctives nécessaires.
    - Négocie avec ses clients internes les délais impartis.
- Effectif concerné
  - 20 titulaires

- Compétences requises pour l'emploi-type

Compétences		Niveau
Processus-clés	Savoir-faire généraux	Maîtrise
Systèmes informatiques	Savoir-faire généraux	Maîtrise
Méthodes de projets	Savoir-faire	Expertise
Organisation et animation d'une équipe	Savoir-faire	Maîtrise
Négociation	Relationnel	Maîtrise
Écouter et convaincre	Relationnel	Maîtrise

- Aires de mobilités

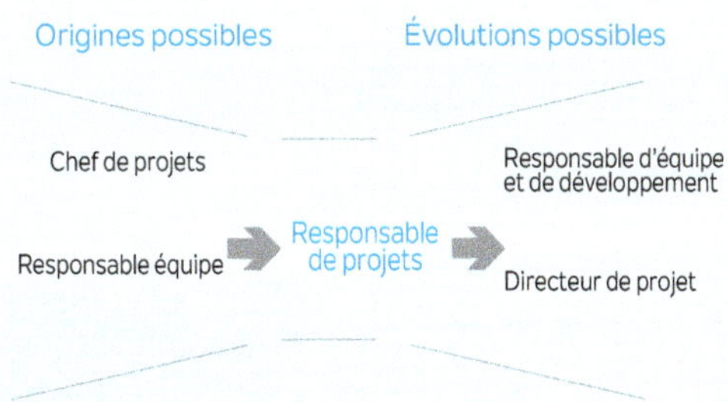

Afin d'attirer les bons candidats, de mieux les gérer et les fidéliser, une fiche emploi a été rédigée. Elle permet de mieux évaluer et développer les compétences des chefs de projets et, pour les managers et les titulaires, d'identifier les compétences requises et de visualiser les aires de mobilité. Les fiches emploi ont été réalisées sur l'ensemble de la famille professionnelle.

Cette fiche emploi-type va au-delà de la description des activités nécessaires lors du recrutement. Elle précise le nombre de titulaires qui détiennent cet emploi, mais également les compétences requises (*hard skills* et *soft skills*) ainsi que le niveau requis pour chaque compétence sur une échelle qui va du niveau débutant au niveau expert. Les aires de mobilité sont également précisées ; elles indiquent les origines possibles pour accéder à cet emploi-type et les emplois-types possibles après avoir occupé l'emploi de responsable de projet.

Outil 24

La carte des métiers

“ La carte des métiers est un outil pédagogique pour visualiser les emplois et les aires de mobilités.

En quelques mots

La **carte des métiers**, appelée communément **carte des emplois**, représente l'ensemble des emplois de l'organisation. Ce référentiel constitue une cartographie des emplois actuels. C'est une représentation graphique et pédagogique permettant de visualiser les emplois et leur proximité en termes de compétences. Elle est un bon outil pour les managers et les salariés permettant de mieux se repérer dans son organisation et de mieux comprendre les emplois existants.

EXEMPLE DE CARTE DES MÉTIERS DE GÉNÉRATION I

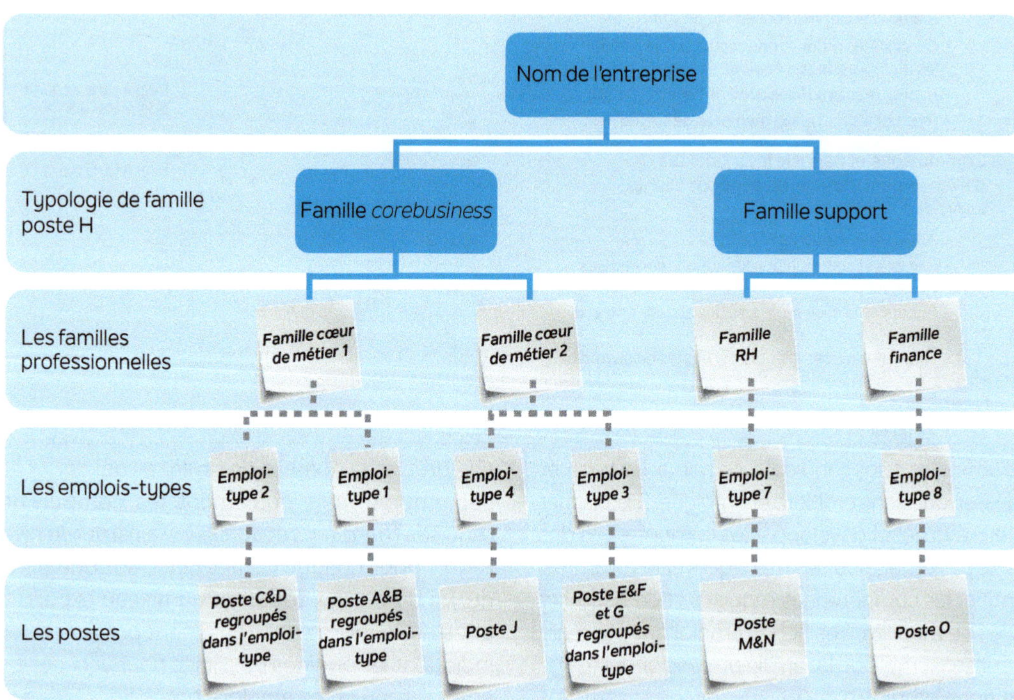

POURQUOI L'UTILISER ?

Objectif

La carte des métiers est un recensement des emplois existants dans une organisation. Cette carte permet une visualisation de tous les métiers d'une entreprise avec pour principal objectif de montrer les proximités d'emplois, mais aussi les spécificités de chacun d'entre eux. C'est un outil indispensable à la mise en place d'une gestion, des emplois et des parcours professionnels.

Contexte

La carte des métiers est un outil de repérage qui peut être réalisé dans toutes les entreprises, quelle que soit leur taille. Elle est utilisée par les salariés quand ils souhaitent évoluer ou changer d'emploi au sein de l'entreprise, par les managers lors des entretiens annuels et professionnels pour mieux visualiser les passerelles et par le service mobilité et orientation en cas d'évolution ou de reclassement des personnes.

COMMENT L'UTILISER ?

Étapes

1. Ranger tous les emplois-types dans des familles professionnelles qui regroupent les emplois à contenu et technicité proches.
2. Élaborer une représentation graphique de tous les emplois sous forme de carte. Il existe 2 générations de cartes :
   - la **carte de génération I**, qui visualise les emplois rangés dans des familles professionnelles ;
   - la **carte de génération II**, qui visualise les emplois rangés dans des familles professionnelles et qui précise les compétences et le niveau requis. Les emplois sont représentés par des cartouches, à l'intérieur desquelles se situent des petits pavés de couleur qui représentent les compétences techniques, ou *hard skills*, et des pavés avec des lettres qui représentent les compétences transversales, ou *soft skills*. Dans chacun de ces pavés, un chiffre allant de 1 à 3 matérialise le niveau de complexité de la compétence (niveau 1 : basique / niveau 2 : intermédiaire / niveau 3 : expertise). Les emplois-types sont à leur tour rangés dans des familles professionnelles (famille production, famille gestion de production…).
3. Expliquer la carte des métiers aux managers afin qu'ils puissent s'approprier l'outil et l'utiliser lors des entretiens professionnels ou annuels.
4. Faire connaître la carte à tous les acteurs de l'entreprise et la publier sur l'intranet RH.

Voir Outil 23

Méthodologie et conseils

- La carte réalisée peut représenter soit les emplois tels qu'ils existent aujourd'hui et être un reflet de l'existant, soit, au contraire, être prospective en intégrant les évolutions à venir.
- C'est un outil pédagogique qui permet de visualiser les emplois d'une organisation dont la logique est le regroupement par proximité de compétences.
- Elle permet d'identifier les proximités d'emplois pour gérer les mobilités et le reclassement.
- Elle est un véritable outil de gestion des mobilités et des orientations.

Suite outil 24 →

Avant de vous lancer…

√ **Faites vite, ne passez pas trop de temps à la construction graphique. La carte des métiers évolue rapidement et est à refaire quelques années plus tard, voire quelques mois.**

√ **Utilisez des outils simples, facilement modifiables.**

√ **Expliquez comment la carte est construite et évitez des utilisations trop simplistes.**

La carte des métiers

COMMENT ÊTRE PLUS EFFICACE ?

Le regroupement dans les familles professionnelles

Pour bâtir une carte des emplois, les spécialistes RH, en collaboration avec les managers, sont amenés à faire des choix pour réaliser les regroupements des emplois-types dans les familles professionnelles.

Le rangement dans les familles professionnelles ne pose, en général, pas de problème et se fait naturellement, sauf pour les emplois de management et d'assistanat.

1. La famille professionnelle management

La question posée consiste à savoir si les emplois de managers sont rangés dans la famille management ou dans la famille métier dont ils dépendent. Par exemple, le manager de production est-il rangé dans la famille production ou dans la famille management ?

Il n'y a pas de réponse unique à cette question. Cela dépend de l'entreprise, de son organisation et de sa culture :

- si l'entreprise estime que l'emploi de manager est avant tout un poste d'encadrement d'équipe, elle va le ranger dans la famille management ;
- si l'entreprise estime que le savoir-faire technique est fondamental et que le management est une activité importante mais qui doit être complémentaire à l'activité technique, elle classera cet emploi dans sa famille d'origine (la famille production) ;
- si à ce jour, dans l'organisation, les managers de production sont des hommes-terrains qui sont toujours opérationnels sur les chaînes de production et que l'entreprise veut faire évoluer leur rôle vers des postes d'encadrement, l'entreprise a intérêt à les ranger dans la famille management, afin de donner un poids supérieur aux compétences managériales.

On remarque que le regroupement dans les familles professionnelles est une approche technique, mais également une approche stratégique pour accompagner les transformations de l'organisation.

2. La famille professionnelle assistanat

La même question se pose quand il faut ranger l'emploi-type d'assistant. Faut-il le ranger dans le service et la spécialité dont il dépend ou dans une famille professionnelle assistanat ? Par exemple, l'emploi-type de secrétaire commercial sera-t-il rangé dans la famille commerciale ou dans la famille assistanat ? Cela dépend :

- si l'emploi d'assistant consiste à répondre aux messages, à organiser les déplacements, alors l'emploi de secrétaire commercial est rangé dans la famille assistanat ;
- si ses activités consistent à appeler des clients, à rédiger des devis, alors cet emploi sera classé dans la famille commerciale.

Les 2 générations de cartes des emplois

L'élaboration d'une carte des emplois nécessite de se poser des questions méthodologiques complémentaires pour réaliser la carte des métiers de son organisation. Comme il existe deux générations de cartes des emplois, il faut se demander s'il est préférable de réaliser une carte de génération 1 ou de génération 2 :

- la **carte génération I** visualise les emplois rangés dans des familles professionnelles ;
- la **carte génération II** visualise les emplois rangés dans des familles professionnelles, les principales compétences et leurs niveaux requis.

Cas d'entreprise

Carte des métiers de génération II
Société de produits pour le secteur de la construction

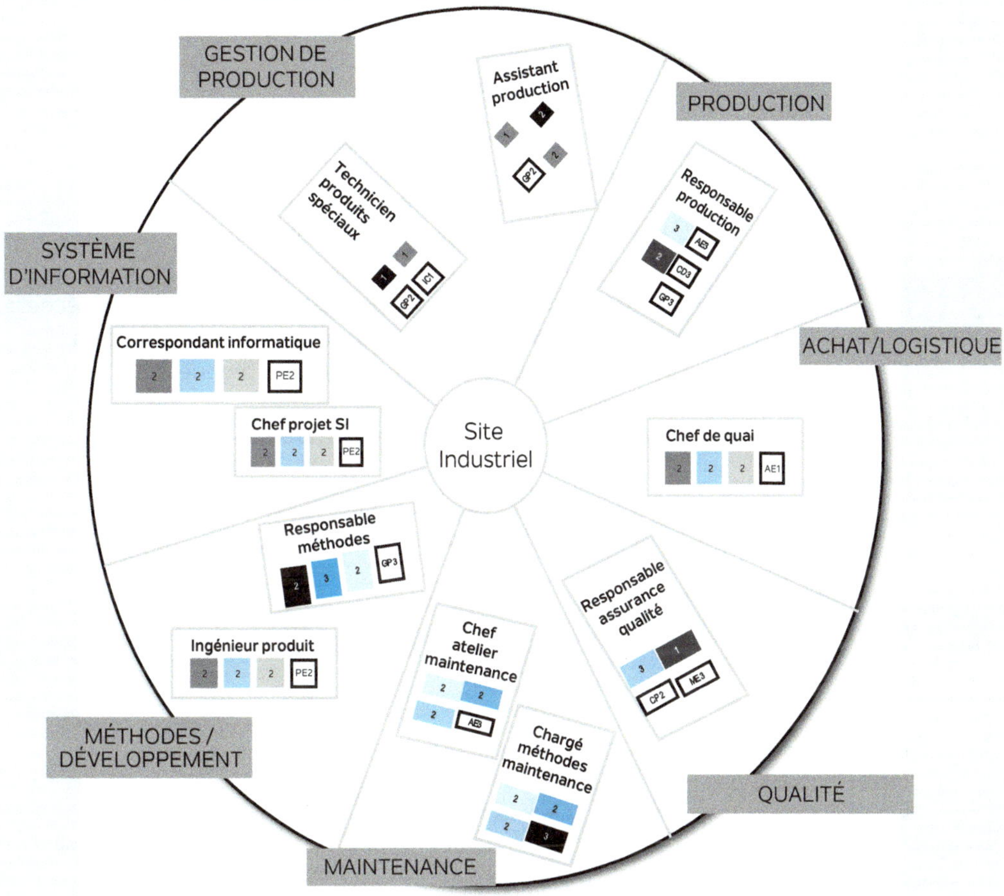

COMPÉTENCES TECHNIQUES

- *Organisation*
- *Connaissance des techniques de maintenance*
- *Connaissance outils et machines*
- *Connaissance et maîtrise process*
- *Connaissance produit et matière*
- *Qualité*
- *Informatique*
- *Gestion de production*

COMPÉTENCES TRANSVERSALES

- AE *Animation d'equipe*
- CD *Culture digitale*
- CO *Coopération*
- CP *Conduite de projet*
- PE *Pédagogie*
- TM *Transfert de méthodes*
- NE *Négociation*

Niveau de compétences : 1 - 2 ...

Une entreprise de construction de 5 000 personnes a souhaité réaliser une carte des métiers de génération 2 pour une de ses usines, uniquement sur les emplois cœur de métier qui sont clés pour sa réussite. Ce travail de clarification des emplois et des compétences a permis de mettre en place un plan de développement des compétences adapté aux besoins identifiés. On constatera que sur cette carte n'apparaissent que les familles cœur de métier. Les familles support (RH, finance, commerciales) ne sont donc pas représentées.

Outil 25

Le dictionnaire des compétences de l'organisation

> « La définition fait connaître ce qu'est la chose. »
>
> Aristote

En quelques mots

Le dictionnaire comprend 3 catégories de compétences :

- métiers ou techniques ;
- générales ou organisationnelles ;
- comportementales ou transversales.

Chaque compétence est décrite de manière explicite pour éviter toute interprétation et subjectivité. Elle est accompagnée d'une échelle de niveau générique ou spécifique afin d'affiner la description.

On peut également les regrouper en 2 catégories :

- les *hard skills* et les *soft skills* ;
- les compétences techniques et transversales.

LES 3 CATÉGORIES DE COMPÉTENCES

Les compétences métiers appelées également compétences techniques

Les compétences métiers ou techniques se réfèrent aux connaissances et savoir-faire professionnels liés au cœur de métier. Elles sont liées à un domaine de spécialité. Elles sont définies en général à partir de 4 niveaux « génériques » utilisables pour toutes les compétences métiers, sans différenciation.

Les compétences organisationnelles ou générales

Les compétences organisationnelles ou générales sont des savoirs et savoir-faire généraux qui relèvent généralement de connaissances ou savoir-faire liés aux produits, processus et normes de l'organisation. Elles sont définies à partir de 4 niveaux « spécifiques » propres à chaque compétence générale.

Les compétences comportementales ou transversales

Les compétences comportementales ou transversales se définissent comme un ensemble de comportements qui conditionnent la réussite dans un métier. Elles sont définies à partir de 4 niveaux « spécifiques » propres à chaque compétence transversale.

POURQUOI L'UTILISER ?

Objectif

Le dictionnaire des compétences est un outil qui sert à lister l'ensemble des savoirs, savoir-faire et savoir-être des emplois d'une entreprise, d'un établissement, d'un département ou d'une famille professionnelle. On regroupe dans ce dictionnaire l'ensemble des savoirs de l'organisation. Chacune est accompagnée d'une définition qui explicite son contenu et ses niveaux.

Contexte

Toutes les entreprises qui souhaitent identifier, de la manière la plus claire et objective possible, les compétences requises et détenues en leur sein, élaborent ce dictionnaire.

COMMENT L'UTILISER ?

Étapes

1. Lister les savoirs, savoir-faire et savoir-être requis pour chaque emploi.
2. Regrouper toutes les compétences de tous les emplois étudiés et en définir une liste pour l'entreprise.
3. Classer cette liste en 3 catégories de compétences : métiers ou techniques ; générales ou organisationnelles ; comportementales ou transversales.
4. Ou classer cette liste en 2 catégories de compétences : les compétences métiers/techniques appelées *hard skills* ou les compétences comportementales/transversales appelées *soft skills*.
5. Donner une définition précise pour chacune des compétences.
6. Choisir les niveaux de compétences que l'entreprise souhaite décrire : les niveaux génériques ou spécifiques.
7. Regrouper toutes les définitions et leurs niveaux dans un document unique appelé « dictionnaire des compétences ».

Méthodologie et conseils

Le dictionnaire des compétences permet aux entreprises d'identifier les compétences requises pour tenir les emplois. C'est un garde-fou qui évite la subjectivité lors des évaluations des salariés. Les partenaires sociaux sont demandeurs de cette approche plus objective. Les managers qui possèdent ce dictionnaire l'utilisent lors des entretiens annuels et professionnels parce qu'il permet d'être plus factuel et concret dans l'appréciation.
L'entreprise doit choisir de décrire les compétences soit de manière générique, soit de manière spécifique/sur-mesure :

- **l'approche générique ou globale** évite de passer beaucoup de temps dans la description, mais a pour inconvénient d'être moins précise ;
- **l'approche spécifique** nécessite de décrire les 4 niveaux pour chacune des compétences et a l'avantage d'être objective et précise, mais nécessite un gros travail de description.

Pour faciliter la démarche, il est possible de mélanger les deux approches à la fois. Lors de la rédaction des dictionnaires de compétences, le professionnel RH doit choisir la manière dont il va décrire les niveaux de complexité des compétences. Un arrêt sur cette thématique est indispensable pour réussir son dictionnaire.

Suite outil 25 →

Avant de vous lancer…

√ **Ce travail de construction du dictionnaire ne peut être évité. Il est impossible de le trouver sur étagère, dans la mesure où chaque entreprise a ses spécificités. Il doit donc être totalement adapté aux emplois et au contexte interne.**

Suite outil 25

Le dictionnaire des compétences de l'organisation

COMMENT ÊTRE PLUS EFFICACE ?

Choisir entre les niveaux génériques/globaux et les niveaux spécifiques/sur-mesure

Lorsqu'une entreprise élabore un dictionnaire des compétences, elle doit faire le choix entre des niveaux génériques et spécifiques. Il est également possible de mixer les deux approches pour un même dictionnaire.

Pourquoi choisir les niveaux génériques/globaux

Pour les compétences techniques ou métiers, il est conseillé de choisir des niveaux génériques au regard de la complexité, de l'évolution permanente des métiers et de la multitude des compétences techniques dans chaque organisation.

> Exemple de grille générique/globale :

- **Niveau 1** : nécessite une connaissance des concepts de base et la mise en œuvre de savoir-faire dans des situations connues et récurrentes.
- **Niveau 2** : nécessite d'appliquer une connaissance ou une procédure, sans sortir du cadre défini et de mettre en œuvre le savoir-faire dans des situations variées mais identifiées.
- **Niveau 3** : nécessite d'extrapoler et de traiter les cas d'exception, savoir former les autres aux concepts de base et sortir du cadre lorsque cela est nécessaire ; il s'agit de mettre en œuvre le savoir-faire dans des situations nouvelles et inattendues.
- **Niveau 4** : nécessite de mettre en œuvre le savoir-faire dans des situations inconnues et lourdes d'impact, quitte à modifier de manière significative le processus, la procédure, la démarche, dans un but d'optimisation maximale.

> Autre exemple de grille générique/globale :

- **Niveau 1** : mettre en œuvre le savoir-faire dans des situations connues et récurrentes.
- **Niveau 2** : mettre en œuvre le savoir-faire dans des situations variées.
- **Niveau 3** : mettre en œuvre le savoir-faire dans des situations nouvelles et inattendues.
- **Niveau 4** : mettre en œuvre le savoir-faire dans des situations inconnues et/ou lourdes d'impact.

Pourquoi choisir les niveaux spécifiques/sur-mesure

Concernant les compétences comportementales ou transversales, il est préférable d'opter pour des niveaux spécifiques, afin de rendre l'approche la plus objective possible. Il est souhaitable d'identifier, pour chaque entreprise, au maximum une trentaine de compétences comportementales.

> Exemple de grille spécifique/sur-mesure pour la compétence : coopération/esprit d'équipe.

Définition : *volonté de travailler en coopérant avec les autres au sein d'une équipe (plutôt que de travailler seul ou en compétition).*

- **Niveau 1** : coopère avec les autres membres de l'équipe, avec d'autres équipes.
- **Niveau 2** : exprime des attentes positives vis-à-vis de l'équipe ; sollicite ou reconnaît la contribution ou la valeur de ses membres.
- **Niveau 3** : encourage et valorise les autres, les met en avant.
- **Niveau 4** : construit l'esprit de l'équipe, lui donne une existence.

Cas d'entreprise

Extrait d'un dictionnaire des compétences
Secteur bancaire

Typologie de compétences	Intitulé de la compétence	Définition de la compétence	Description des niveaux
Compétence technique métier	Juridique	Capacité à régler les litiges entre la société et le client.	• Niveau expertise.
Compétence générale	Capacité à analyser/ diagnostiquer	Capacité à mener une étude détaillée, à décomposer les différents éléments d'un dossier. Aptitude à identifier la nature d'un dysfonctionnement, d'une difficulté.	• Niveau 1 : comprend les différents éléments d'un problème simple et répétitif pour en faire un diagnostic en vue d'une résolution rapide. • Niveau 2 : intègre rapidement les données d'un problème difficile et peu connu pour parvenir à des modalités de résolution efficace et un retour client clair. • Niveau 3 : met en lien les éléments constitutifs de plusieurs problèmes bloquants, complexes et non répétitifs afin de développer une solution dont la mise en œuvre peut impliquer des acteurs différents sur le périmètre d'un service. • Niveau 4 : met en perspective des problématiques client impliquant la remise en question des façons de faire ou des solutions et processus habituels et dont le déploiement des solutions différentes implique l'ensemble des acteurs d'une direction.
Compétence comportementale/transversale	Initiative/ proactivité	Capacité à agir de manière spontanée, en prenant immédiatement les mesures nécessaires au règlement d'un problème ou en anticipant sur les évènements futurs.	• Niveau 1 : traite immédiatement les problèmes qui se présentent, fait preuve d'opiniâtreté, s'engage rapidement dans l'action. • Niveau 2 : agit de manière décisive en cas de crise, ne laisse pas traîner une situation. • Niveau 3 : agit en fonction des opportunités et des problèmes qui ne sont pas encore présents, agit avant d'y être obligé. • Niveau 4 : agit aujourd'hui en fonction d'opportunités ou de problèmes non apparents pour autrui, probables à moyen terme.
Compétence comportementale/transversale	Management d'équipe	Capacité à mobiliser et à conduire un groupe ou une équipe vers les résultats, en les faisant adhérer aux buts et objectifs fixés.	• Niveau 1 : organise le travail, les réunions, fait circuler l'information, fait que chacun dispose des moyens nécessaires à l'action. • Niveau 2 : a le souci de faire travailler l'équipe dans une même direction, vers un but commun. • Niveau 3 : prend soin de l'équipe, la protège, se positionne comme son chef. • Niveau 4 : communique une vision mobilisatrice, génère un enthousiasme pour les missions confiées à l'équipe.

L'entreprise a été confrontée à des critiques de la part des partenaires sociaux quant à la subjectivité des évaluations des compétences des collaborateurs. Le dictionnaire des compétences a permis d'apprécier les compétences de manière plus factuelle et plus objective.

Outil 26 La grille d'analyse stratégique SWOT / Compétences

> “ La formation révèle l'aptitude et le terrain révèle la compétence.
>
> Patrice Aimé Agossou

En quelques mots

La **grille d'analyse stratégique SWOT / Compétences permettant l'identification des métiers et des compétences de demain** est une approche qui permet de faire un diagnostic environnemental externe et interne d'une entreprise donnée. La DRH propose au comité de direction d'analyser les opportunités et les menaces externes, mais aussi les forces et les faiblesses de l'organisation interne. Cette première étape doit être poursuivie et doit permettre d'identifier les activités et emplois qui vont être impactés par les évolutions.

GRILLE D'ANALYSE STRATÉGIQUE
POUR REPÉRER LES EMPLOIS ET LES COMPÉTENCES
IMPACTÉS PAR LES ORIENTATIONS STRATÉGIQUES

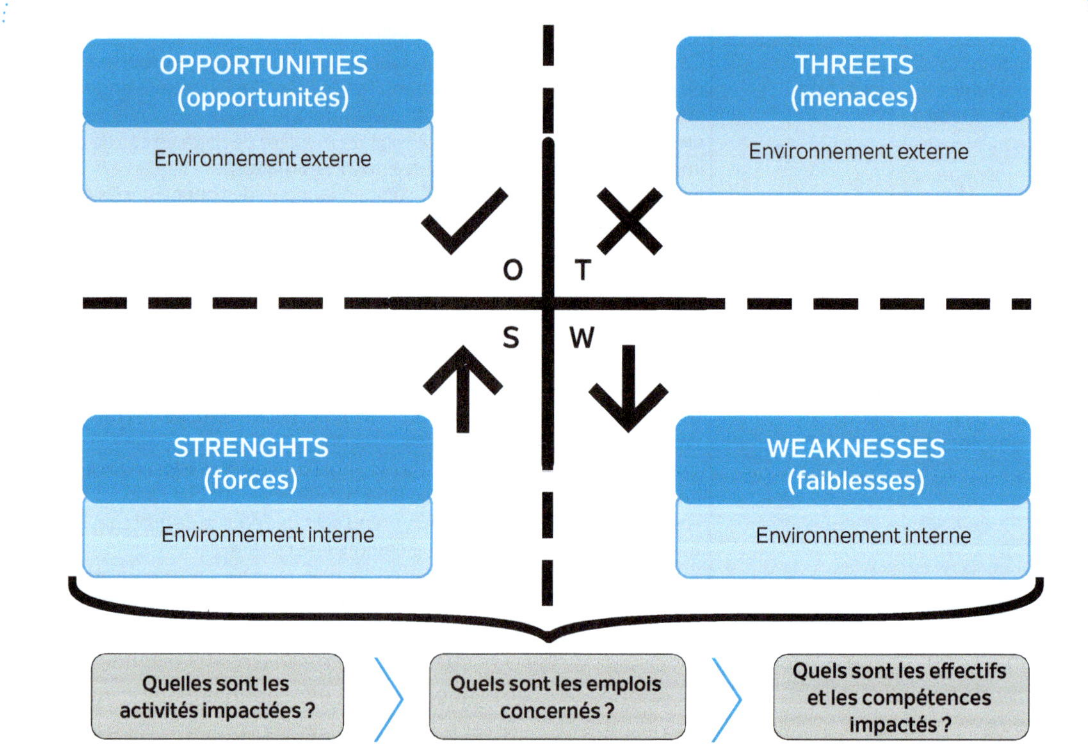

POURQUOI L'UTILISER ?

Objectif

La grille SWOT/ Compétences proposée est un outil d'analyse stratégique qui permet d'identifier, à la fois les menaces et les opportunités de l'environnement externe, ainsi que les forces et les faiblesses de l'environnement interne. Ce diagnostic est complété par une réflexion sur les activités, les emplois et les compétences qui vont être impactés par ces évolutions et constats.

Contexte

Toute entreprise, quelle que soit sa taille, peut conduire cette réflexion stratégique régulièrement et à tous les niveaux : au niveau de l'entreprise, d'un département ou d'un *business unit*. La grille est proposée par la fonction RH et remplie par le comité de direction.

COMMENT L'UTILISER ?

Étapes

1. Organiser une réunion de travail avec les principaux dirigeants et/ou managers opérationnels.
2. Remplir la grille SWOT (*Strengths, Weaknesses, Opportunities, Threats*) en les interrogeant sur l'environnement externe (menaces et opportunités), puis sur l'environnement interne (faiblesses et forces de l'organisation).
3. Identifier les emplois impactés par les évolutions en cours et à venir.
4. Repérer les emplois et les compétences qu'il faudra acquérir, transformer, oublier.
5. Mesurer l'écart quantitatif et qualitatif entre les emplois et ressources actuels et les besoins futurs en termes de compétences et d'effectif.
6. Mettre en place un plan d'action RH pour réduire l'écart : recrutement, mobilité, formation, reclassement, départ, organisation, etc.

Voir Outil 22

Méthodologie et conseils

Les questions à poser au comité, pour traduire l'impact des grandes orientations sur les emplois et les compétences, sont les suivantes :

- Quelles sont les nouvelles activités qui apparaissent ?
- Quelles sont les activités qui disparaissent ou qui se transforment ?
- Faut-il changer la manière d'exercer les activités ?
- Quels emplois sont directement impactés par ces évolutions ?
- Traduisez ces évolutions en termes de compétences-clés à maîtriser demain.
- Quelles sont, parmi les compétences identifiées, celles qui créent de la valeur et qui donnent un avantage concurrentiel ?
- Par qui sont-elles détenues : un individu ou un collectif ?

Cet outil simple permet de faire un diagnostic rapide et complet. Il facilite l'identification des axes stratégiques et leurs impacts sur les emplois à court et moyen terme.

Avant de vous lancer...

√ **Réalisez régulièrement une analyse stratégique pour anticiper l'avenir.**

√ **Soyez factuel dans l'analyse de la grille et quantifiez les données. L'analyse doit toujours se faire par rapport à un contexte donné bien défini.**

√ **Les managers et comité de direction connaissent bien cet outil, mais la partie déclinaison sur les emplois et les compétences impactés est plus rarement réalisée.**

Outil 27 Les emplois sensibles

« Les emplois sensibles de l'organisation sont à surveiller comme le lait sur le feu, parce qu'ils constituent un risque pour l'entreprise et ses titulaires. »

En quelques mots

Toute entreprise doit détecter régulièrement ses emplois sensibles. Pour chaque emploi sensible, le spécialiste RH identifie l'effectif concerné, les titulaires et leurs caractéristiques (âge, formation initiale, potentiel, motivation).
Le rôle de la DRH et des managers consiste à mettre en place un plan d'action RH, permettant de réduire à terme leur criticité. Repérer et agir sur les emplois sensibles constitue l'une des voies d'entrée dans la GEPP. Cette approche permet aux entreprises de toute taille d'identifier rapidement les problèmes en termes d'emplois, de les hiérarchiser et d'agir sur les cas les plus critiques.

LES 5 CATÉGORIES D'EMPLOIS SENSIBLES

Catégorie 1 — **EMPLOIS EN ÉVOLUTION**
Emplois dont le contenu doit évoluer au point d'exiger à terme des titulaires un autre profil professionnel.

Catégorie 2 — **EMPLOIS EN RÉDUCTION**
Emplois dont les effectifs seront réduits au-delà du mouvement des départs naturels.

Catégorie 3 — **EMPLOIS À CONTENU PAUVRE**
Emplois n'offrant pas de perspective d'enrichissement professionnel à leurs titulaires et posant des problèmes de motivation et d'employabilité à terme.

Catégorie 4 — **EMPLOIS INDIRECTEMENT IMPACTÉS**
Emplois comportant des tâches qui exigent des titulaires de faire évoluer leurs compétences du fait de l'évolution du contenu d'autres emplois.

Catégorie 5 — **EMPLOIS À FORTE PÉNIBILITÉ OU À RISQUE SANTÉ ÉLEVÉ**
Emplois à caractéristiques de pénibilité ou de risque santé (physique ou mentale) élevé dont les effectifs ne peuvent pas être sensiblement réduits et qui produisent à terme un nombre significatif de cas d'inaptitude au travail.

POURQUOI L'UTILISER ?

Objectif

Les emplois sensibles ou en tension sont ceux qui posent un problème à l'organisation à court ou moyen terme. Ils génèrent des sureffectifs ou des sous-effectifs sur certains emplois, des cas d'inaptitudes physiques ou mentales, des pénuries et des inadéquations de compétences.
Savoir les identifier au plus vite permet de mettre en place un plan d'action RH efficace pour réduire leur criticité et leur occurrence.

Contexte

Toute entreprise qui souhaite anticiper les évolutions, et se préparer aux nouveaux défis qui s'annoncent, doit faire réfléchir son comité de direction sur les emplois sensibles qui se profilent. La démarche est à renouveler régulièrement (au moins une fois par an). Dans les entreprises de plus de 300 salariés soumis à l'obligation de négocier un accord de GEPP, cette réflexion peut se faire dans le cadre du suivi de l'accord.

COMMENT L'UTILISER ?

Étapes

1. Lister l'ensemble des emplois qui risquent de poser un problème au sein de l'entreprise après avoir rempli la grille des compétences SWOT / Compétences.
2. Classer ces emplois sur une échelle de 5 niveaux en fonction de leur criticité : en évolution, en réduction, à contenu pauvre, indirectement impactés par l'évolution d'autres emplois, à forte pénibilité ou à risque santé élevé.
3. Préciser l'effectif concerné pour chaque emploi sensible. Cette mesure permet d'identifier rapidement l'ampleur et la complexité du problème à résoudre.
4. Identifier les titulaires qui sont positionnés sur ces emplois sensibles. Une communication envers les managers, les partenaires sociaux et les titulaires de ces emplois sera nécessaire pour les sensibiliser aux évolutions qu'ils auront à vivre.
5. Analyser les caractéristiques des publics concernés en fonction de leur âge, leur formation, leur potentiel, leur expérience et leur motivation. Cela permettra d'identifier les difficultés et les atouts du personnel concerné, afin de mieux cibler le plan d'action opérationnel permettant de réduire la criticité.
6. Identifier les emplois cibles (ou futurs) sur lesquels les titulaires devront se repositionner.
7. Préciser les compétences nouvellement requises et visualiser l'écart.
8. Élaborer un plan d'action RH pour réduire ces écarts.
9. Élaborer un plan d'action pour développer des parcours professionnels aux titulaires d'emplois sensibles.

Voir Outils 22 et 26

Méthodologie et conseils

Il est important de communiquer très tôt auprès des managers, des partenaires sociaux et des titulaires de ces emplois sensibles, afin de les sensibiliser, de les préparer aux évolutions qu'ils auront à vivre et leur construire des parcours professionnels.

Avant de vous lancer...

- √ Partagez ces définitions avec l'ensemble des acteurs (managers, partenaires sociaux, salariés) afin de se doter d'un langage commun pour mieux agir ensemble.
- √ Veillez à communiquer avec les titulaires des emplois sensibles dès lors qu'un plan d'action a pu être identifié.
- √ Accompagnez la dimension humaine du changement.

Outil 28 La méthode pour traiter les emplois sensibles

> « Il vaut mieux agir trop rapidement qu'attendre trop longtemps.
>
> Jack Welch

En quelques mots

La **méthode de résolution d'un emploi sensible** est une démarche d'analyse des cas de GEPP pour faire face à la présence d'un emploi sensible dans l'organisation. On identifie 7 grandes étapes :

- l'emploi sensible à traiter en priorité et l'identification de ses caractéristiques ;
- les évolutions de l'emploi au regard des facteurs d'évolution identifiés ;
- l'identification des impacts quantitatifs en termes d'effectif ;
- le repérage des compétences requises demain pour tenir cet emploi ;
- les caractéristiques des titulaires ;
- les emplois cibles sur lesquels les titulaires pourraient tenir à terme ;
- le plan d'action RH pour accompagner ces changements.

LES 7 ÉTAPES DE L'ANALYSE DE L'EMPLOI

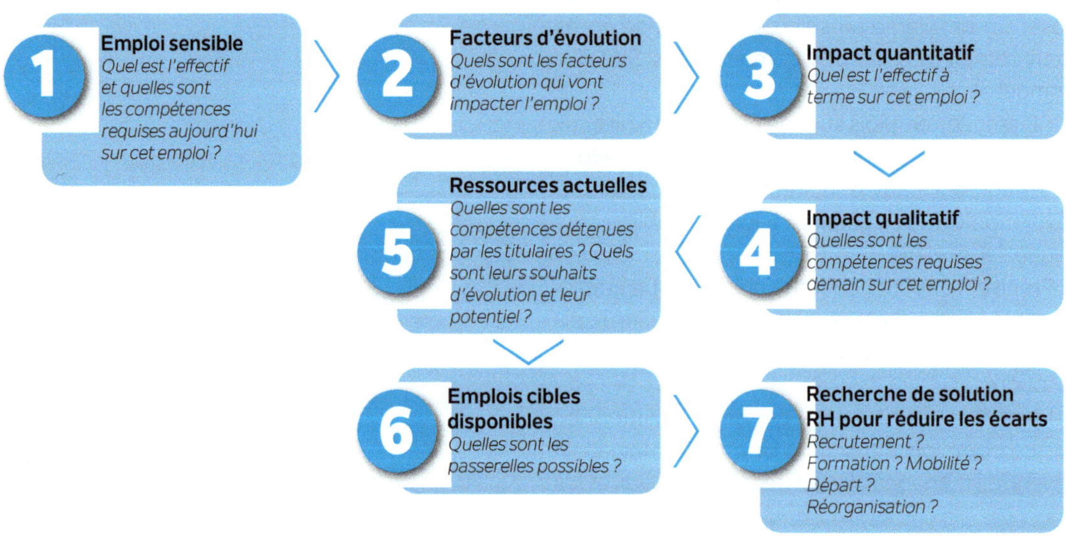

POURQUOI L'UTILISER ?

Objectif

L'analyse rapide de l'emploi a pour finalité de traiter rapidement un problème d'emploi sensible de A à Z.

Contexte

Cette méthode s'adresse à toutes les entreprises qui souhaitent agir rapidement face aux problèmes d'emploi sensible, sans avoir mis en place au sein de l'entreprise une véritable GEPP.

COMMENT L'UTILISER ?

Étapes

1. Identifier un emploi sensible dans son organisation, pour lequel il y a urgence à agir.
2. Rechercher, pour cet emploi sensible, l'effectif concerné et les compétences requises.
3. Identifier les facteurs d'évolution qui vont modifier cet emploi. Les évolutions peuvent être technologiques, juridiques, organisationnelles et sociétales.
4. Identifier les impacts quantitatifs sur cet emploi. Préciser si l'effectif restera stable, sera en diminution, en croissance ou si cet emploi disparaîtra à terme.
5. Identifier les impacts qualitatifs de ces évolutions sur les compétences requises à terme.
6. Rechercher quelles compétences sont requises à terme sur cet emploi.
7. Faire un diagnostic complet du parcours des titulaires (âge, formation, parcours professionnel, compétences détenues, performance, potentiels, souhaits).
8. Identifier les emplois cibles disponibles en interne sur lesquels les titulaires peuvent se réorienter.
9. Proposer des pistes d'action RH en lien avec le profil de chaque titulaire et les possibilités de l'entreprise.

Méthodologie et conseils

Vérifier pour chaque scénario sa faisabilité et son acceptabilité sociale.
Les pistes d'action possibles pour réduire les écarts de compétences sont les suivantes :

- le **recrutement** : si les titulaires actuels ne peuvent en aucun cas s'adapter aux évolutions ;
- la **formation** : pour ceux dont l'écart de compétences n'est pas très important à combler ;
- la **mobilité**/le **reclassement** : faire bouger les titulaires vers d'autres emplois et construire des parcours professionnels ;
- l'**organisation** : revoir l'organisation pour repenser la répartition des activités en fonction des compétences des équipes en place ;
- les **départs** : toutes formes de départs (départ à la retraite, licenciement, départs volontaires).

Avant de vous lancer...

√ N'oubliez pas de prendre en compte l'impact social dans les décisions et dans la manière de conduire la dimension sociale de ces changements. Toute décision en matière d'emploi est délicate.

√ La méthode de résolution d'un emploi sensible est un outil de questionnement extrêmement efficace pour analyser et traiter rapidement les problèmes d'emploi et de compétences. Elle est bien perçue par les managers opérationnels.

√ Cette méthode est un outil d'aide à la décision dans le traitement des cas simples de GEPP.

√ Cette démarche doit toujours être pilotée par la fonction RH qui a une vision globale de l'organisation et qui sait prendre des décisions localement, sans affecter l'ensemble de la structure.

Outil 29

Les emplois stratégiques de l'organisation

« Les pépites d'une organisation sont ses emplois stratégiques et leurs titulaires qui créent de la valeur ajoutée.

En quelques mots

Les **emplois stratégiques** sont les emplois sur lesquels doit investir l'organisation. Les critères-clés de leur identification sont ceux qui touchent à la création de valeur et à la rareté sur le marché du travail. La possibilité ou non de l'externaliser sans préjudice, à court ou moyen terme, est un facteur déterminant. Le temps d'adaptation à l'emploi est aussi un excellent indicateur.

LES 7 CARACTÉRISTIQUES D'UN EMPLOI STRATÉGIQUE

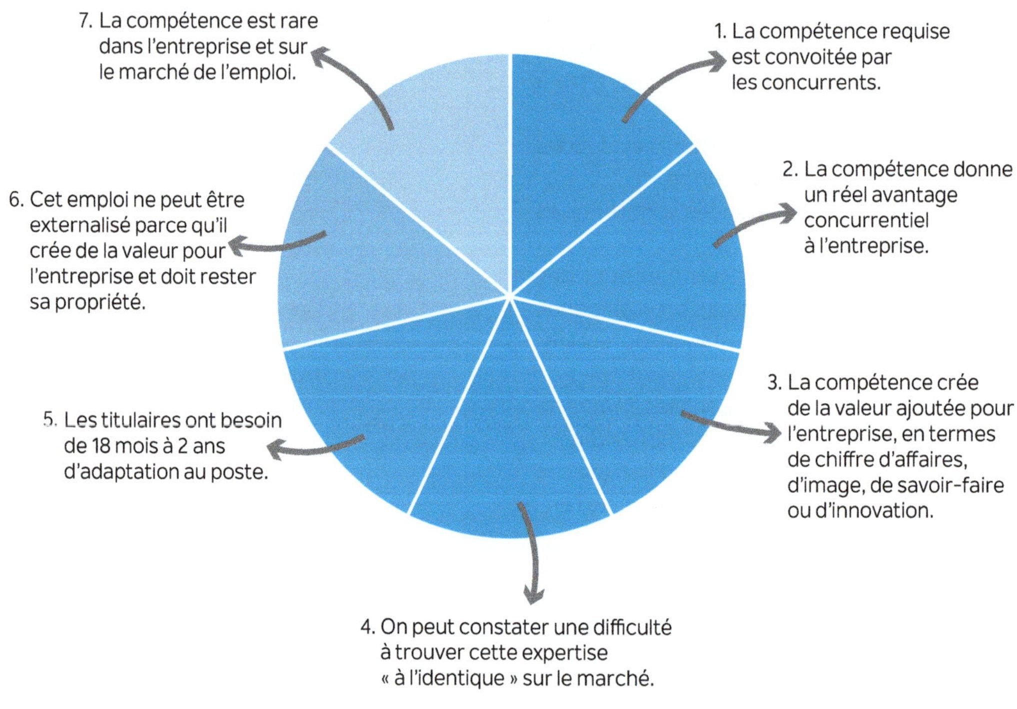

POURQUOI L'UTILISER ?

Objectif

Savoir identifier les emplois stratégiques de l'organisation permet de repérer les emplois sur lesquels l'entreprise doit se mobiliser.

Contexte

Toutes les entreprises sont concernées par l'identification des emplois stratégiques, qu'elles soient de grande ou de petite taille. Toutes les entreprises détiennent des emplois stratégiques.

COMMENT L'UTILISER ?

Étapes

1. Identifier les emplois stratégiques de son organisation en passant en revue l'ensemble des emplois et en utilisant la grille de critères (page précédente).
2. Identifier pour chaque emploi stratégique, les titulaires et leur nombre.
3. Identifier les remplaçants potentiels sur les emplois stratégiques à faible effectif.
4. Mettre en place un plan d'action opérationnel pour faire face à cette criticité :

- capitalisation des savoirs-clés ;
- transfert des savoirs-clés aux personnes identifiées comme étant potentiellement aptes à tenir cet emploi.

Méthodologie et conseils

L'emploi stratégique peut exister à tous les niveaux et dans tous les métiers de l'entreprise.
On a tendance à confondre emploi stratégique et emploi nécessitant un haut niveau de responsabilité ou un haut niveau de qualification. Certains emplois ne nécessitent cependant pas de longues études et peuvent être des emplois stratégiques.

> Exemple : emploi « acheteur de bois » dans une entreprise de spiritueux.
Ce dernier achète du bois pour confectionner des fûts. Il a un impact direct sur la qualité des spiritueux par la qualité du bois choisi. Cette capacité à identifier une bonne qualité de bois pour faire un bon fût n'est pas enseignée dans les écoles, mais elle s'acquiert par l'expérience et la transmission orale. Le temps d'acquisition de cette compétence très spécialisée dépasse les deux années. Il est très difficile de trouver sur le marché du travail un bon « acheteur bois ». Cet emploi est stratégique pour une entreprise de spiritueux, bien qu'il ne nécessite pas un haut niveau de qualification initiale.

Avant de vous lancer...

√ **Investissez sur les emplois stratégiques et sur leurs titulaires.**

√ **Ne diffusez pas en interne ce repérage d'emplois stratégiques. C'est une information qui doit rester confidentielle.**

√ **Cette approche par les métiers stratégiques permet à l'entreprise d'être proactive et d'éviter d'être en difficulté en cas de départ précipité d'un ou plusieurs titulaires.**

√ **L'emploi stratégique constitue le capital immatériel de l'organisation.**

5

DOSSIER

DE LA FORMATION AU PLAN DE DÉVELOPPEMENT DES COMPÉTENCES

“

La formation est l’essence de tout succès.

Arnaud Boti

Dès 1971, dans le cadre légal de la loi de juillet, le législateur a imposé aux entreprises françaises l'engagement d'un minimum de dépenses consacrées à la formation. Cette dernière a été longtemps considérée comme un coût pour l'employeur. Il était courant de voir l'entreprise verser la contribution financière obligatoire au trésor public plutôt que d'investir dans la formation de ses salariés.

De nombreuses réformes de la formation depuis les années 2000

De nos jours, la formation est considérée comme un réel investissement. C'est un levier puissant pour permettre aux directions opérationnelles d'atteindre leurs objectifs, par la présence de collaborateurs compétents et motivés. Néanmoins, on constate de grandes disparités d'accès à la formation qui ont été identifiées au début des années 2000 par les pouvoirs publics. Le constat est clair : les salariés des grandes entreprises sont largement plus formés que ceux des TPE et PME, les cadres et les jeunes de moins de 35 ans plus que les non-cadres et les seniors. L'État a donc voulu réagir face à ces inégalités et proposer des réformes pour endiguer ce phénomène. De nombreuses réformes ont vu le jour, notamment la **loi relative à la formation professionnelle tout au long de la vie et au dialogue social du 4 mai 2004**, ainsi que la **loi de mai 2014** pour sécuriser les parcours professionnels et améliorer l'orientation professionnelle.

De nouvelles voies au dialogue social et des avancées en matière de liberté de choisir son avenir professionnel

La loi **du 5 septembre 2018 pour « la liberté de choisir son avenir professionnel »** (ou **loi « Avenir Professionnel »**) innove davantage et crée des occasions supplémentaires de débattre de la formation et de l'apprentissage au sein des entreprises et des branches professionnelles. Elle donne plus de liberté professionnelle aux salariés qui peuvent utiliser leur Compte Personnel de Formation (CPF) sans avoir besoin de l'accord de leur employeur pour suivre des formations éligibles au CPF. La loi élargit la notion d'action de formation aux parcours de formations multimodales, en y intégrant la formation digitalisée et à distance et les formations en situation de travail (AFSET).

Les outils

Outil 30 Le plan de développement des compétences

> L'enseignement obligatoire semble miner la volonté personnelle d'apprendre.
>
> Ivan Illich

En quelques mots

Depuis le 1er janvier 2019 le **plan de développement des compétences** remplace le plan de formation. Il permet aux salariés de suivre des actions formatives à l'initiative de leur employeur, des bilans de compétences et de validation des acquis mis en place par l'entreprise. Ce plan rassemble des actions de formation que l'entreprise souhaite mettre en place pour développer son entreprise et améliorer ses services. L'action de formation se définit dorénavant comme un parcours pédagogique permettant d'atteindre un objectif professionnel.

LES ÉTAPES D'ÉLABORATION DU PLAN DE DÉVELOPPEMENT DES COMPÉTENCES

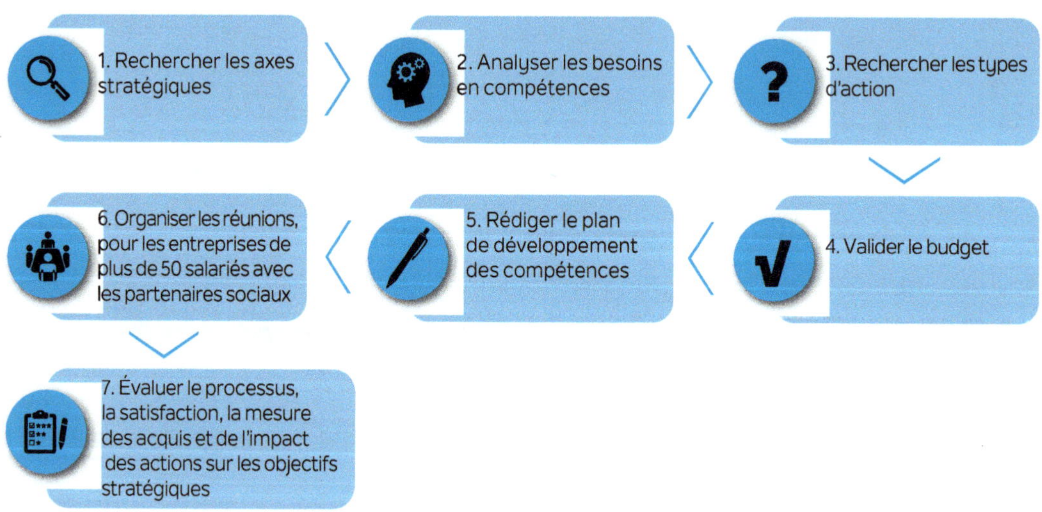

POURQUOI L'UTILISER ?

Objectif

Le plan de développement des compétences recense l'ensemble des actions de formation mis en place par l'employeur pour ses salariés, dont le bilan des compétences et la VAE. Il permet d'assurer le maintien dans l'emploi des titulaires, au regard de l'évolution des métiers, des technologies et des organisations et répond à l'obligation légale de l'employeur d'assurer la mise à niveau des compétences. Il est désormais possible de réaliser des actions de formation en situation de travail (AFEST) en plus des formations en présentiel ou à distance.

Contexte

L'employeur est tenu d'adapter les compétences des salariés à leur poste de travail, de développer leur employabilité, de les reclasser en cas de licenciement et de les former à la sécurité. Un défaut de formation de la part de l'employeur pour exercer les fonctions actuelles d'un salarié entraîne, en cas de licenciement non fautif, un motif dépourvu de cause réelle et sérieuse.

COMMENT L'UTILISER ?

Étapes

1. Interroger la Direction Générale et les directions opérationnelles et se documenter pour identifier les grands axes stratégiques de l'organisation.
2. Analyser les demandes et les besoins prioritaires en lien avec les axes stratégiques donnés par la Direction Générale.
3. Rechercher les types d'action permettant de réduire l'écart de compétences.
4. Valider le budget.
5. Rédiger et organiser le plan de développement des compétences en fonction de plusieurs possibilités laissées au choix de l'entreprise : par axe stratégique, par public visé, par type d'action (formation VAE, CPF, AFEST...) ou par thématique.
6. Organiser les réunions pour les entreprises de plus de 50 salariés avec les partenaires sociaux.
7. Organiser les actions et piloter le plan.
8. Évaluer le processus, la satisfaction, la mesure des acquis de la formation.
9. Mesurer l'impact des actions sur l'atteinte des objectifs stratégiques

Méthodologie et conseils

L'action de formation est désormais définie par le Code du travail comme « *un parcours pédagogique permettant d'atteindre un objectif professionnel* ». Chaque année, au cours de deux réunions spécifiques, le comité social et économique (CSE) émet un avis sur l'exécution du plan de développement des compétences du personnel de l'entreprise de l'année précédente, de l'année en cours et sur le projet de plan pour l'année à venir.
Les deux catégories du plan de formation disparaissent et sont remplacées par les actions obligatoires et les autres actions.

Avant de vous lancer...

- √ **N'oubliez pas que, dans les entreprises d'au moins 50 salariés, le CSE est consulté sur les orientations stratégiques de l'entreprise, notamment en matière de formation professionnelle. Cette consultation porte chaque année sur les orientations de la formation professionnelle dans l'entreprise et sur le plan de développement des compétences.**
- √ **Pour les entreprises de moins de 50 salariés, des actions de développement des compétences peuvent être prises en charge par l'OPCO dans le cadre du versement volontaire.**

Outil 31

La compétence : comment devient-on compétent ?

> La confiance en soi ne remplace pas la compétence.
>
> Olivier Lockert

En quelques mots

La compétence est une combinaison de savoirs, de savoir-faire, de savoir-être, d'aptitudes et de traits de personnalité. Elle associe inné et acquis. Il faut ensuite la renforcer par des actions de capitalisation ou de transfert des savoirs.

Un individu est toujours compétent dans un contexte et un environnement donné ; lieu où la compétence est repérée et évaluée. Pour un manager, comprendre les mécanismes qui favorisent l'acquisition des compétences lui permet de proposer des situations apprenantes aux collaborateurs pour faciliter leur développement.

LES ÉTAPES DE CONSTRUCTION DE LA COMPÉTENCE

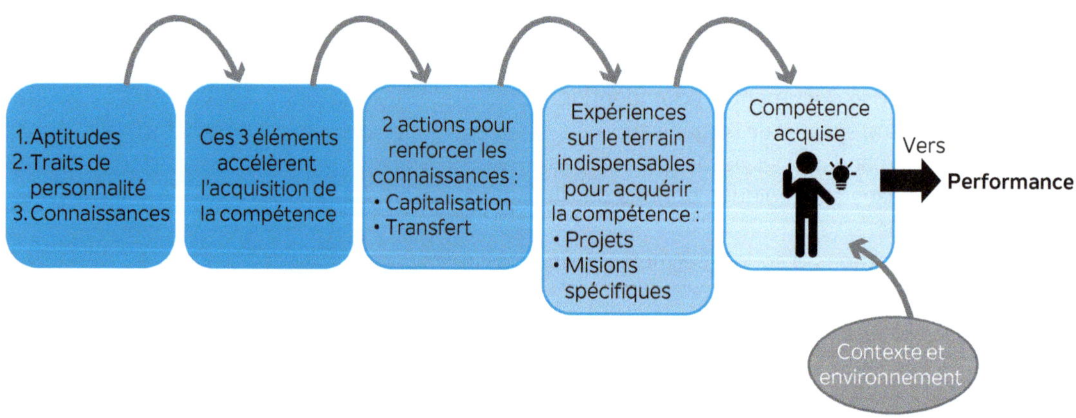

POURQUOI L'UTILISER ?

Objectif

La compétence est une combinaison de connaissances, savoir-faire et savoir-être, s'exerçant dans un contexte et un emploi précis. Elle se constate lors de la mise en œuvre d'une situation professionnelle, à partir de laquelle elle peut être validée. La compétence n'est pas la performance, mais elle y contribue fortement.

Contexte

Comprendre la genèse de la construction des compétences, c'est permettre d'accélérer leur développement par la mise en œuvre de situations dites « apprenantes » qui vont favoriser leur apparition.

COMMENT L'UTILISER ?

Étapes

1. Identifier les aptitudes et les traits de personnalité d'un collaborateur permet de prédire le développement accéléré d'une compétence donnée.
2. Apporter des connaissances théoriques nécessaires, en lien avec la compétence donnée.
3. Réaliser une première transformation de la connaissance en utilisant 3 leviers :

- **la capitalisation** : méthode qui consiste à retranscrire le contenu de manière plus personnalisée et de l'enrichir par des recherches complémentaires (lectures, échanges). Cette capitalisation des savoirs est un excellent moyen d'enregistrer la connaissance et de se l'approprier ;
- **le transfert et la démultiplication** : méthode qui consiste à transférer ses connaissances à un groupe de pairs. L'individu qui détient les savoirs les renforce lors du transfert ;
- **la proposition de diverses situations apprenantes variées** : mise en application sur le poste de travail de projets, échanges en groupes de pairs, AFEST, etc.
  - L'AFEST (action de formation en situation de travail) défini un processus de formation qui alterne de manière répétée des séquences d'apprentissage en situation de travail et une séquence d'ancrage des apprentissages au sein d'une séance réflexive pour accélérer la transformation de la connaissance en compétence.

4. Donner l'occasion de pratiquer le plus vite possible sur le poste de travail.
5. Repérer la compétence et la valider.

Méthodologie et conseils

Il est plus facile de se remémorer ses connaissances que de réapprendre. C'est la loi de l'économie de l'apprentissage. Il faut enrichir ses connaissances le plus tôt possible par rapport à une formation, une lecture, un échange.

Pour aider à la transformation des connaissances en compétences, il est intéressant de mettre un tuteur à disposition de l'apprenant pour faciliter l'appropriation. Le tuteur peut être le N + 1, le formateur, un collègue expert ou un membre influent de l'organisation. Il oriente, reconnaît, encourage tout au long de la démarche de transformation.

Avant de vous lancer...

√ **Impliquez tous les acteurs dans la démarche (responsable hiérarchique, tuteur, groupes de pairs).**

√ **Adaptez le type de suivi (capitalisation, application, transfert) en fonction du degré d'implication de l'apprenant.**

√ **N'oubliez pas que la connaissance n'est pas la compétence. La compétence n'est pas non plus la performance, mais elle y contribue fortement.**

Outil 32 Le compte personnel de formation ou CPF

“ *Investir dans la formation, c'est conjuguer au présent mais aussi au futur le souci des hommes et le souci des résultats.*

Philippe Bloch

En quelques mots

Chaque salarié bénéficie d'un compte personnel de formation (CPF). Le CPF est un crédit, en euros, octroyé au salarié chaque année, dans une limite de 500 euros par an (800 euros pour les moins qualifiés). L'utilisation du CPF ne nécessite pas une codécision entre le salarié et l'employeur si le salarié se forme en dehors de son temps de travail et si l'entreprise n'a pas abondé au CPF. Il fait partie d'un compte appelé compte personnel d'activité (CPA).

Le CPA se compose donc du CPF, du compte professionnel de prévention (C2P) et du compte d'engagement citoyen (CEC qui valorise les activités bénévoles).

LE COMPTE PERSONNEL DE FORMATION

POURQUOI L'UTILISER ?

Objectif

Le compte personnel de formation (CPF) est utilisable par tout salarié, tout au long de sa vie active, pour suivre une formation qualifiante ou diplômante. Le CPF a remplacé le droit individuel à la formation (DIF). Depuis le 1er janvier 2019, le compte CPF est alimenté en euros et non plus en heures. Le CPF fait partie du compte personnel d'activité (CPA).

Contexte

Le CPF est rattaché à la personne qui le conserve indépendamment des changements et des périodes de transition dans son parcours professionnel. Tous les salariés en bénéficient, ainsi que les demandeurs d'emploi et ce dès l'âge de 16 ans jusqu'à la retraite. Le CPF n'est pas géré par l'entreprise mais par la Caisse des Dépôts et Consignation (*www.moncompteformation.gouv.fr*). Dès 2020, au titre des droits acquis en 2019, les comptes seront alimentés de 500 euros ou 800 euros par an (en fonction de la qualification) pour toutes activités à mi-temps ou plus.

COMMENT L'UTILISER ?

Étapes

1. Si le salarié souhaite participer à une formation se déroulant pendant son temps de travail, il doit s'adresser à son employeur et lui demander une autorisation d'au moins :
   - 60 jours calendaires avant le début de la formation si celle-ci a une durée inférieure à 6 mois ;
   - 120 jours calendaires avant le début de la formation si celle-ci a une durée supérieure à 6 mois.
2. L'employeur dispose de 30 jours calendaires pour notifier sa réponse au salarié. L'absence de réponse dans ce délai vaut acceptation de la demande de formation.
3. Les heures consacrées à la formation pendant le temps de travail constituent un temps de travail effectif et donnent lieu au maintien par l'employeur de la rémunération du salarié.
4. Si le salarié souhaite se former en dehors du temps de travail, aucune demande n'est nécessaire.

Voir Outil 34

Méthodologie et conseils

Une liste unique et universelle de formations éligibles au CPF, indépendamment de sa branche professionnelle ou de son lieu de travail, est proposée à chaque personne. Les formations regroupent l'ensemble des certifications inscrites au Référentiel National des Certifications Professionnelles (RNCP) et à l'inventaire des formations. Ces référentiels sont gérés par France Compétences.

Les formations éligibles au CPF permettent :

- d'acquérir une qualification (diplôme, certification, CQP, titre professionnel, habilitation) ;
- d'acquérir les connaissances de bases avec le Certificat Cléa qui couvre les domaines suivants : validation des acquis de l'expérience (VAE), bilan de compétences, formation d'aide à la création et à la reprise d'entreprise, préparation au permis de conduire B ou groupe lourd.

Avant de vous lancer...

√ **Encouragez les salariés à utiliser leur CPF lors des entretiens professionnels. C'est une démarche qui rend le salarié acteur de son développement et qui le responsabilise quant au choix de sa formation.**

√ **Incitez les salariés à se « perfectionner et à se reconvertir » grâce à leur CPF qui leur permet de se former en dehors du temps de travail.**

Outil 33 Le CPF de transition professionnelle

> *« Au-delà des outils et des dispositifs, ce sont toujours les individus qui sont les premiers accompagnants de leur transition.*
>
> Olivier Bataille

En quelques mots

La « **loi pour la liberté de choisir son avenir professionnel** » du 5 septembre 2018 a créé le **CPF de transition professionnelle**. Il prend le relais du congé individuel de formation (CIF) qui a disparu le 31 décembre 2018. Il permet de se préparer à une reconversion. Le salarié bénéficiaire pourra demander un congé spécifique effectué tout ou partie sur le temps de travail. La prise en charge financière du CPF de transition professionnelle sera opérée par des commissions paritaires interprofessionnelles régionales (CPIR).

DIFFÉRENTES MANIÈRES DE PARTIR EN FORMATION

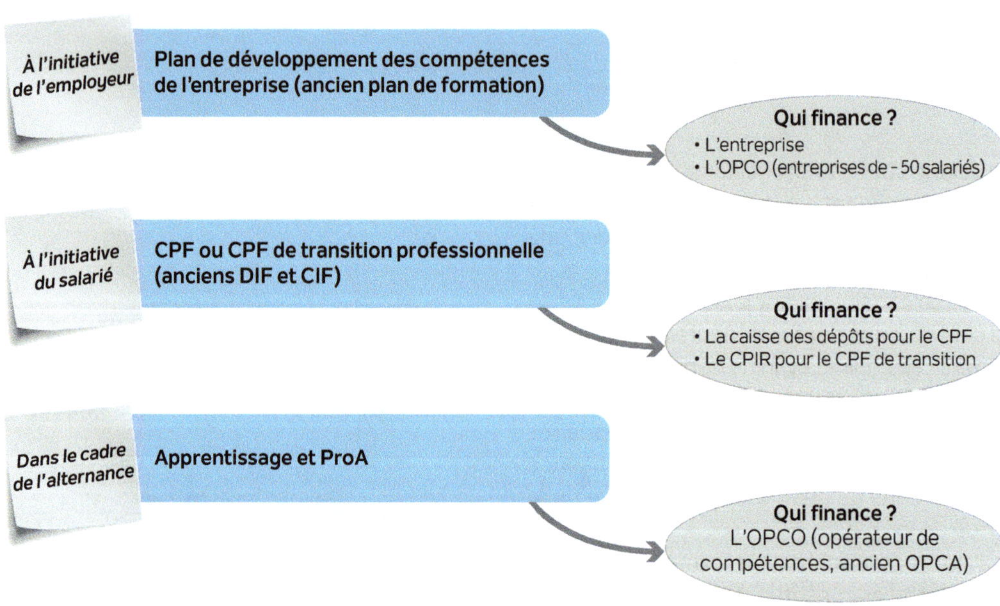

POURQUOI L'UTILISER ?

Objectif

Le CPF de transition professionnelle permet à tout salarié, au cours de sa vie professionnelle, de suivre à son initiative et à titre individuel, une formation longue en vue de changer de métier ou de profession. Les formations concernées sont des formations certifiantes, éligibles au compte personnel de formation (CPF).

Contexte

Au niveau régional, les commissions paritaires interprofessionnelles régionales (CPIR) remplacent les Fongecif. Elles ont pour objectif d'accompagner le projet de transition professionnelle des salariés (CPF de transition professionnelle). Composées des organisations syndicales et patronales représentatives au niveau national, elles ont la charge de l'analyse et du financement des projets des salariés en poste et des salariés démissionnaires.

COMMENT L'UTILISER ?

Étapes

1. Une ancienneté d'au moins 24 mois consécutifs ou non, dont 12 mois dans l'entreprise, est exigée pour faire une demande de CPF de transition professionnelle.
2. La demande écrite devra respecter les mêmes délais que ceux du CPF (voir outil précédent). En l'absence de réponse de la part de l'employeur, la demande sera alors considérée comme acceptée.
3. L'accord de l'employeur est requis mais uniquement sur les dates de la formation.
4. L'employeur n'a pas de droit de regard sur le contenu.

Voir Outils 32 et 34

Méthodologie et conseils

- L'employeur peut refuser une demande de congé dans le cadre d'un projet de transition professionnelle si le salarié ne respecte pas les conditions d'ancienneté ou de demande d'absence.
- L'employeur peut proposer un report du congé, dans la limite de 9 mois, s'il estime que cette absence pourrait avoir des conséquences préjudiciables à la production et à la marche de l'entreprise (avec la consultation du comité social et économique), pour effectifs simultanément absents.

Avant de vous lancer...

√ **Pour préparer son projet, le salarié a la possibilité de faire appel à un conseiller en évolution professionnelle pour élaborer son plan de financement et le mettre en œuvre.**

√ **Pendant le projet de transition professionnelle, le salarié est considéré comme stagiaire de la formation professionnelle : il bénéficie du maintien de sa protection sociale et est couvert contre le risque d'accident du travail.**

√ **Durant cette période, le contrat de travail est suspendu mais non rompu. Le salarié doit donc justifier de sa présence en formation. À l'issue de la formation, il réintègre son poste de travail ou un poste équivalent. L'employeur n'est pas tenu de proposer un autre emploi prenant en compte la qualification acquise pendant la formation.**

Outil 34

Le conseil en évolution professionnelle ou CEP

> « Un bon conseil à propos vaut plus que l'or.
>
> Proverbe hongrois

En quelques mots

Le conseil en évolution professionnelle ou CEP contribue à améliorer la capacité de la personne à faire ses propres choix professionnels et à évoluer professionnellement. L'objectif est de favoriser et de sécuriser le parcours professionnel au travers d'un accueil individualisé, d'un conseil personnalisé ou d'un accompagnement personnel.
Chaque personne, quel que soit son statut, peut contacter un conseiller en évolution professionnelle qui lui permet de définir un projet personnel s'appuyant sur son expérience, ses compétences actuelles ou à développer, son parcours et ses aspirations.

LES ÉTAPES D'UN CEP : CONSEIL EN ÉVOLUTION PROFESSIONNELLE

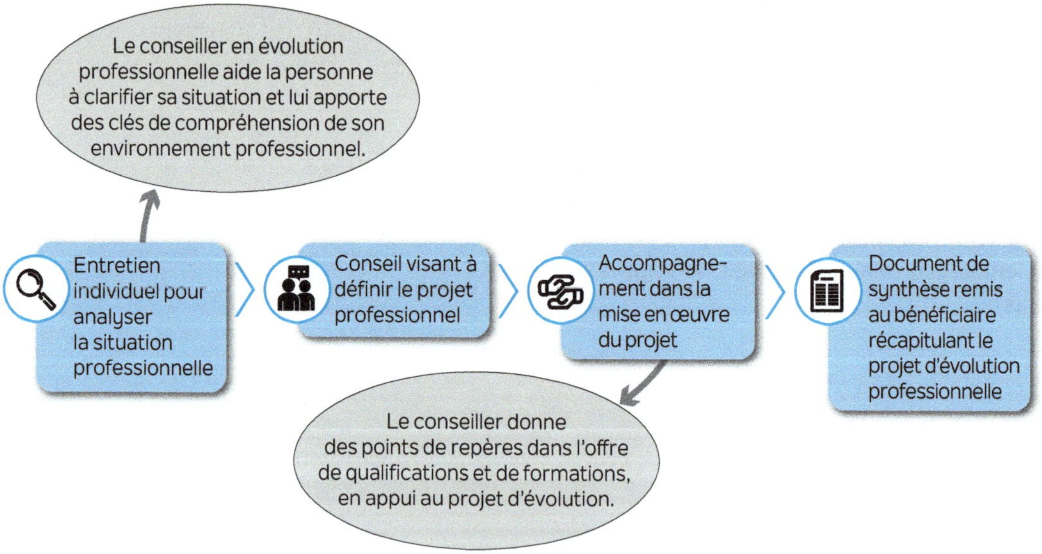

POURQUOI L'UTILISER ?

Objectif

Le CEP, ou conseil en évolution professionnelle, est un dispositif qui permet à chaque actif de disposer d'une prestation de conseil en évolution professionnelle, dont l'objectif est de favoriser l'évolution et la sécurisation de son parcours professionnel. Le conseil en évolution professionnelle est une offre de service en information, en conseil et en accompagnement personnalisé de projets professionnels, gratuite et accessible à toute personne active. Cette dernière bénéficie dans ce cadre de l'appui pédagogique d'un conseiller-référent, lui permettant de faire des choix professionnels éclairés et autonomes.

Les objectifs du conseil en évolution professionnelle sont :

- élaborer une stratégie d'évolution permettant de construire ou de préciser le projet professionnel du bénéficiaire ;
- cerner les compétences ou les qualifications à faire reconnaître, acquérir ou à développer ;
- construire un plan d'action permettant d'identifier les interlocuteurs, les leviers et les financements disponibles pour mettre en œuvre le projet professionnel comprenant ou non une action de formation.

Contexte

L'accompagnement de la personne dans le cadre du conseil en évolution professionnelle est réalisé sur le temps libre et sans l'accord de l'employeur. Un accord de branche ou d'entreprise peut prévoir les conditions dans lesquelles celui-ci peut être mobilisé sur son temps de travail.

COMMENT L'UTILISER ?

Étapes

1. L'employeur doit informer ses salariés de la possibilité de recourir à cet accompagnement auprès d'un conseiller en évolution professionnelle, à l'occasion de son entretien professionnel.
2. La personne active, en anticipation d'une mobilité professionnelle ou en période de transition professionnelle, ou encore dans le cadre d'une création ou d'une reprise d'entreprise, prend l'initiative de mobiliser son conseiller en évolution professionnelle. Elle contacte certains organismes qui la mettront en contact avec le conseiller. Il existe plusieurs organismes habilités à délivrer les CEP : Pôle Emploi, l'APEC, la mission locale, CAP Emploi ou un opérateur régional désigné par la région.
3. Le conseiller en évolution professionnelle permet de mieux appréhender l'environnement professionnel, l'évolution des emplois et des métiers sur le territoire ainsi que les services et prestations susceptibles d'être mobilisés pour la réalisation du projet professionnel de la personne.
4. Le conseiller propose notamment une assistance à la construction d'un éventuel parcours de formation et au montage financier du projet.

Voir Outil 39

Méthodologie et conseils

Le bénéfice du conseil en évolution professionnelle n'est pas ouvert aux inactifs : élèves, étudiants et retraités. Toutefois, lorsque l'étudiant ou le retraité occupe un emploi, celui-ci peut y recourir.

Avant de vous lancer...

√ **Il n'existe pas de parcours type. Chaque personne dispose, au sein de cette offre de service, d'une information et d'un accompagnement adapté à sa situation et à son projet d'évolution professionnelle défini avec un conseiller.**

Outil 35 La mobilité professionnelle

> “ Tout mouvement de quelque nature qu'il soit est créateur.
>
> Edgar Poe

En quelques mots

La **mobilité professionnelle** est un des plans d'action RH permettant de mettre en lien les compétences et les projets professionnels des collaborateurs avec les besoins de l'organisation.
Il existe deux approches de la mobilité :

- 1re approche : réagir aux besoins de l'entreprise et aux demandes des salariés au fil de l'eau – c'est la plus courante ;
- 2e approche : faire appel à une démarche volontariste qui anticipe les évolutions à venir et organiser très en amont les mobilités nécessaires. Elle s'inscrit dans une démarche de gestion de l'emploi et des parcours professionnels (GEPP).

LES 2 APPROCHES COMPLÉMENTAIRES DE LA MOBILITÉ PROFESSIONNELLE

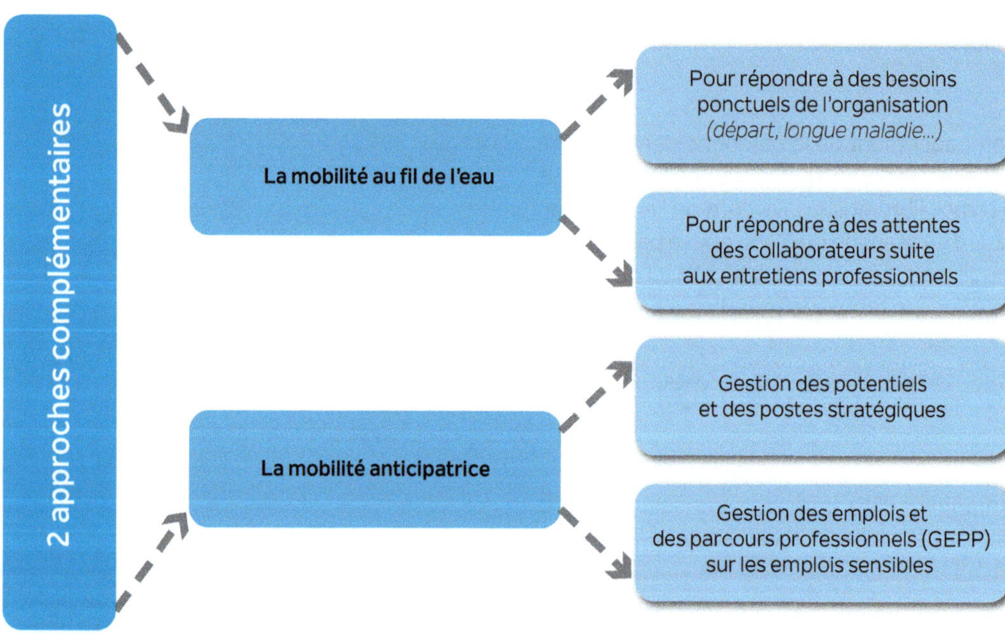

POURQUOI L'UTILISER ?

Objectif

Comprendre la complémentarité et la différence entre une politique de mobilité réactive, qui traite les problèmes d'emplois au fil de l'eau, et une politique de mobilité volontariste, qui anticipe les évolutions et prépare l'avenir, est fondamental dans la construction d'une politique RH au service de l'entreprise et de ses collaborateurs.

Contexte

Toutes les entreprises qui souhaitent développer une réelle synergie sociale et fidéliser les meilleurs collaborateurs ont intérêt à mettre en place les deux approches de mobilité interne.

COMMENT L'UTILISER ?

Étapes

1. **Mettre en place une politique de mobilité anticipatrice et volontariste à l'initiative de l'employeur :**
- les collaborateurs sont approchés directement par la DRH, à la suite de l'analyse des emplois sensibles dans le cadre de la GEPP ou identifiés lors des revues de potentiels et de talents ;
- les demandes de mobilité, qui sont spécifiées dans le support d'entretien annuel, sont étudiées et traitées ;
- les personnes approchées sont alors mises en relation avec le service RH et les directions cibles ;
- un plan d'action est mis en place pour combler les écarts de compétences en cas de besoin.

2. **Mettre en place une mobilité au fil de l'eau :**
- la diffusion de l'offre interne sur l'intranet RH est organisée par la DRH ;
- le salarié demande des informations auprès de la DRH, sans pour autant déclarer sa candidature ;
- quand la candidature est déclarée, le salarié doit impérativement en informer son manager d'origine ;
- la consultation des candidatures est réalisée par la direction d'accueil ;
- la direction d'accueil et la DRH valident les candidatures (entretiens, tests, *assessment centers*...) ;
- le manager « d'accueil » informe le manager « d'origine », ainsi que le collaborateur de l'accord de principe pour la mobilité.

Voir Outils 22,27, 28 et 43

Méthodologie et conseils

- Une politique volontariste permet à la fois de gérer les emplois sensibles, qui font courir à l'entreprise et à leurs titulaires des risques forts, et de fidéliser les potentiels.
- La politique au fil de l'eau permet de pourvoir rapidement des emplois et de s'appuyer sur la mobilisation des personnes.
- Une mobilité, au même titre qu'un recrutement, nécessite une phase d'adaptation au nouvel emploi qu'il ne faut pas minimiser.

Suite outil 35 →

Avant de vous lancer...

√ **Veillez à l'engagement réciproque, en prévoyant les budgets formation, pour accompagner l'acquisition de nouvelles compétences ou l'adaptation au poste du collaborateur qui vient de bouger.**

√ **Prévoyez une charte de mobilité pour expliciter les règles. Abstenez-vous de lier systématiquement mobilité et avancement ou promotion. La mobilité n'est pas uniquement promotionnelle, elle peut être horizontale, géographique, et a pour but de développer l'employabilité des collaborateurs.**

Suite outil 35

La mobilité professionnelle

COMMENT ÊTRE PLUS EFFICACE ?

La mobilité professionnelle reste un acte RH difficile, car il implique l'entreprise, mais également le collaborateur. Un des outils-clés de la mobilité interne est la **charte de mobilité**. Elle permet de clarifier les règles du jeu de la mobilité interne dans l'entreprise. Elle explicite les droits et devoirs des managers et des collaborateurs qui souhaitent recruter en interne ou évoluer au sein de l'organisation.

Cette clarté et transparence des règles permettent de favoriser la mobilité et d'éviter des pratiques de débauchage ou marchandage interne, peu propices à la réussite collective.

Il est important de rédiger et de communiquer sur les principes, les étapes et les conditions.

Les principes

- La mobilité peut provenir d'une démarche entreprise par l'employeur ou le salarié.
- Nul n'est propriétaire de sa fonction et aucun manager ne peut se réserver les personnes placées sous sa responsabilité. De tels agissements sont contraires aux principes et constituent un élément rédhibitoire pour la promotion future du manager qui agit ainsi.
- Les postes à pourvoir et les compétences recherchées sont portés à la connaissance des salariés.
- À compétences égales, l'entreprise donnera priorité aux candidats internes.
- Personne ne sera freiné dans sa carrière parce qu'il a été candidat à la mobilité et dont la candidature n'a pas été retenue.
- La politique de mobilité s'adosse sur la politique de la diversité et de la non-discrimination. À compétences égales, la diversité sera favorisée. La traçabilité des décisions prises lors de la sélection et des indicateurs de mesure sont mis en place pour attester de la bonne mise en œuvre de la politique diversité.
- Un ensemble de prérequis est nécessaire pour candidater à un poste :
  - avoir au moins 2,5 ans d'ancienneté dans le poste ;
  - avoir une très bonne performance dans son poste actuel ;
  - faire preuve de capacité d'adaptation et d'apprentissage ;
  - posséder les capacités ou le potentiel pour tenir le futur poste.

Les étapes

- Informer son manager de sa volonté de bouger lors de son entretien annuel ou professionnel.
- Valider avec lui les prérequis.
- Rencontrer la DRH qui valide ou non la candidature.
- Rencontrer le manager d'accueil pour la sélection.

Les conditions

- Les délais de préavis doivent être identiques à ceux du préavis conventionnel.
- Il n'y a pas de période d'essai.
- La formation nécessaire à la prise de fonction est à la charge de l'entité d'accueil.
- Un entretien entre le nouveau hiérarchique et le nouvel arrivant se fait au 1er et 6e mois. La DRH rencontre le salarié lors du 1er mois pour faire un point.

Cas d'entreprise

Extrait de la Charte de mobilité interne rédigée dans une entreprise en agroalimentaire

Transparence

- Appliquer une totale transparence quant à la communication du marché de l'emploi interne.

Priorité en interne

- Donner, à compétences égales, priorité aux salariés de l'entreprise.

Principe de diversité et de non-discrimination

- Promouvoir, dans le cadre d'une politique de responsabilité sociale et à compétences égales, la diversité des profils retenus, et dans le cadre d'une politique de mobilité interne, l'âge, le sexe, les origines ethniques, l'handicap, la situation familiale…

Priorité aux publics sur les emplois sensibles

- Donner une priorité aux personnes fragilisées qui détiennent à ce jour des emplois sensibles et dont l'emploi est menacé, dans le cadre d'une politique de gestion de l'emploi et des parcours professionnels (GEPP).

Droit à la confidentialité

- La démarche d'un salarié candidat à la mobilité reste anonyme, notamment durant la phase d'information. Si la mobilité fait partie de la culture de l'entreprise et est favorisée et reconnue par tous, alors cette précaution n'est plus nécessaire.

Retour dans l'emploi précédent

- Droit fondamental, dont les clauses de retour dans l'emploi précédent permettent de réagir en cas de difficultés majeures rencontrées dans le nouveau poste.

Condition d'entrée

- La mobilité interne est ouverte aux salariés ayant au moins 3 ans d'ancienneté dans leur emploi, mais ce délai peut être inférieur pour certains postes. La mobilité peut être plus rapide (création de niveaux intermédiaires), sans pour autant sauter les étapes classiques.

Conditions de transfert

- Veiller à la clarté des conditions de transfert. Le nouvel arrivant est accueilli dans les mêmes conditions qu'un nouvel embauché. Son accueil doit se situer au plus tard dans les 3 mois qui suivent la prise de décision écrite de la mobilité.

Cette entreprise en agroalimentaire, confrontée à la robotisation de ses installations, a besoin de voir ses collaborateurs changer de métier. Elle a également le souci de créer des ponts avec ses usines du monde entier. La mobilité professionnelle et géographique est, pour elle, un moyen de faire évoluer les personnes, les compétences et les mentalités. Par ailleurs, l'entreprise socialement responsable a besoin de sécuriser les parcours des personnes détenant des emplois à risque. La mobilité fonctionnelle est un bon moyen mis à sa disposition.

Pour faire face à des pratiques peu homogènes en matière de mobilité et d'un manque d'appétence de la part des salariés et des managers à la mobilité, elle a mis en place une charte qui clarifie un ensemble de règles pour faciliter le développement d'une démarche de mobilité au sein de l'organisation.

La mobilité fonctionnelle, géographique ou promotionnelle est un élément-clé de la politique de gestion des Ressources Humaines. Elle favorise le développement des compétences, permet de découvrir de nouveaux horizons, de côtoyer des cultures diverses, d'acquérir de nouvelles compétences et de valoriser les ambitions et les compétences individuelles.

6 DOSSIER

L'ENTRETIEN ANNUEL & L'ENTRETIEN PROFESSIONNEL

"

Définir des objectifs est la première étape dans la transformation de l'invisible vers le visible.

Tony Robbins

L'entretien annuel et l'entretien professionnel sont au cœur des dispositifs RH. L'entretien annuel est un outil-clé qui permet d'analyser la performance d'un collaborateur au travail et de lier contribution et gestion des Ressources Humaines. L'entretien professionnel est, quant à lui, un rendez-vous obligatoire entre le salarié et l'employeur. Il est destiné à envisager les perspectives d'évolution professionnelle du salarié et les formations qui peuvent y contribuer.

Les enjeux de l'appréciation pour la Direction Générale

L'enjeu de l'appréciation pour la Direction Générale est de disposer annuellement d'une photographie de l'existant, en matière de performance des équipes. Elle en tire des plans d'action pour combler les écarts par rapport à l'attendu. Elle en attend également une mobilisation des équipes pour atteindre les objectifs futurs de l'entreprise. Cette évaluation des performances va également lui permettre de prendre des décisions éclairées en matière RH (rémunération, formation, promotion...).

Les enjeux de l'appréciation pour les managers

L'entretien annuel est un moment unique d'échange entre un responsable et son collaborateur. Il est avant tout un dialogue : chacun écoute l'autre en toute confiance pour dresser un bilan de l'activité et de la performance. Il ne s'agit pas de juger la personne mais de comprendre ce qui s'est passé sur une année, afin de porter une appréciation sur le travail réalisé et de mieux envisager l'avenir. C'est une discussion suivie, centrée sur l'amélioration des résultats et le développement individuel.

Pour le manager, c'est un outil-clé pour décliner les objectifs stratégiques et piloter l'activité de son unité. Il permet de créer les conditions de la motivation et de la prise d'initiative pour atteindre ou dépasser les résultats attendus.

L'entretien professionnel

Réaffirmé par la **loi « Avenir Professionnel » de 2018**, l'entretien professionnel est un rendez-vous incontournable et obligatoire qui permet de gérer le parcours professionnel des collaborateurs et le développement de leurs compétences. Il permet de mieux cibler les actions de développement de compétences et d'accroître la capacité de l'entreprise à anticiper ses besoins de ressources humaines.

Les outils

Outil 36

La conduite de l'entretien annuel d'appréciation

« Il existe un doux euphémisme pour l'autosatisfaction : on nomme cela une autobiographie, et l'auteur y insiste souvent sur les défauts des autres pour souligner combien ses propres réussites sont dignes d'éloges.

Nelson Mandela

En quelques mots

La démarche de l'appréciation annuelle vise à favoriser l'engagement de chacun dans la réussite de son activité, en harmonie avec les orientations stratégiques de l'entreprise. Le manager doit passer avec son collaborateur, en début de période, un « contrat » qui définit le champ de référence commun sur lequel va s'appuyer cette appréciation. Il faut se mettre d'accord sur les missions et les objectifs attendus pour l'année et ce dans le cadre d'une relation hiérarchique positive.

LES ÉTAPES ET LES CONSEILS POUR CONDUIRE L'ENTRETIEN ANNUEL D'APPRÉCIATION

Les 8 étapes de l'entretien	Les conseils aux managers
1. La préparation de l'entretien	1. Relire ses notes avant l'entretien
2. L'introduction de l'année	2. Présenter les objectifs et la structure de l'entretien
3. Le bilan de l'année réalisé par le collaborateur	3. Laisser le collaborateur faire son bilan annuel complet
4. L'évaluation faite par le manager sur l'année écoulée	4. Élaborer une synthèse en rappelant les points forts et les progrès et annoncer à son collaborateur son appréciation globale
5. Le plan d'action pour réduire les écarts	5. Rechercher ensemble des pistes pour réduire les écartsconstatés et faire face aux difficultés
6. L'avenir du collaborateur	6. Recueillir les souhaits de mobilité
7. La conclusion	7. Reprendre les points forts et les points de progrès dans la conclusion
8. La synthèse et le suivi du plan d'action	8. Réaliser la synthèse écrite de l'entretien et organiser un suivi régulier des objectifs

POURQUOI L'UTILISER ?

Objectif

En plus d'être un moment privilégié entre le manager et le collaborateur, l'entretien annuel d'appréciation permet d'évaluer un collaborateur sur des objectifs fixés en début d'année, de le reconnaître, de le faire progresser et de lui fixer les objectifs de l'année suivante.

Contexte

Cet entretien doit se tenir au moins une fois par an entre le manager et son collaborateur. Il n'est pas imposé par le législateur, contrairement à l'entretien professionnel.

COMMENT L'UTILISER ?

Étapes

1. Faire de l'entretien annuel un lieu d'échange, créer dès le début un climat favorable et faire parler le collaborateur.
2. Baser son évaluation sur des faits et non sur des jugements, rester précis et s'appuyer sur des faits significatifs pour étayer son appréciation.
3. Rendre le collaborateur acteur :
   - l'aider à faire son bilan sur l'année écoulée et analyser avec lui ses points forts et les difficultés rencontrées ;
   - mettre l'accent sur les résultats et rechercher les compétences manquantes ;
   - fixer en commun les objectifs de la période à venir et les moyens de les atteindre.
4. Évaluer le collaborateur en lui donnant une évaluation globale de son année afin qu'il puisse se rendre compte de son positionnement concernant le travail réalisé. Cette évaluation globale est ensuite utilisée dans tous les processus RH (promotion, rémunération, évaluation de potentiel...).
5. Développer les compétences du collaborateur en identifiant en amont ses attentes, en cohérence avec les besoins de l'entreprise.
6. Repérer tous les moyens de développer les compétences (MOOC, AFEST, lectures, formation en présentiel...).
7. Vérifier l'efficacité du plan de développement de l'année écoulée.
8. Conclure :
   - souligner les points forts autant que les points à améliorer ;
   - penser à féliciter et à reconnaître le collaborateur ;
   - conclure sur une note positive.

Méthodologie et conseils

Les conditions de réussite pour que les entretiens puissent se dérouler de manière optimum sont l'implication de la Direction Générale, la clarté des missions et des objectifs fixés au collaborateur en début de période, ainsi qu'une réelle connexion entre l'évaluation obtenue et la gestion des RH (formation, rémunération, mobilité, promotion).

Suite outil 36 →

Avant de vous lancer...

√ **Pour le salarié : c'est un échange privilégié avec sa hiérarchie sur l'année réalisée et la possibilité d'être reconnu pour ses mérites. Il lui permet de prendre du recul par rapport à son travail, connaître ses priorités, ses points forts et ses points à améliorer.**

√ **Pour le manager : c'est l'occasion d'évaluer la performance et les compétences de ses collaborateurs, de prendre de la hauteur, de mettre en place des plans d'action pour réduire les écarts entre les performances attendues et celles réalisées.**

√ **La qualité d'un management de proximité, basé sur des relations de confiance, et la formation des managers à la conduite de l'entretien annuel sont des éléments-clés à prendre en compte dans la réussite des entretiens d'appréciation.**

Suite outil 36

La conduite de l'entretien annuel d'appréciation

COMMENT ÊTRE PLUS EFFICACE ?

Dans la conduite de l'entretien annuel, on repère 3 moments critiques : l'introduction, le bilan et la conclusion.

Le début de l'entretien

Le manager doit éviter certaines erreurs :
- réaliser cet entretien dans le bureau du collaborateur. L'entretien annuel est un acte de management et, par conséquent, il se déroule dans le bureau du manager ;
- laisser son téléphone branché ;
- mettre le collaborateur mal à l'aise : « c'est à vous... » ;
- minimiser l'importance de l'entretien : « Cela va aller vite, on se voit souvent ! » ; « Vous avez l'habitude de ce type d'entretien, passons directement au vif du sujet » ;
- reporter l'entretien à plus tard.

Le manager veillera donc à utiliser certaines bonnes pratiques pour faire le démarrage :
- accueillir le collaborateur et le mettre à l'aise ;
- préciser les objectifs et la structure de l'entretien.

Le bilan de l'année et l'évaluation globale

La 2e partie de l'entretien consiste à écouter le collaborateur présenter son bilan. Pour le manager, il faut éviter de faire des erreurs classiques, à savoir :
- faire le bilan en premier ;
- ne pas écouter le collaborateur ;
- ne pas laisser le collaborateur s'exprimer et lire le bilan qu'il a déjà rédigé avant l'entretien.

Pour réussir cette phase difficile, quelques bonnes pratiques sont proposées au manager :
- laisser son collaborateur faire son bilan pour lui permettre de s'exprimer, de s'auto-évaluer, de se sentir écouté et reconnu ;
- prendre le temps d'écouter le bilan que fait son collaborateur et lui poser au fur et à mesure des questions ;
- faire en dernier lieu une synthèse à son collaborateur en précisant ses points forts et ses points de progrès ;
- terminer le bilan en donnant une évaluation globale (grille d'appréciation) et en justifiant cette évaluation au regard des faits significatifs dont il a eu connaissance ;
- donner des signes de reconnaissance au collaborateur à la fin du bilan.

La conclusion de l'entretien

Cette dernière étape est celle qui marquera le plus le collaborateur. On constate en général quelques erreurs classiques telles que :
- sauter l'étape et ne pas faire de conclusion ;
- ne pas terminer l'entretien et parler du quotidien et des problèmes en cours.

Les bonnes pratiques à mettre en œuvre pour réussir cette conclusion sont :
- prendre le temps de faire cette conclusion ;
- rappeler le degré de réalisation des objectifs, les points forts et les points de progrès, l'évaluation globale accordée ;
- insister sur les belles réalisations du collaborateur et lui donner des signes de reconnaissance ;
- en cas de difficulté, lui donner des signes de soutien et d'encouragement ;
- toujours conclure par une note positive, quel que soit le contenu de l'entretien.

Pour aller plus loin

Exemple de phrases énoncées lors des entretiens annuels et conseils pour éviter les erreurs

Démarrage de l'entretien

« J'ai un peu de retard pour votre entretien annuel d'appréciation. On ira vite ! L'essentiel est de voir tout ce qui n'a pas bien marché cette année. On ne s'attardera pas sur vos réussites. On en a déjà parlé je crois. C'est à vous ! »

Au contraire, il est important de balayer l'ensemble des réussites et des échecs de l'année. C'est au manager de prendre de la hauteur et le temps d'écouter et d'échanger avec son collaborateur. C'est un moment privilégié. Ne pas négliger son impact sur le collaborateur et sa motivation !

Le bilan

« Je tiens, en tant que manager, à prendre la parole en premier. Pour moi, vos résultats sont mitigés et je suis très déçu de votre année, il va falloir redresser ça et vite ! Inutile de passer du temps sur ce bilan négatif, j'ai déjà tout consigné dans le document ; pressons et attardons-nous sur les axes d'amélioration. »

C'est au collaborateur de faire son propre bilan et d'évaluer ses propres contributions. L'analyse faite par le collaborateur est intéressante et donne des informations complémentaires. Le manager peut mesurer son niveau de perception de la réalité. Rien n'empêche le manager de lui poser des questions complémentaires.

La conclusion

« Tout ça est très bien. Je vois que l'heure tourne et j'ai une autre réunion à 14 heures ! On n'a pas totalement fini, on termine au restaurant d'entreprise ? C'est plus sympathique n'est-ce pas ? »

La conclusion est un moment-clé de l'entretien qui permet d'ancrer les informations-clés. Ne pas sauter l'étape ! Rappeler les points forts et les points de progrès du collaborateur mais également l'évaluation globale, les pistes d'action et les objectifs fixés pour l'année suivante. Et toujours finir sur une note positive !

Outil 37

La fixation des objectifs individuels et collectifs

> *Celui qui n'a pas d'objectifs ne risque pas de les atteindre.*
>
> Sun Tzu

En quelques mots

La **fixation des objectifs** individuels et collectifs est importante car elle oriente l'action des collaborateurs et des équipes, permettant ainsi à l'entreprise d'atteindre des orientations stratégiques. Les fixer correctement est un exercice difficile et nécessite une véritable réflexion quant à leur rédaction. C'est également savoir répondre aux questions suivantes : à quoi verra-t-on que l'objectif est atteint ? Quelles sont les actions réalisées par le collaborateur ou l'équipe qui prouveront que l'objectif est atteint ?

LES CARACTÉRISTIQUES D'UN BON OBJECTIF

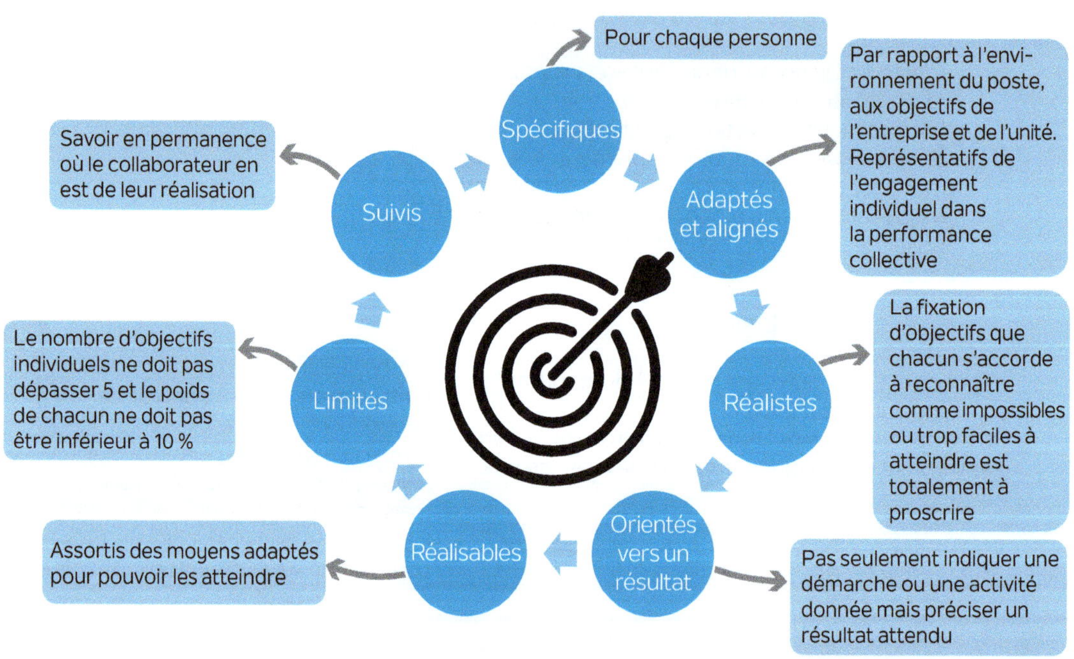

POURQUOI L'UTILISER ?

Objectif

Fixer des objectifs consiste à répondre au besoin de croissance et de développement de l'entreprise et provoquer chez le collaborateur et l'équipe une motivation et un esprit de réussite. L'objectif est l'expression concrète, chiffrée et datée d'un résultat à atteindre. Les objectifs orientent l'action du collaborateur, ou d'une équipe, qui agit en fonction des orientations fixées.

Contexte

La fixation des objectifs est un acte qui relève de la responsabilité du manager.

COMMENT L'UTILISER ?

Étapes

1. **Se poser les bonnes questions avant de fixer un objectif.**

- L'objectif est-il adapté à la personne, à l'équipe ? Prend-il en compte les caractéristiques de la personne et de son poste / de l'équipe ?
- Quel est le résultat concret attendu ? À quoi saura-t-on que l'objectif est atteint ?
- Quelle est l'action réalisée par le collaborateur / l'équipe qui donnera la preuve que l'objectif est bien atteint ? L'objectif est-il accompagné de résultats chiffrés ou observables ?
- L'objectif est-il cohérent avec l'emploi tenu et en lien avec les objectifs de l'unité et de l'entreprise ?
- L'objectif est-il suffisamment exigeant mais réalisable ?
- L'objectif est-il accompagné d'un plan d'action échelonné et de moyens associés ?
- Les objectifs fixés au collaborateur sont-ils limités à 5 ?

2. **Suivre la réalisation des objectifs.**

- Des points d'étapes sont-ils programmés pour suivre l'avancée des objectifs et permettre une éventuelle aide ou adaptation de l'objectif ?
- Une date de réalisation a-t-elle été fixée ?

Méthodologie et conseils

Il existe 3 types d'objectifs. Ils peuvent être assignés à un individu ou à un collectif.

- **Les objectifs d'activité** : généralement quantifiables, ils se rapportent à l'activité permanente de la personne ou de l'entité considérée. Ils s'expriment en quantité produite ou en chiffre d'affaires. Ils caractérisent souvent les résultats à atteindre en matière de qualité, de coûts unitaires de telle ou telle production, de coûts d'une prestation de service, etc.
- **Les objectifs de développement de l'organisation** : ils se rapportent aux méthodes, à l'organisation de l'activité, à l'évolution des techniques. Exemple : mettre en place 4 visioconférences dans le service avant la fin du semestre.
- **Les objectifs de développement des personnes** : ils se rapportent à la volonté de faire progresser les personnes. Exemple : augmenter la capacité d'animation des personnes en situation d'encadrement.

Avant de vous lancer...

√ C'est au manager de fixer les objectifs individuels et collectifs. Le collaborateur peut difficilement les négocier, mais il peut néanmoins négocier les moyens de les atteindre.

√ La quantification excessive des objectifs écarte tout ce qui n'est pas facilement quantifiable, tel que l'innovation ou le travail collectif. Or, la valeur « qualitative et collective » ne peut être ignorée dans un environnement participatif qui réclame agilité et adaptation permanente.

Outil 38

La préparation à l'entretien annuel par le collaborateur

> "Ce qu'on obtient en atteignant nos objectifs n'est pas aussi important que ce que l'on devient en les atteignant.
>
> Zig Ziglar

En quelques mots

L'entretien annuel est l'occasion de faire un point sur l'année écoulée avec son manager. Le collaborateur est souvent démuni face à un manager qui a préparé l'entretien. Il est donc important, pour le collaborateur, de noter au fur et à mesure de l'année les faits marquants dans un fichier spécifique.

Le collaborateur doit lister les objectifs fixés et auto-évaluer leur niveau de réalisation, les activités réalisées attendues et nouvelles, mais aussi les souhaits d'évolution et de formation. Cette préparation en amont permet un dialogue sincère et constructif.

LA FICHE DE PRÉPARATION DE L'ENTRETIEN ANNUEL POUR LE COLLABORATEUR

1. Préparez-vous. Relisez vos notes et votre fiche qui résume les faits marquants de l'année.
2. Remémorez-vous les objectifs fixés en début de période.
3. Réfléchissez au contexte. Repérez les changements qui ont eu lieu en cours d'année et qui ont modifié vos priorités.
4. Remémorez-vous les 3 réussites dont vous êtes le plus fier. Quelles sont les 3 actions sur lesquelles vous auriez voulu être plus efficace ?
5. Faites le point sur les actions formatives suivies et les compétences développées.
6. Identifiez vos objectifs futurs, vos souhaits de mobilité, vos besoins de développement de compétences.

POURQUOI L'UTILISER ?

Objectif

L'entretien annuel est un moment-clé pour le collaborateur. Savoir le préparer reste essentiel pour permettre un échange équilibré et constructif entre le manager et le collaborateur.
Le collaborateur réalise son auto-bilan ou auto-positionnement, ce qui permet de mieux échanger avec son manager lors de l'entretien et de mieux le vivre.
Il permet un échange plus juste et plus équilibré. L'auto-bilan renforce la motivation et met en dynamique le collaborateur.

Contexte

Pour améliorer la qualité des entretiens annuels dans l'entreprise, la DRH a intérêt à former à la fois les managers et les salariés à cet exercice. La double formation « manager-salarié » permet de développer une approche objective de l'appréciation basée sur des constats, des faits et de rééquilibrer l'échange.

COMMENT L'UTILISER ?

Étapes

Le collaborateur réalise plusieurs étapes pour préparer son entretien annuel :
1. Passer en revue l'ensemble des objectifs fixés par sa hiérarchie et rechercher tous les résultats obtenus, les faits marquants qui attestent de leur réalisation.
2. Identifier les modifications d'environnement, de missions, d'activités ou d'objectifs, subis en cours d'année, qui peuvent donner un nouvel éclairage sur les résultats obtenus.
3. S'interroger sur son réseau interne, sur les relations entretenues avec son manager, ses collègues et l'ensemble des acteurs de l'entreprise.
4. Noter ses réussites, les activités où l'on est particulièrement à l'aise, ce que l'on a aimé, ce dont on est fier et pourquoi.

Voir Outil 36

5. Identifier les faiblesses et les difficultés rencontrées, les échecs subis, ce qui doit être amélioré, ce qui pose problèmes dans le poste actuel et la manière dont cela pourrait être résolu.
6. Se remémorer les formations suivies et ce qu'elles ont apporté à l'entreprise et à soi-même en termes de satisfaction, de mise en œuvre et de compétences développées.
7. S'interroger sur sa volonté de bouger au sein de l'entreprise et sur les connaissances à développer en priorité.

Méthodologie et conseils

Pour faciliter cette préparation, il est conseillé de noter au fil de l'eau les actions, les réussites et les faits marquants. Cette fiche « anti-oubli » est particulièrement utile puisque la mémoire est par nature sélective et enregistre davantage les dernières actions réalisées.

Avant de vous lancer...

- √ **Faites prendre conscience aux salariés de l'intérêt de cette préparation, qui est pour eux une aide pour mieux vivre l'entretien et rendre l'évaluation plus objective car étayée de faits significatifs.**
- √ **Aidez les collaborateurs à prendre conscience de noter au fur et à mesure de l'année les faits marquants dans un carnet ou un fichier spécifique.**

Outil 39

L'entretien professionnel : une obligation légale

> « La routine structure.
> Ma structure ouvre une perspective.
> La perspective un horizon.
>
> Peter James

En quelques mots

Contrairement à l'entretien annuel d'appréciation dont l'objectif est d'évaluer la performance d'un collaborateur, **l'entretien professionnel** consiste à aborder le projet professionnel, les souhaits de mobilité interne et, le cas échéant, les besoins de formation du collaborateur. Il est un moment-clé dans la relation managé-manager. L'entretien professionnel est une obligation légale imposée par le législateur pour toutes les entreprises peu importe leur effectif. Il se tient tous les 2 ans et s'adresse à tous les salariés qui ont au moins 2 ans d'ancienneté. Un état des lieux récapitulatif a lieu tous les 6 ans.

LES ÉTAPES DE L'ENTRETIEN : LA MÉTHODE APPI

A.P.P.I

A – Accueil
Rappeler les finalités.
Présenter la structure de l'entretien.

P – Professionnel
Présentation du bilan professionnel.
Utiliser la fusée des compétences.

- Postes occupés ;
- Évolutions dans les missions ;
- VAE, diplômes obtenus ;
- Compétences déclenchées.

P – Perspectives d'évolution professionnelles
Faire émerger le projet professionnel et les moyens pour le mettre en œuvre.

- Changement de poste, qualification ;
- Promotion ;
- Identification des formations.

I – Information
L'employeur doit informer le salarié sur :
- l'activation du CPF et les abondements que l'entreprise est susceptible de financer ;
- la mise à disposition d'un conseil conseil en évolution professionnelle ;
- la VAE.

POURQUOI L'UTILISER ?

Objectif

L'entretien professionnel est un moment privilégié d'échanges, qui se situe hors du contexte d'évaluation de la performance. Il permet au salarié de se positionner par rapport à ses acquis, de devenir acteur de son développement et du maintien de son employabilité sur le marché interne et indirectement externe.

Il est important de bien différencier l'entretien annuel de l'entretien professionnel. Ce dernier nécessite, de la part du manager, une tout autre posture que celle utilisée lors de l'entretien annuel.

Contexte

Institué par l'ANI de 2013 et réaffirmé et modifié par la loi « Avenir Professionnel » de 2018, l'entretien professionnel est devenu une obligation légale pour tous les salariés, quelle que soit la taille de l'entreprise :

- tous les salariés, peu importe leur contrat, sont concernés ;
- l'entretien professionnel doit être systématiquement proposé à tout salarié qui reprend son activité après une interruption due à un congé de maternité, parental, ou un congé d'adoption, un congé de proche aidant, un congé sabbatique, un arrêt maladie de plus de 6 mois, etc. ;
- depuis le 1er janvier 2019, l'employeur doit donner au salarié de nouvelles informations sur l'activation du compte personnel de formation du collaborateur (CPF), les abondements que l'entreprise est susceptible de financer et le recours possible au conseil en évolution professionnelle (CEP).

COMMENT L'UTILISER ?

Étapes

1. La DRH lance la campagne des entretiens professionnels :
   - informer les managers sur la politique RH, la GEPP et sur les évolutions des métiers, les passerelles et les aires de mobilités offertes par l'entreprise ;
   - présenter les dispositifs que les managers auront à présenter aux collaborateurs lors de l'entretien. Chaque manager doit les informer sur les dispositifs existants, à savoir : la VAE, le bilan de compétences, le CPF, le CPF de transition, le conseil en évolution professionnelle, ainsi que leur condition de mise en œuvre et de financement.
2. Les salariés préparent leur entretien en réalisant une auto-évaluation de leurs compétences et en réfléchissant à leur projet professionnel de développement en interne.
3. Le manager conduit l'entretien professionnel en suivant les 4 étapes-clés de la méthode APPI.
4. Les conclusions de l'entretien sont consignées dans le support d'entretien professionnel et transmises à la DRH qui suit la mise en place du plan d'action.

Méthodologie et conseils

Il est conseillé de séparer les deux entretiens (annuel et professionnel). Si l'entreprise souhaite les conduire au même moment, pour des raisons d'organisation du travail et d'agenda, il est important de prévoir deux supports distincts pour les deux entretiens et de prévoir une coupure entre les deux pour bien les distinguer.

Voir Outils 22, 32, 33 et 40

Suite outil 39 →

Avant de vous lancer...

√ **Informez les managers sur la politique RH et les perspectives d'évolution offertes.**

√ **Formez les managers à la conduite de l'entretien professionnel.**

√ **Informez les managers sur les nouveaux dispositifs (CPF, CEP) à présenter aux collaborateurs au cours de l'entretien.**

√ **Informez les salariés nouvellement embauchés qu'ils bénéficieront d'un entretien professionnel tous les 2 ans.**

Suite outil 39

L'entretien professionnel : une obligation légale

COMMENT ÊTRE PLUS EFFICACE ?

Le changement de posture à adopter par le manager

Considérer le salarié comme co-acteur de son évolution professionnelle est un changement majeur à prendre en compte. Pour cette raison, il est nécessaire d'envisager l'entretien professionnel dans la concertation, en suivant **trois principes clés** :

- la **co-responsabilité** dans l'analyse des compétences et dans l'identification du projet du salarié ;
- la **co-décision** dans la mise en œuvre (proposer des modalités) ;
- le **co-investissement** pour certaines actions de formation (l'entreprise paye les coûts pédagogiques, le salarié s'y consacre en dehors de son temps de travail).

Lors de l'entretien professionnel, le manager devient un réel « révélateur » de compétences et de motivation en clarifiant le projet professionnel de ses collaborateurs et en leur présentant les perspectives d'évolution professionnelles au sein de l'organisation. Son rôle va donc être d'accompagner le développement de ses collaborateurs en les aidant à acquérir des compétences complémentaires en phase avec leurs projets professionnels et en les aidant à découvrir les perspectives d'évolution offerte par l'entreprise. Si l'on part du principe que les compétences s'acquièrent et se développent dans l'action, la première mission d'un manager est de proposer des mises en situation pouvant être des occasions d'apprentissage. Il faut saisir les situations qui peuvent représenter une source de développement pour les collaborateurs sans présenter un risque trop important pour l'entreprise.

État des lieux récapitulatif du parcours professionnel

Le principe d'un bilan tous les six ans est maintenu dans la loi « Avenir Professionnel » de 2018, mais ses modalités opérationnelles ont évolué.

La **loi pour « la liberté de choisir son avenir professionnel »** a supprimé la règle des deux critères sur trois à satisfaire. L'employeur est amené à verser une pénalité au titre de l'abondement correctif seulement si le salarié n'a pas bénéficié des entretiens tous les 2 ans et d'une formation non obligatoire.
Un accord d'entreprise, ou à défaut de branche, peut prévoir des modalités d'appréciation différentes du parcours lors de l'entretien effectué tous les 6 ans, une autre périodicité d'entretien ou, des critères d'abondement plus favorables aux salariés.

Depuis le 1er janvier 2019, la pénalité due à ce titre est plafonnée, par salarié, à 6 fois le montant annuel de l'alimentation du CPF (3 000 €). Il n'y a pas de différence entre les salariés à temps plein et les salariés à temps partiel. L'employeur doit adresser à son OPCO (opérateur de compétences) la liste des salariés concernés, et les données permettant leur identification, et l'abondement attribué à chacun d'eux.

État des lieux récapitulatif

L'employeur doit donc s'assurer que le salarié a bénéficié au cours des six dernières années d'un entretien professionnel tous les deux ans et si nécessaire d'entretiens prévus au retour de certaines absences.
Par ailleurs, il doit vérifier que le salarié, au cours des 6 dernières années, a également bénéficié d'au moins une formation autre que celles obligatoires (des sanctions sont possibles pour les entreprises de 50 salariés et plus qui n'ont pas respecté ces deux obligations).

Cas d'entreprise

Grille récapitulative du parcours professionnel du collaborateur

L'entretien professionnel est à reconduire au moins une fois tous les 2 ans, sauf accord d'entreprise ou de branche prévoyant une périodicité différente conclue, depuis le 1er janvier 2019.

GRILLE À REMPLIR PAR LE MANAGER

1. L'entretien est conduit au titre de l'obligation (tous les 2 ans) : ❑ Oui ❑ Non
2. L'entretien est conduit après l'une des absences suivantes :

❑ Congé maternité, congé parental d'éducation (ou période de réduction d'activités)
❑ Congé de proche aidant
❑ Congé d'adoption
❑ Congé de solidarité familiale
❑ Congé sabbatique
❑ Arrêt maladie pour affection de longue durée (minimum 6 mois)
❑ Période de mobilité volontaire sécurisée
❑ Mandat syndical

	Nom du manager
Date de l'entretien n° 1 :	....
Date de l'entretien n° 2 :	....
Date de l'entretien n° 3 :	....
Date de l'entretien récapitulatif de bilan (tous les 6 ans) :	....
	Commentaires
Le collaborateur a-t-il été informé des dispositifs en vigueur ? (VAE, CPF, abondements au CPF, CEP...)	
A-t-il bénéficié d'actions formatives en présentiel, à distance, MOOC, AFEST ?	
A-t-il bénéficié d'une VAE ?	
A-t-il bénéficié d'un bilan de compétences ?	
A-t-il bénéficié d'un CPF, d'un CPF de transition ?	
A-t-il bénéficié d'un conseil en évolution professionnelle ?	
A-t-il bénéficié d'une progression professionnelle (mobilité, promotion...) ?	
A-t-il bénéficié d'une progression salariale ?	
Principales conclusions	

Outil 40 La fusée des compétences

> Avant de vouloir prendre de l'envol et voler, il est indispensable d'apprendre à se tenir debout.
>
> Denis Kabila

En quelques mots

La **fusée des compétences** est un outil pédagogique qui facilite le repérage complet de l'ensemble des compétences détenues par un collaborateur. Elle permet d'élargir la connaissance que l'entreprise a de ses salariés et ne pas la limiter à l'emploi actuel.
C'est au manager, lors des entretiens professionnels, ou au spécialiste RH, lors des entretiens de mobilité ou de reclassement, de mener cette investigation. Elle permet au manager et à la fonction RH de faire un diagnostic complet des compétences d'un collaborateur et de mieux les utiliser en cas d'envol.

LA FUSÉE DES SAVOIR-FAIRE, SAVOIR-ÊTRE, VOULOIR-FAIRE ET POUVOIR-FAIRE D'UN COLLABORATEUR

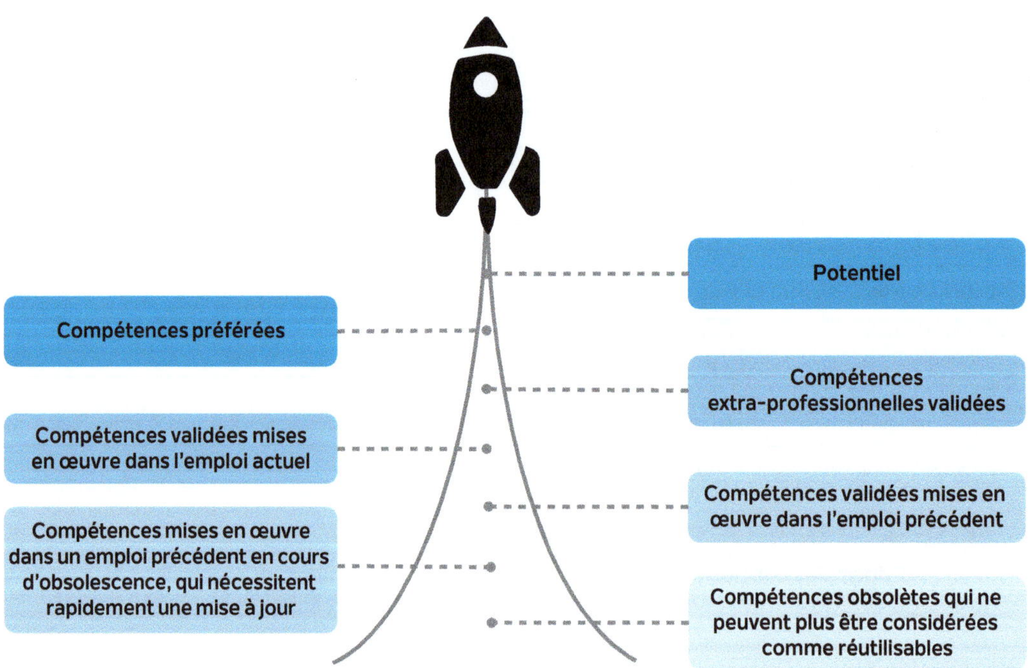

POURQUOI L'UTILISER ?

Objectif

La fusée des compétences est un outil simple d'identification de l'ensemble des savoir-faire, savoir-être, vouloir-faire et pouvoir-faire, détenus par les collaborateurs.
Cette identification donne au manager une meilleure connaissance des savoir-faire, du potentiel et des préférences de chaque membre de son équipe. Les compétences identifiées englobent l'ensemble des compétences d'un collaborateur. Ces compétences dépassent largement le cadre de l'emploi actuel.

Contexte

La fusée des compétences est un outil qui s'utilise principalement lors des entretiens professionnels par le manager ou la fonction RH.

COMMENT L'UTILISER ?

Étapes

Lors d'un entretien professionnel (obligatoire tous les 2 ans), le manager ou la fonction RH réalise la fusée des compétences. Pour cela, plusieurs étapes :

1. Passer en revue et compléter avec le collaborateur l'ensemble des étages de la fusée.
2. Valider les compétences détenues en recherchant systématiquement les faits significatifs et les situations-clés permettant de les valider.
3. Explorer chaque étage de la fusée et identifier les compétences transférables et réutilisables dans l'organisation.
4. Consolider l'ensemble des informations dans le SIRH (action réalisée par les spécialistes RH), afin de mieux capitaliser et mieux optimiser le capital humain de l'entreprise et permettre les mobilités, les promotions et les évolutions.

Voir Outil 39

Méthodologie et conseils

Il est important de bien distinguer les compétences obsolètes et celles en cours d'obsolescence.

- **Les compétences obsolètes** sont celles qui ne permettent plus une réactivation et une réutilisation.
- **Les compétences en cours d'obsolescence** sont celles qui peuvent être réactivées par de la formation ou du tutorat.
- Concernant **les compétences mises en œuvre dans des contextes hors professionnels**, le manager veille à prendre en compte celles qui pourraient être utiles pour l'organisation : l'animation d'équipe, la gestion, l'adaptation à des contextes difficiles, voire hostiles, etc.

On constate habituellement que les managers arrivent mieux à remplir de manière spontanée la fusée des compétences pour leurs collaborateurs avec lesquels ils ont des facilités à travailler et inversement.

Avant de vous lancer...

√ Insistez bien sur le fait que ce sont les compétences qui sont recherchées et qui pourraient avoir un lien direct avec les emplois de l'organisation. Les collaborateurs peuvent ne pas souhaiter parler des compétences qu'ils ont développées hors contexte professionnel, ce qui est tout à fait légitime.

7

DOSSIER

LES TALENTS ET LES POTENTIELS : UN LEVIER DIFFÉRENCIATEUR

“

Il faut du temps et une longue pratique pour arriver à un certain degré de talent.

John Locke

Pour assurer sa croissance, l'entreprise se transforme en fonction des pressions de l'environnement. Les mentalités évoluent et le rapport au travail et à l'entreprise se transforme. Le travail n'est plus uniquement une source de salaire ou de prestige social, mais aussi une source de développement professionnel et d'enrichissement personnel. L'autorité managériale n'est plus reconnue sur sa seule position hiérarchique, mais sur la manière d'enrichir et de développer les compétences de ses collaborateurs.

Talents, potentiels, haut potentiels, de quoi parle-t-on ?

Le vocabulaire en RH revêt de définitions différentes en fonction des contextes professionnels. Afin de se repérer et de parler le même langage, quelques définitions s'imposent :

- le **potentiel** s'appuie sur les capacités, latentes ou manifestes, d'une personne pour accéder à un niveau de responsabilités supérieur ou évoluer dans un autre métier ;
- le **haut potentiel** est une personne qui a des capacités, latentes ou manifestes, à occuper à terme des emplois de direction générale ou de direction stratégique à haut niveau de responsabilités ;
- le **talent** est une personne qui détient à la fois un emploi stratégique et une expertise pointue, qui a une performance excellente constatée et qui est reconnue dans son emploi stratégique. Elle excelle principalement dans son domaine d'expertise ;
- l'**expert** est un salarié qui détient une expertise, mais cette dernière n'est pas forcément rare sur le marché et ne répond pas à l'ensemble des critères de l'emploi stratégique.

Le manager, développeur de talents

Le développement des compétences ne peut rester cantonné aux seuls professionnels des Ressources Humaines. Il oblige à un partage plus important avec l'encadrement, qui est dorénavant impliqué dans la mise en œuvre des lois successives, notamment par la conduite des entretiens professionnels. Le curseur du partage se déplace de plus en plus loin.

Pour réussir dans ce nouveau rôle, le manager a besoin d'une boîte à outils RH (politique RH et GEPP, référentiel emploi, aires de mobilité, carte des métiers sensibles et stratégiques), ainsi qu'une formation aux Ressources Humaines et à la conduite des entretiens, afin d'exceller dans ces exercices qui ne font pas partie de son cœur de métier initial.

Les outils

Outil 41

La matrice d'identification des profils d'une équipe

> *Qui recherche la lune, ne voit pas les étoiles.*
>
> Proverbe français

En quelques mots

La matrice performance/potentiel propose de classer les collaborateurs sur une grille à 4 cases. Cette identification des 4 profils-types permet d'adapter le style de management et la gestion des RH à chaque profil. Cet ajustement améliore la motivation et la performance de chacun. Les professionnels RH positionnent les collaborateurs dans cette grille, en fonction de leur performance et de leur potentiel, pour renseigner les plans de remplacement et de succession.

LES 4 PROFILS-TYPES

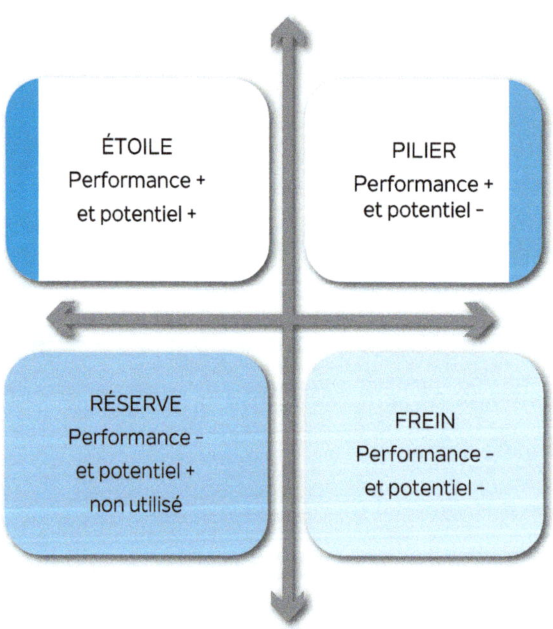

POURQUOI L'UTILISER ?

Objectif

La matrice permet d'identifier 4 profils-types :

- les **étoiles** : la performance dépasse les objectifs durablement et un potentiel d'évolution est détecté ;
- les **piliers** : la performance est supérieure à ce qui est attendu et le potentiel n'est pas identifié ;
- les **réserves** : la performance est inférieure à ce qui est attendu et le potentiel est non utilisé ;
- les **freins** : la performance est inférieure à ce qui est attendu et le potentiel n'est pas présent.

Contexte

Les salariés réclament plus d'individualisation au niveau du management et de la gestion des RH. Cette grille permet de passer d'une logique collective à une logique plus individualisée.

COMMENT L'UTILISER ?

Étapes

1. Identifier la performance et le potentiel des collaborateurs en analysant leurs évaluations sur les trois dernières années.
2. Positionner les collaborateurs dans la matrice à 4 cases.
3. Pour chaque profil-type identifié, la fonction RH et les managers adaptent la gestion RH et le management au profil-type :

- pour les étoiles (potentiels et haut potentiels) : leur laisser beaucoup d'autonomie, fixer des objectifs ambitieux, les récompenser, les reconnaître et les faire évoluer rapidement, leur offrir des expérimentations dans des situations nouvelles et leur accorder des augmentations de salaire élitistes pour les fidéliser ;
- pour les piliers et talents : valoriser leur performance et leur contribution, les reconnaître, continuer à les développer, maintenir leurs compétences et leur haut niveau de performance dans l'emploi, leur accorder une rémunération incitative ;
- pour les réserves : comprendre les raisons de cette performance basse, les changer d'emploi ou d'équipe. Identifier leur motivation, fixer des objectifs réalistes et les encourager, proposer de nouvelles activités et leur donner une meilleure reconnaissance. Leur expliquer les règles du jeu et attendre dans des délais raisonnables des améliorations conséquentes ;
- pour les freins : fixer des objectifs court terme, les accompagner, suivre leur plan d'action très régulièrement, expliquer les difficultés rencontrées et les attentes de l'entreprise à leur égard. Développer un management de proximité, favoriser toutes les actions de développement de compétences (actions de formation, AFEST...) et mesurer les écarts pour identifier les efforts accomplis. En fonction de la politique de l'entreprise, les accompagner vers la sortie si aucune amélioration ne se fait sentir.

Méthodologie et conseils

Cette matrice peut être utilisée à tous les niveaux de l'organisation (au niveau d'un groupe, de l'entreprise et de l'établissement, d'un service). Le positionnement des collaborateurs dans les 4 cadrans permet de mieux manager les salariés et d'adapter la gestion RH à chaque profil. Elle permet de différencier réserves et freins qui sont deux profils souvent confondus.

Avant de vous lancer...

√ **La situation individuelle de chaque salarié peut évoluer au cours du temps.**

√ **Le positionnement ne doit pas être gravé dans le marbre.**

Outil 42 Les talents de l'organisation

> Un homme possède le talent ; le génie possède l'homme.
>
> Poupe d'Isaac

En quelques mots

Le **talent** doit avant tout occuper un emploi stratégique et exceller dans son poste. Il sait traiter les situations exceptionnelles et s'adapter à toutes les évolutions qui touchent son métier. On lui confie les missions les plus difficiles en sachant qu'il les réussira. Le talent peut ne pas avoir de potentiel détecté. Cela ne supprime pas pour autant son talent.

LES CRITÈRES D'IDENTIFICATION D'UN TALENT

POURQUOI L'UTILISER ?

Objectif

Le talent a deux particularités : il occupe toujours un emploi stratégique et excelle dans son emploi. Il est un véritable pilier de l'organisation par la création de valeur qu'il peut générer. L'identifier permet de mettre sous contrôle un certain nombre de processus-clés de l'organisation.
Il faut différencier talent et haut potentiel. Le haut potentiel est un collaborateur qui va occuper à terme un emploi de dirigeant. Bien identifier les talents assure à l'entreprise sa pérennité et développe auprès d'eux un sentiment de reconnaissance. Cette valorisation contribue à la motivation, à la performance et à la fidélisation du talent.

Contexte

Toutes les entreprises, quelle que soit leur taille, sont concernées par la gestion de leurs talents. Les entreprises gèrent habituellement leurs hauts potentiels mais rarement leurs talents qui détiennent une expertise pointue. Pourtant, le talent contribue, à sa manière, à la création de valeur.

COMMENT L'UTILISER ?

Étapes

1. Identifier les emplois stratégiques de son organisation.
2. Repérer tous les titulaires qui occupent des emplois stratégiques en passant en revue les critères-clés (détenir un emploi stratégique, maîtriser son emploi, avoir une performance remarquable, savoir gérer les situations à risques).
3. Les classer en 2 catégories : les talents et les non-talents. Ce classement s'opère en fonction des critères de haute performance dans l'emploi actuel et de la manière dont ils gèrent les situations délicates et inédites qu'ils rencontrent dans leur emploi stratégique.
4. Développer les talents : il est nécessaire de les former afin de garder un haut niveau d'expertise.
5. Savoir les valoriser : il faut reconnaître leurs réalisations et faire savoir qu'ils sont des hommes-clés pour l'organisation.
6. Mettre en place parallèlement un plan d'action pour développer les titulaires « non talentueux » et les amener à un meilleur niveau de performance.

Méthodologie et conseils

Les critères du talent sont indissociables. Il faut posséder les 4 critères à la fois pour être considéré comme un talent :

- détenir un emploi stratégique ;
- maîtriser son emploi ;
- avoir une performance remarquable ;
- savoir gérer les situations à risques.

Il faut valoriser en permanence les talents pour les fidéliser et les mobiliser. La perte d'un talent est préjudiciable à l'entreprise, au regard des difficultés à le recruter et du temps passé à le former lors de la prise de poste. Il est intéressant aussi de développer une filière d'expertise pour les faire évoluer au sein de l'organisation.

Voir Outils 26 et 29

Avant de vous lancer...

√ **Disposez d'une bonne visibilité des emplois stratégiques et des talents et préparez la relève. Tous ceux qui détiennent un emploi stratégique ne sont pas tous des talents.**

√ **Définissez les termes en interne pour parler le même langage, pour bien différencier talent, potentiel, haut potentiel et expert. Ces définitions sont indispensables.**

Outil

43 La détection des hauts potentiels

> “ En France, la notion de haut potentiel a toujours été corrélée aux diplômes des grandes écoles. C'est une spécificité franco-française !

En quelques mots

La gestion des **hauts potentiels** consiste à détecter les personnes qui pourraient prétendre, à terme, à des postes de dirigeants ou de direction de haut niveau. Un processus et des critères définis en amont en permettent une meilleure identification. Une revue des potentiels, animée par la Direction des Ressources Humaines, en présence d'un comité des managers, est à organiser tous les 2 ans. Elle permet de passer en revue l'ensemble des collaborateurs et de créer un vivier de potentiels qui alimentera le plan de succession.

LES ÉTAPES DE DÉTECTION ET DE DÉVELOPPEMENT DES HAUTS POTENTIELS

1. Identifier les critères-clés d'identification des hauts potentiels
2. Repérer les contre-indications à un poste de haut potentiel
3. Faire une revue régulière des hauts potentiels
4. Valider les aptitudes nécessaires mais non-identifiées à ce jour
5. Mettre en situation pour valider des compétences techniques
6. Élaborer les plans de succession

POURQUOI L'UTILISER ?

Objectif

Le haut potentiel est un collaborateur dont on peut estimer qu'il pourra gravir rapidement plusieurs échelons et qui a la capacité à devenir un futur dirigeant.

Contexte

S'appuyer uniquement sur le diplôme pour déclarer qu'une personne est un haut potentiel n'est plus suffisant. En général, un dispositif de détection, basé sur des critères définis et des situations « tests », permet de le confirmer.
La notion de haut potentiel est réservée aux salariés de moins de 30-35 ans qui excellent dans leurs emplois.
Avec l'allongement de la durée de vie au travail, l'entreprise va gérer dorénavant des parcours professionnels de plus en plus longs. La détection des hauts potentiels aura donc tendance à repousser ses limites d'âge.

COMMENT L'UTILISER ?

Étapes

1. Identifier les critères-clés de repérage des hauts potentiels : ils sont en lien avec la stratégie de l'entreprise. Ces critères et les questions à poser lors de la revue des potentiels doivent être définis en amont.
2. Repérer les contre-indications à un poste de haut potentiel : certains critères vont éliminer les salariés du vivier. Ces critères ne sont pas négociables et rejettent automatiquement tout candidat qui les détient.
3. Faire une revue régulière des hauts potentiels : elle se déroule en général tous les 2 ans.
4. Valider certaines aptitudes : lorsque certaines compétences ou aptitudes nécessaires pour être identifié comme haut potentiel n'ont pu être validées dans les emplois antérieurs, des *assessment centers* ou des mises en situation permettent de les vérifier.
5. Développer les hauts potentiels : un ensemble d'actions est à mettre en place pour développer les compétences du haut potentiel (360° *feed-back*, entretiens réguliers avec la direction des RH sur la carrière, coaching).
6. Élaborer les plans de succession : les résultats des revues de potentiels permettent d'identifier les successeurs éventuels et d'alimenter les plans de succession.

Méthodologie et conseils

- Développer les hauts potentiels, c'est avant tout leur offrir des missions variées, à responsabilité, afin de leur donner les armes pour mieux appréhender le futur.
- Des parrains, des mentors et des coachs peuvent accompagner les hauts potentiels, afin de les aider à prendre de la hauteur, à accélérer leur développement et leur compréhension des enjeux de l'organisation.

Voir Outils 45 et 46

Suite outil 43 →

Avant de vous lancer...

√ Cette démarche permet de montrer aux collaborateurs du vivier la capacité de l'entreprise à générer en interne ses propres cadres dirigeants et donc à les fidéliser.

√ La détection des hauts potentiels permet de disposer des hommes-clés de l'entreprise pour assurer sa pérennité.

√ Veillez à ne pas discriminer les femmes qui ne pourraient avoir une disponibilité internationale à un moment de leur vie.

Suite outil 43

La détection des hauts potentiels

COMMENT ÊTRE PLUS EFFICACE ?

Pour repérer les hauts potentiels de la manière la plus objective possible, la DRH doit doter l'entreprise d'un ensemble d'outils et de démarches, qui vont aider le comité des managers présents lors des revues de potentiel à mieux les identifier.

Fournir au comité des managers des critères d'identification des hauts potentiels

Il ne suffit plus d'être un collaborateur performant pour être identifié comme haut potentiel, il faut également détenir de solides compétences managériales, être doté de qualités humaines fortes et reconnues, avoir une vision stratégique pertinente et détenir des capacités de leader. D'autres critères sont également pris en compte lors de la revue de potentiel, tels que :

- la performance : résultats excellents dans la durée ;
- une expérience internationale réussie ;
- une agilité qui montre une capacité d'adaptation à des environnements hostiles et de crise ;
- l'ambition : goût du pouvoir, de l'argent ;
- l'esprit d'entreprise ;
- la capacité à être leader et à avoir des followers ;
- l'acceptation par le corps social du leader ;
- la capacité de travail et la remise en question ;
- la capacité d'apprentissage et la résistance au stress ;
- la capacité de décision ;
- la capacité à coopérer.

Les questions-clés

La DRH doit se doter d'un ensemble de questions-clés pour animer les revues de potentiel et éviter les décisions non argumentées et insuffisamment objectives.

Les questions sont les suivantes :

- Quels ont été les faits marquants et remarqués de ces deux ou trois dernières années ?
- Quelles sont les décisions prises qui ont apporté une réelle valeur ajoutée ?
- Quelles ont été les difficultés rencontrées dans les postes ou missions précédents et les stratégies utilisées pour y faire face ?
- En quoi peut-on dire qu'il est un leader socialement accepté ?
- Quelles sont les propositions ou innovations proposées qui ont apporté une forte valeur ajoutée à l'entreprise ?
- Quels environnements turbulents ou hostiles a-t-il rencontrés et comment s'est-il adapté ?
- Comment fait-il sa veille et anticipe-t-il les évolutions ?
- Quelles sont ses 3 qualités comportementales les plus remarquées ?
- Comment développe-t-il l'image de l'entreprise ?
- Quels changements a-t-il conduits ? Quels en ont été les résultats ?
- Quel est son positionnement par rapport aux chartes éthiques de l'entreprise, la RSE ?

Les contre-indications à un poste de haut potentiel

- Le manque d'implication : démotivation, non-adhésion à la stratégie.
- La vulnérabilité : insécurité personnelle, inhibition, intolérance à la frustration.
- Les difficultés d'adaptation : intolérance à l'ambiguïté et à l'incertitude, incapacité à faire face à l'imprévu, aux changements permanents, à la crise.
- Les perturbations de la sociabilité : difficultés à développer des relations de travail confortables avec les salariés de l'entreprise.

Cas d'entreprise

Document de synthèse de la revue de potentiel

Nom et prénom :
Ancienneté dans l'entreprise :
Date :

Emploi occupé et ancienneté dans l'emploi :
Membres du comité potentiel :

- Rappel historique (à préparer avant la réunion)

Années	Emplois tenus	Niveau de performance obtenu	Faits marquants	Augmentation individuelle accordée	Formations suivies et compétences développées
année					
année					
année					
année					
année					

- Compétences requises pour être identifié haut potentiel

	Oui	Non	Non évalué	Faits significatifs
Vision stratégique				
Capacité de leader				
Capacité de décision				
Capacité de travail				
Capacité à accompagner le changement				
Capacité à se remettre en question				
Capacité à gérer les situations de stress				
Capacité à s'adapter à un contexte international				

- Questions à poser au comité lors de la revue de potentiel

1. Quels ont été les faits marquants et remarqués de ces 2 ou 3 dernières années ?
2. Quelles sont les décisions prises qui ont apportées une réelle valeur ajoutée ?
3. Quelles ont été les difficultés rencontrées dans les postes ou missions précédents et les stratégies utilisées pour y faire face ?
4. En quoi peut-on dire qu'il est un leader socialement accepté ?
5. Quels environnements turbulents a-t-il rencontrés et comment s'est-il adapté ?
6. Quels sont les résultats des *assessment centers* et des tests réalisés à ce jour concernant ses aptitudes managériales ?

- Positionnement
  - A. Potentiel non identifié à ce jour (à confirmer dans les 2 années à venir)
  - B. Non, la personne n'a pas le potentiel requis
    - Justifier par des faits marquants.
    - Quels sont les critères rédhibitoires identifiés ?
  - C. Oui, la personne détient du potentiel
    - Potentiel à quoi ? (le préciser et sur quel emploi)
    - Potentiel jusqu'où ? 1 niveau d'évolution ? 2 niveaux ?
  - D. Oui, la personne est un haut potentiel.
- Faits les plus marquants justifiant le positionnement
- Plan de développement envisagé

La DRH a souhaité mettre à jour les critères pris en compte lors de l'identification des potentiels et formaliser sur un seul document les échanges qui ont lieu pendant les revues de potentiels.

Outil 44

Le plan de succession pour préparer l'avenir

> « *Le meilleur ail ne remplace pas l'oignon.* »
>
> Proverbe africain

En quelques mots

Le **plan de succession** est un outil de gestion des Ressources Humaines permettant d'anticiper les besoins de l'organisation à court, moyen ou long terme. Il permet également de faire face en cas d'urgence à un manque de ressources sur un poste-clé.
Ce plan se construit à l'issue des revues de personnel ou de la revue de potentiel. Les managers sont tous conviés aux réunions animées par la DRH. Chaque manager présente les faits significatifs qui justifient une évolution ou un changement de poste pour ses collaborateurs.

EXEMPLE DE PLAN DE SUCCESSION

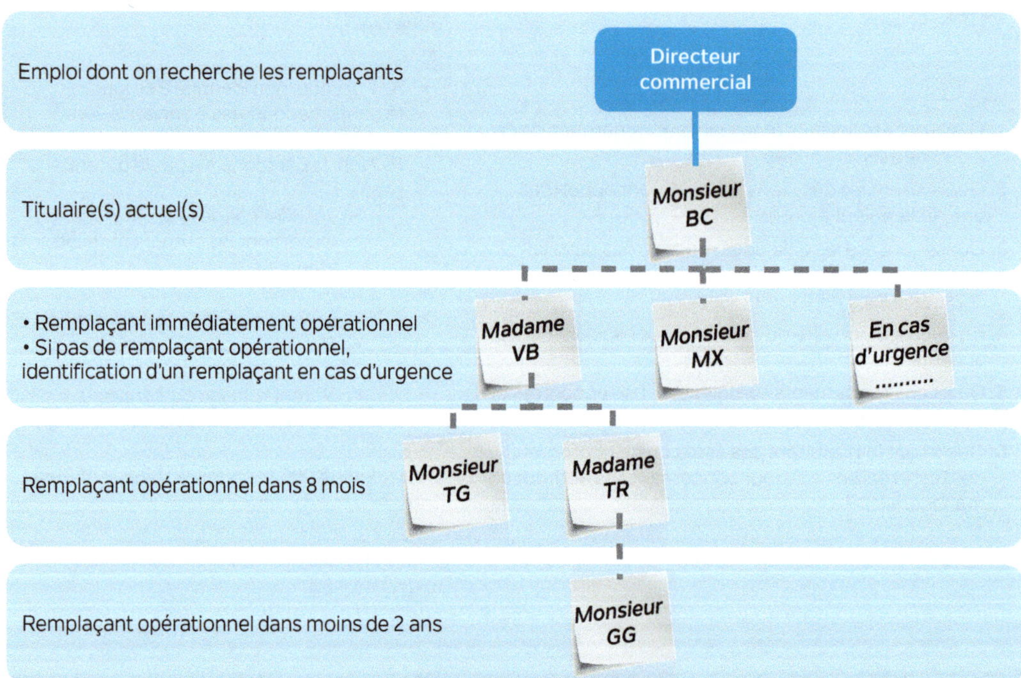

POURQUOI L'UTILISER ?

Objectif

Le plan de succession ou plan de remplacement est une démarche proactive, pilotée par la fonction RH, qui permet de préparer l'avenir de l'entreprise en identifiant les successeurs potentiels pour tous les emplois-clés. Cette approche ne concerne pas uniquement les postes de direction générale, mais également ceux à responsabilités et tous les emplois stratégiques.

Le plan de succession permet d'éviter à l'entreprise de se retrouver sans remplaçant sur des postes-clés, ou des postes de direction, qui peuvent mettre en péril une activité ou avoir un impact sur les résultats globaux de l'entreprise. Cette démarche RH proactive prend en compte les potentiels des collaborateurs pour les faire progresser et favoriser la fidélisation des meilleurs.

Contexte

La planification des successions est une des activités les plus importantes des responsables RH. Elle fait suite aux revues des hauts potentiels et aux revues de personnel.

COMMENT L'UTILISER ?

Étapes

1. Le chargé RH organise les réunions de personnel et les revues de potentiel avec les managers, au niveau de chaque division, en se focalisant sur les postes-clés.
2. Chaque manager présente ses collaborateurs performants ayant les compétences, les aptitudes et le potentiel pour pourvoir immédiatement, ou à terme, aux postes-clés de l'organisation. Il présente les faits marquants (évènements, réalisations, projets) pour justifier son choix.
3. Le spécialiste RH centralise les informations au niveau de chaque division. Les différents organigrammes de remplacement sont compilés au niveau central pour les postes de direction.

Voir Outils 36 et 43

4. Il propose des plans de développement aux « personnes identifiées », encore non opérationnelles, pour accélérer leur nouvelle prise de poste.
5. Des critères de mesure de la « solidité de la réserve » sont mis en place. Ils évaluent la quantité de remplaçants identifiés et la rapidité de prise en main potentielle du nouveau poste (remplacement immédiat, à court ou moyen terme).

Méthodologie et conseils

Il est important de veiller à la qualité des informations renseignées dans les entretiens annuels, qui serviront de base aux échanges lors des revues de personnel.

La capacité des professionnels RH à questionner les managers sur les réalisations concrètes et sur les faits significatifs, est la clé de réussite de la démarche.

Avant de vous lancer...

√ **Cette démarche est plus difficile à mettre en place dans les petites structures.**

√ **N'attendez pas tout des plans de succession, sachant qu'ils ne se réalisent jamais totalement comme l'entreprise l'avait prévu. Cependant, cette grille est une véritable aide à la réflexion concernant les pénuries de compétences au sein de l'organisation.**

Outil

45

L'assessment et le development center

“ L'assessment center est une méthode développée par les armées américaines et britanniques lors de la Seconde Guerre mondiale pour sélectionner les officiers.

En quelques mots

L'*assessment* et le *development center* sont des méthodes qui consistent à mettre les personnes en situation d'évaluation puis de développement. Contrairement aux entreprises anglo-saxonnes, les entreprises françaises utilisent peu cette méthode.
Plusieurs utilisations sont possibles : l'*assessment center* dans le cadre du recrutement ; l'*assessment* et le *development center* pour détecter et développer les potentiels, pour accompagner des mobilités internes ou des moments-clés de carrière.

LES ÉTAPES D'UN *ASSESSMENT* ET D'UN *DEVELOPMENT CENTER*

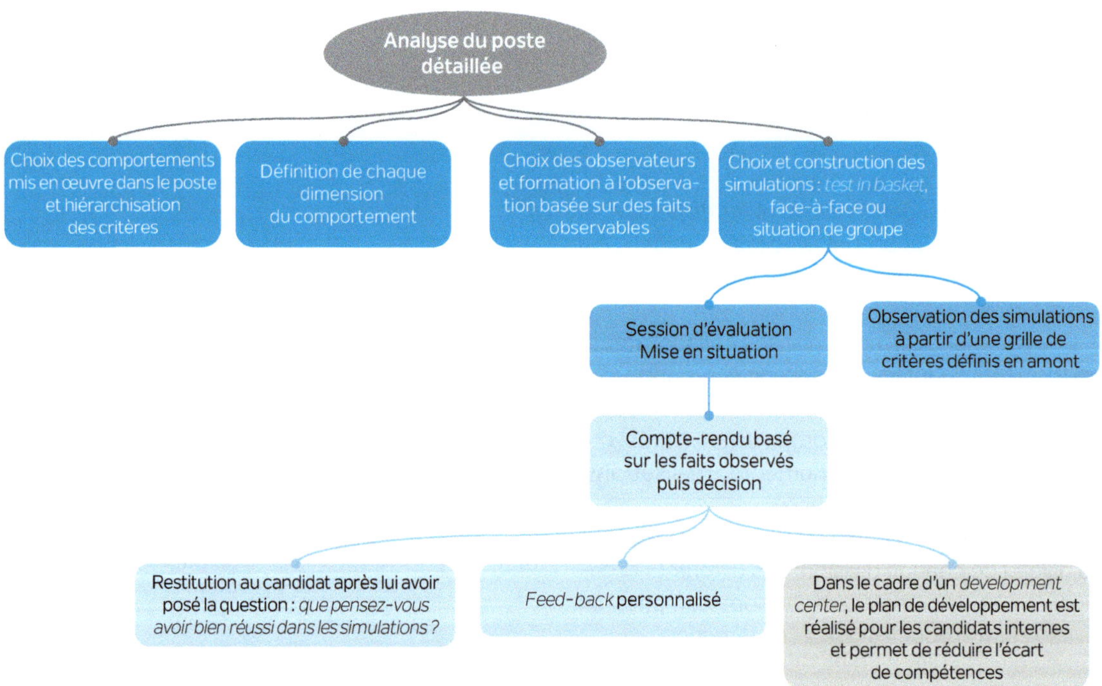

POURQUOI L'UTILISER ?

Objectif

L'*assesment* et le *development center* sont des méthodes utilisées en recrutement, en mobilité ou en évaluation de potentiel. Elles permettent d'observer et d'évaluer les comportements des personnes dans des situations concrètes, réelles ou simulées, proches de celles qu'elles pourraient rencontrer dans leur future fonction. C'est une méthode particulièrement prédictive.

Contexte

Ces méthodes sont largement utilisées dans les grandes entreprises anglo-saxonnes. Elles s'en servent quand elles veulent recruter ou promouvoir des personnes sur des postes-clés ou sur des postes dont les compétences sont difficilement vérifiables en entretien.

Les organisations qui ont une volonté politique de développer la diversité y font référence parce qu'elle s'appuie sur l'évaluation des compétences et des capacités mises en œuvre dans des simulations proches du réel et élimine ainsi les biais psychologiques du recruteur (effet de halo, préjugés).

COMMENT L'UTILISER ?

Étapes

1. Faire une analyse précise de l'emploi. Les exigences sont traduites en dimensions de comportements et les dimensions recherchées sont hiérarchisées.
2. Choisir et élaborer avec des spécialistes les exercices de simulation qui permettent de mettre en jeu les dimensions du comportement recherché.
3. Préparer les observateurs à leur rôle :
   - pendant la simulation : ils écoutent et enregistrent ;
   - après la simulation : ils classifient leurs observations ;
   - en fin de session : ils échangent avec les autres observateurs sur leurs évaluations.
4. Questionner les candidats sur leurs réussites et leurs échecs, puis faire un compte rendu à chaque participant sur les comportements manifestés au cours des épreuves.
5. Mettre en place des actions de développement des compétences pour les collaborateurs internes dont l'*assessment* a montré des faiblesses sur certaines dimensions. Le collaborateur reçoit un *feed-back* et un conseil personnalisé (il s'agit alors du *development center*).

Méthodologie et conseils

La validité statistique est forte, c'est-à-dire que les résultats aux épreuves de l'*assessment* et les résultats dans la fonction sont corrélés.

Il existe 3 grands types de simulations lors de l'*assessment* :

- le *test in basket* (tri de courriers) ;
- les entretiens en face-à-face (entretien avec le manager, un client) ;
- les situations de groupe.

Avant de vous lancer...

- √ **Ces méthodes sont appréciées par les candidats parce qu'ils sont jugés sur ce qu'ils ont fait concrètement dans les simulations.**
- √ **Elles permettent l'égalité des chances car le biais culturel est moins important que dans les tests verbaux classiques.**
- √ **La restitution à l'intéressé d'éléments d'observation factuels sur lesquels il peut espérer pouvoir progresser est très appréciée.**
- √ **Le montage d'*assessment* doit se faire de manière professionnelle par des spécialistes. Le dispositif peut être lourd et coûteux.**

Outil 46

Le 360° feed-back

> “ La perception n’est pas le constat d’une réalité objective, elle est la négociation d’une présence au monde.
>
> Derrick de Kerckhove

En quelques mots

Le 360° *feed-back* est un outil d’évaluation des pratiques managériales. Il permet de comparer l’auto-évaluation du bénéficiaire avec l’évaluation de son manager, de ses collègues et de ses collaborateurs. Le croisement des différentes perceptions permet de définir le profil du manager, d’identifier ses atouts et ses points de fragilité.
À la suite de ce diagnostic, le bénéficiaire reçoit un *feed-back* réalisé par un consultant externe et élabore avec lui son plan de développement.

LES ÉTAPES ET ACTEURS DU 360° *FEED-BACK*

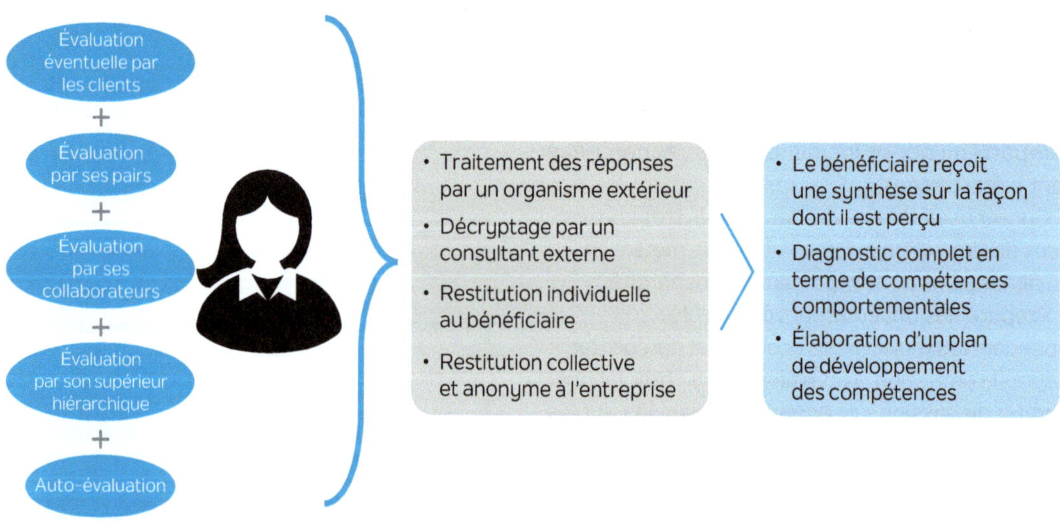

POURQUOI L'UTILISER ?

Objectif

Le 360° *feed-back* est une méthode de diagnostic réalisée en interne, consistant à faire évaluer les comportements d'un individu par son supérieur hiérarchique, ses collaborateurs, ses subordonnés, ses clients internes ou externes. Il se compose d'un questionnaire qui sera renseigné par un collectif de personnes. Cet outil permet aux personnes évaluées de mieux connaître leur impact sur leur environnement de travail, de mieux se connaître et de progresser dans leurs relations professionnelles.

Contexte

C'est avant tout un outil de développement des compétences managériales et il n'a pas pour vocation, comme l'entretien annuel, d'évaluer les managers. Les résultats du 360° *feed-back* sont la propriété de la personne qui en a bénéficié.

COMMENT L'UTILISER ?

Étapes

1. L'entreprise communique aux bénéficiaires le sens de la démarche, donne des explications sur l'outil et ses finalités.
2. La personne qui va bénéficier du 360° *feed-back* s'auto-évalue en remplissant le questionnaire.
3. Le questionnaire commun est remis au collectif de personnes, généralement désignées par l'intéressé, qui remplissent à leur tour le questionnaire.
4. Ce dernier est dépouillé par des spécialistes externes à l'entreprise.
5. La restitution se fait directement à l'intéressé. Le débriefing a lieu uniquement entre l'intéressé et le consultant qui a dépouillé le questionnaire. Les explications portent sur :
   - les modalités d'analyse, les comparaisons à des échantillons comparables de cadres ;
   - l'analyse de ses propres résultats en vue de l'élaboration d'un plan d'action ;
   - l'élaboration d'un plan d'action et de pistes de travail.
6. Une restitution collective et anonyme est faite à la direction sur l'ensemble des managers.

Méthodologie et conseils

L'entreprise reçoit une analyse globale sur les caractéristiques de sa population de managers. Elle est ensuite comparée à des échantillons de managers d'autres entreprises.
Pour le bénéficiaire, c'est un diagnostic complet qui permet la mise en place d'un plan de développement personnel.
Cette méthode existe également pour les fonctions commerciales et les chefs de projets.

Suite outil 46 →

Avant de vous lancer...

- √ **Soyez conscient des réactions possibles qui peuvent être très diverses lors de la restitution des résultats. Les quatre réactions possibles sont : le choc, la colère, la résistance ou l'acceptation.**
- √ **N'oubliez pas que cet outil est une photographie de la réalité perçue, mais n'est pas la vérité absolue.**
- √ **Pour mieux utiliser le 360° *feed-back* au sein de son entreprise, il est utile d'en connaître l'origine, les dimensions prises en compte dans l'évaluation, les éléments de restitution donnés directement au manager, ainsi que son plan de développement.**
- √ **La condition de réussite de l'outil est le respect de la stricte confidentialité des résultats.**

Suite outil 46

Le 360° feed-back

COMMENT ÊTRE PLUS EFFICACE ?

Origine du 360° *feed-back*

Le 360° *feed-back* a été bâti à partir d'études faites auprès de dirigeants qui ont réussi dans leur fonction d'encadrement de haut niveau.

Les dirigeants interrogés reconnaissent que les expériences de travail sont très formatrices mais ils insistent sur le fait qu'il faut savoir tirer parti de ces expériences positives et négatives. Si l'individu n'est pas ouvert aux changements et ne laisse pas de côté les habitudes confortables, il aura des difficultés à progresser.

Les cadres dirigeants identifient les points suivants comme leur ayant permis de réussir dans des postes de dirigeant :

- avoir des stratégies pour comprendre vite des situations ambiguës ;
- avoir une réputation d'intégrité ;
- maîtriser des activités rares mais capitales, comme le recrutement des collaborateurs-clés ;
- réaliser un équilibre entre vie personnelle et vie professionnelle.

Les dimensions évaluées dans un 360° *feed-back*

Les compétences évaluées sont regroupées autour de 3 axes :

- les exigences d'un poste de cadre (résolutions de problèmes, décisions, faire face à l'adversité) ;
- les relations avec les salariés de toute l'entreprise (entraîner une équipe, développer l'équipe, créer un climat social positif, donner des signes de reconnaissance) ;
- le respect de soi et des autres (intégrité, connaissance de soi, équilibre de vie).

Le rapport de restitution

Il comporte les résultats concernant :

- les forces du collaborateur et celles qui ont été jugées importantes par l'organisation ;
- les scores obtenus comparés aux normes de référence ;
- le décalage ou non entre les scores attribués par le bénéficiaire du bilan et les autres observateurs ;
- les thèmes de désaccord avec le jugement des autres ;
- les problèmes qui peuvent bloquer une carrière.

Les axes de développement

Pour donner suite au rapport de restitution, le bénéficiaire identifiera les axes sur lesquels il souhaite progresser :

- les besoins de développement ;
- le choix des stratégies de développement ;
- les conseils sur la manière de tirer parti des expériences professionnelles.

Les outils de développement du dirigeant : le *coaching*

Considéré comme plus efficace que la formation, le *coaching* est proposé à la fois aux dirigeants et aux cadres à potentiel, qui prendront à terme des postes de dirigeant.

Le procédé se démocratise de plus en plus et s'adresse également au *middle management* pour renforcer des compétences comportementales. Le *coaching* des dirigeants est réalisé par des coachs externes alors que pour les managers intermédiaires, il est réalisé par des coachs internes, pour des raisons budgétaires.

Le *coaching* permet aux dirigeants d'avoir un sas de décompression où ils peuvent s'exprimer et se confier en toute confidentialité, tout en évacuant leur stress.

Cas d'entreprise

Restitution croisée d'un 360° *feed-back*
Poste de manager

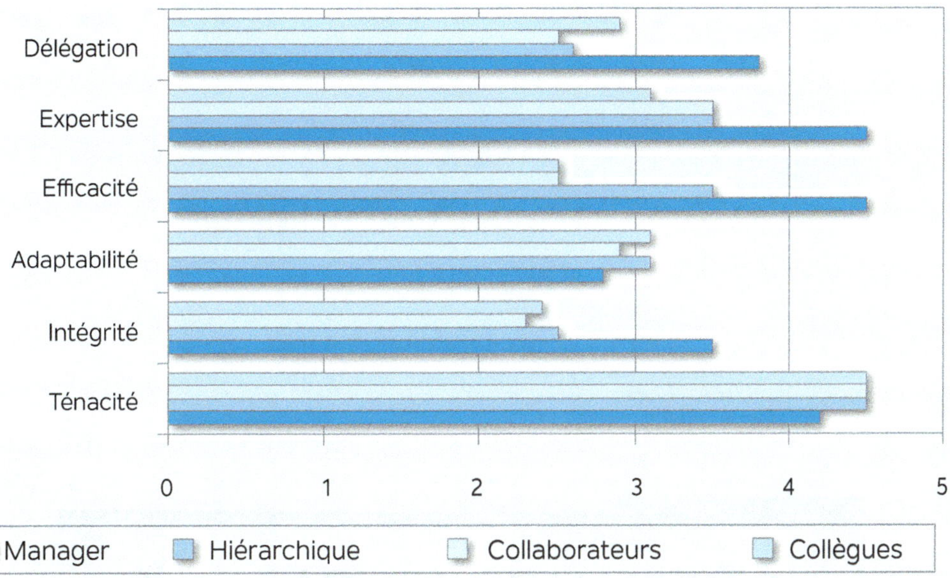

Selon Claude Levy-Leboyer l'application d'un questionnaire à 360° constitue la première étape d'un processus de développement des compétences. Il est essentiel qu'une personne compétente et neutre garantisse la confidentialité. Une représentation graphique est utilisée pour mieux visualiser les écarts de perception entre le manager évalué et les collaborateurs, collègues et responsable hiérarchique. Ces graphiques permettent une meilleure prise de conscience des écarts significatifs.

Si l'organisation ne « suit » pas le processus 360°, il ne s'agira plus que d'un épisode sans avenir. Pour ce faire, ils doivent confirmer les diagnostics en analysant les résultats, identifier les succès et les objectifs de développement sur lesquels ils se fondent et enfin découvrir les stratégies pour y parvenir ; selon Dalton, les stratégies peuvent être regroupées en 4 catégories :

- tirez parti des possibilités offertes par la position actuelle du participant pour trouver des missions et des tâches allant dans le même sens que l'objectif défini ;
- apprendre des autres ;
- profitez des échecs ;
- se former et réaliser des travaux qui fournissent des connaissances essentielles qui contribuent au développement des compétences.

8 DOSSIER

LA RÉMUNÉRATION DES COLLABORATEURS

“

À bon travail, bon salaire.

Proverbe espagnol

Parler rémunération dans l'entreprise consiste à parler de rémunération dite globale qui est composée des éléments tels que la rémunération monétaire directe, le salaire de base, la partie variable (primes sur objectifs individuels et/ou collectifs, bonus), les avantages sociaux (compléments de salaire sous différentes formes, protection sociale) et les périphériques de rémunération (intéressement, participation). Si l'entreprise comporte une ou plusieurs **sections syndicales d'organisations représentatives**, l'employeur doit (si aucun accord d'entreprise n'est conclu) engager des négociations chaque année sur le thème de la rémunération, le temps de travail, le partage de la valeur ajoutée, sur **l'égalité professionnelle entre les femmes et les hommes** et la **qualité de vie au travail.**

Une politique de rémunération variable fondée sur des critères objectifs

Récemment, la cour d'appel de Versailles a reconnu le caractère illicite de la politique de rémunération variable mise en place dans une entreprise à cause de la non-transparence sur les bases de calcul, le manque de critères objectifs pour l'accorder et le manque d'information sur son mode de calcul dans le contrat ou avenant auprès des salariés.

Une politique de rémunération transparente et attractive

Pour faire face à la guerre des talents, et engager tous les collaborateurs, les entreprises doivent miser sur des politiques salariales claires, attractives, transparentes et équitables. Donner des clés de lecture de la politique salariale permet d'attirer et de fidéliser les talents. Être transparent sur les règles d'attribution des augmentations de salaires et des primes est une attente très forte des salariés.

Prendre les décisions en matière de rémunération en toute objectivité

L'appréciation des collaborateurs permet de garantir une meilleure gestion des rémunérations. La direction RH doit veiller à ce que les augmentations de salaire et l'attribution des primes sur objectifs soient bien en lien avec l'appréciation réalisée. Pour cette raison, le manager doit veiller à apprécier son collaborateur en toute objectivité, en s'appuyant sur des faits significatifs vérifiables, mesurables et/ou observables.

Les outils

Outil 47 L'augmentation individuelle des salaires

> *J'ai toujours pensé que les salaires devaient s'établir en raison inverse de l'intérêt que l'on prend à son travail.*
>
> Françoise Giroud

En quelques mots

Accorder une **augmentation individuelle** de salaire nécessite de faire une analyse fine et complète de différents paramètres, tels que la performance, les compétences, le niveau de salaire actuel, le potentiel du collaborateur ; mais également le marché externe, les résultats économiques de l'entreprise et les publics identifiés comme prioritaires. Bien accorder une augmentation individuelle de salaire est un facteur-clé de motivation des collaborateurs et de bonne gestion des RH.

LES BONNES QUESTIONS À SE POSER POUR ACCORDER UNE AUGMENTATION DE SALAIRE À UN COLLABORATEUR

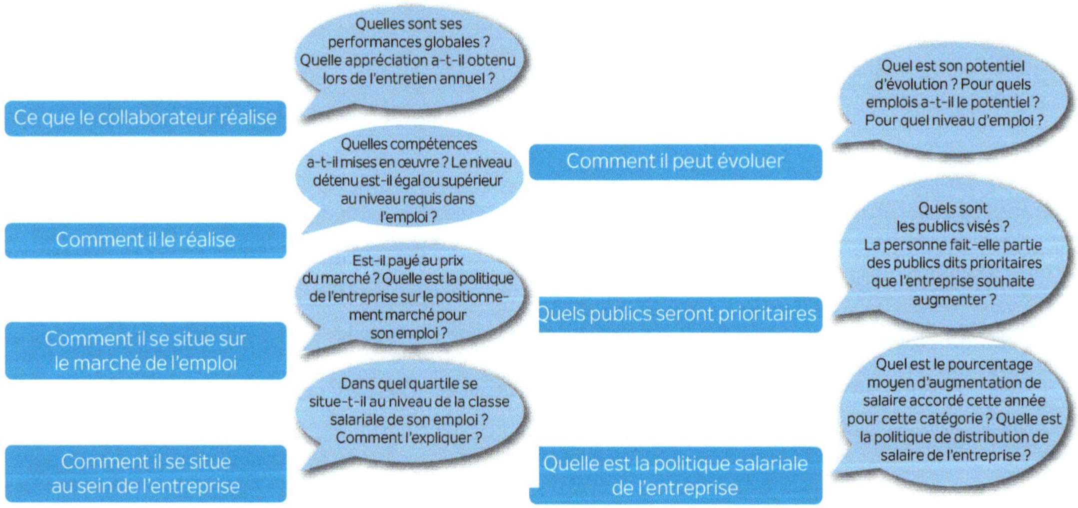

POURQUOI L'UTILISER ?

Objectif

Repérer les différents éléments qui interviennent dans la fixation de l'augmentation individuelle du salaire de base permet d'accorder l'augmentation la plus juste possible à chaque collaborateur. La gestion des augmentations de salaire peut être assimilée à une gestion des risques. Chaque entreprise a des postes-clés qu'elle cherche à sécuriser pour la bonne marche de ses affaires. Chaque année, elles sont amenées à accorder des augmentations individuelles de salaires. Les managers sont souvent démunis pour faire les bons choix.

Contexte

Le salaire de base, c'est le salaire fixe de la rémunération qui gratifie la fonction occupée et l'importance des responsabilités exercées, les compétences et la constance des résultats professionnels.

COMMENT L'UTILISER ?

Étapes

Pour accorder une augmentation de salaire :

1. Prendre en compte les résultats annuels obtenus dans l'exercice de la fonction.
2. Regarder le positionnement des salaires par rapport au marché du travail. Si l'entreprise se situe en dessous du marché, elle peut décider, selon sa politique, d'augmenter certains emplois de façon à les positionner autrement par rapport au marché.
3. Prendre en compte la position de chacun dans sa grille de salaire ; c'est-à-dire qu'à emploi égal et performance égale, un salarié qui se situe en bas de la fourchette salariale recevra une augmentation supérieure en pourcentage à celui qui se situe en haut de la fourchette.
4. Le potentiel du collaborateur est un facteur à prendre en compte lors de l'attribution des augmentations individuelles de salaire. C'est alors un pari sur l'avenir et un outil de motivation des meilleurs potentiels.
5. Se poser la question de savoir si la personne appartient à un des publics cibles prioritaires que l'entreprise souhaite privilégier.
6. Le dernier élément à prendre en compte est le taux d'augmentation globale que peut accorder l'entreprise, qui est fonction de ses résultats et du contexte économique actuel.

Méthodologie et conseils

Les augmentations individuelles se distinguent des augmentations promotionnelles qui récompensent quant à elles la prise de nouvelles fonctions et de responsabilités supérieures.
Si l'entreprise décide d'accorder une augmentation de salaire à un collaborateur, elle veillera à ce que celle-ci soit d'un montant significatif. Si tel n'est pas le cas, il est préférable de reporter l'augmentation ou de la verser sous forme de prime.

Avant de vous lancer...

√ **Même si la rémunération est un levier incontournable de la motivation des collaborateurs, une politique RH qui favorise le bien-être au travail, le développement des compétences, le sentiment d'utilité et d'autonomie au travail est également un facteur-clé de l'engagement et de la performance des équipes.**

Outil 48

La matrice pour accorder des augmentations de salaire

> « À toute tâche, proposez en outre un salaire, vous doublez le plaisir de l'accomplir.
>
> Rhésos de Euripide

En quelques mots

Pour accorder des augmentations individuelles de salaire équitables et justes, le manager et la DRH vont prendre des décisions en fonction de 2 paramètres : la performance annuelle du collaborateur et le positionnement de son salaire dans la classe salariale dont il dépend. Les décisions salariales prennent appui sur les conclusions de l'entretien annuel et sur les augmentations individuelles accordées pour l'année dans l'entreprise. Cette matrice assure une meilleure équité des rémunérations.

EXEMPLE DE MATRICE D'AUGMENTATION DE SALAIRE

Positionnement dans la grille de salaire par quartile › / Niveau de performance ⌄	1er quartile (25 % des salaires les plus bas de la classe)	2e quartile	3e quartile	4e quartile (25 % des salaires les plus hauts de la classe)	Exemple de répartition des salariés dans les niveaux de performance
Alerte	0	0	0	0	5 %
Contribution raisonnable juste aux attentes	0,75	0,5	0,25	0	15 %
Bonne contribution qui correspond bien aux attentes	1,5	1,25	1	0,75	65 %
Très bonne contribution qui dépasse les attentes	3	2,50	2	1,5	15 %
Contribution exceptionnelle	4	3,25	2,5	2	5 %

POURQUOI L'UTILISER ?

Objectif

La matrice d'augmentation de salaire est un outil d'aide à la décision qui permet d'accorder des augmentations de salaire aux collaborateurs, en fonction de leur performance individuelle et de leur positionnement actuel dans la plage de salaire liée à leur fonction. Cette matrice fournit les règles pour accorder un pourcentage d'augmentation à un salarié.

Contexte

C'est un outil qui est construit par la DRH, chaque année, en fonction de 2 paramètres :

- le pourcentage d'augmentation individuelle global accordé dans l'entreprise pour l'année ;
- les hypothèses de répartition des collaborateurs aux différents niveaux de performance.

COMMENT L'UTILISER ?

Étapes

Pour accorder une augmentation individuelle de salaire, il existe plusieurs étapes :

1. Rencontrer les managers et leur demander leurs estimations de répartition de leurs collaborateurs par rapport à leur niveau de performance annuelle.
2. Choisir parmi les 3 stratégies d'augmentation de salaire :
   - la **stratégie élitiste** : ne récompenser que les meilleurs, c'est-à-dire ceux dont la performance dépasse largement les exigences du poste ;
   - la **stratégie incitative** : récompenser tous ceux dont la performance correspond au niveau attendu ;
   - la **stratégie de saupoudrage** : accorder des augmentations identiques, quelle que soit la performance des collaborateurs.
3. Faire des simulations de répartition des augmentations en fonction de la stratégie d'augmentation choisie et de l'augmentation négociée.
4. Après la campagne des entretiens annuels, réajuster la répartition des collaborateurs sur les niveaux de performance et fournir la matrice définitive aux managers.
5. Donner aux managers les outils pour identifier le positionnement de chaque collaborateur dans la grille de salaire.
6. Valider les augmentations avec la Direction des RH et les annoncer aux salariés.

Méthodologie et conseils

- Une plage de salaire fixe les perspectives de salaires associées à un niveau de responsabilité (le mini-maxi par niveau).
- Les plages de salaire sont définies en fonction de la répartition réelle des salaires et par comparaison au marché, pour des fonctions comparables avec l'extérieur.
- L'ensemble des plages salariales constitue la classification des salaires.

Avant de vous lancer...

√ À position de salaire égale, plus la performance du collaborateur est importante et plus le pourcentage d'augmentation accordé le sera aussi.

√ À performance égale, plus la position dans la plage sera basse, plus le pourcentage d'augmentation sera élevé et inversement.

Outil 49

Les primes et bonus sur objectifs individuels et collectifs

> *« Ce que vous obtenez par la réalisation de vos objectifs n'est pas aussi important que ce que vous devenez par la réalisation de vos objectifs. »*
>
> Goethe

En quelques mots

Les **primes sur objectifs et bonus** sont deux moyens de flexibiliser la masse salariale et de rétribuer l'atteinte d'objectifs ou de missions confiés.

Les **primes récompensent des objectifs fixés** à l'avance, en début de période, et constituent une composante permanente de la structure de rémunération. Elles s'ajoutent au salaire de base. Ces objectifs peuvent être individuels et /ou collectifs

Les **bonus récompensent les missions non prévues** et non programmées, qui ont généré un travail supplémentaire pour le collaborateur ou l'équipe et qui ont créé un maximum de valeur ajoutée à l'entreprise.

LES 4 FORMES POUR AUGMENTER LA RÉMUNÉRATION D'UN COLLABORATEUR

Augmentation individuelle Elle reconnaît la performance durable individuelle et les compétences dans l'exercice des fonctions permanentes.	**Augmentation générale** Elle contribue au maintien du pouvoir d'achat du salaire brut de base. Elle n'est pas liée à la performance dans l'emploi mais au maintien du coût de la vie.
Prime sur objectif individuel et/ ou collectif La prime sur objectif rémunère les résultats individuels et collectifs annuels fixés par la hiérarchie en début d'année. Son montant est défini en début d'année.	**Bonus** Le bonus est une prime exceptionnelle qui rémunère des résultats exceptionnels sur des missions complémentaires qui ne s'inscrivent pas dans le périmètre habituel de l'emploi.

POURQUOI L'UTILISER ?

Objectif

Les primes sur objectif et bonus permettent d'associer étroitement les résultats obtenus par le salarié ou l'équipe aux résultats de l'entreprise ou du groupe. Ils permettent de donner de la flexibilité à l'entreprise en cas de non-atteinte des objectifs. La prime sur objectif vise à motiver, inciter et récompenser la performance individuelle et/ou collective. Le bonus, quant à lui, rétribue la surperformance d'un seul collaborateur ou d'un collectif.

Contexte

La fonction RH a pour mission de construire une politique de rémunération variable peu complexe et ne laissant pas de place à l'arbitraire. La direction n'est pas tenue de négocier les modalités de calcul des parts variables dans le cadre de la négociation collective (NAO), car la fixation d'objectifs et des modalités de calcul sont de la compétence exclusive de l'employeur.

On constate, pendant les années de crise, un renforcement des règles d'application des variables ainsi qu'un rétrécissement des marges de manœuvre dans la répartition des augmentations individuelles et des primes données aux managers. L'objectif de la direction est de faire varier les variables. La partie variable individuelle, qui fait partie intégrante de la rémunération, concerne aujourd'hui de plus en plus de salariés au sein des entreprises. Elle est souvent généralisée à l'ensemble des cadres, y compris aux jeunes embauchés.

COMMENT L'UTILISER ?

Étapes

1. Définir la politique en matière de prime sur objectif :
   - Qui est concerné ?
   - Quels sont les objectifs et critères de réussite qui vont permettre d'accorder cette prime sur objectif ?
   - Quel pourcentage représentera la prime par rapport au salaire global ?
2. Identifier les contributions exceptionnelles et définir le montant du bonus au cas par cas.
3. Veiller au caractère licite de la politique de rémunération :
   - rendre transparent le mode de calcul ;
   - transmettre les informations sur le mode de calcul aux salariés dans le contrat ou dans un avenant au contrat de travail.

Méthodologie et conseils

- **Accorder une prime sur objectif** : composante permanente de la structure de rémunération qui s'ajoute au salaire de base. Cette partie variable non garantie est définie en début de période et liée à l'atteinte des objectifs individuels et/ou collectifs. Elle doit s'attacher à récompenser l'atteinte des résultats attendus et non à l'effort consenti pour atteindre l'objectif. Elle est modulable et soumise à variation en fonction des résultats.
- **Accorder un bonus ou une prime exceptionnelle individuelle et/ou collective** : doit être accordé dans des situations spécifiques et exceptionnelles. Ils ont pour objectif de récompenser une réussite hors pair, qui ne s'inscrit pas dans l'accomplissement normal des missions habituelles ou objectifs annuels.

Avant de vous lancer...

√ **L'annonce aux collaborateurs des primes doit être faite après la consolidation et la validation budgétaire. Il est important de veiller à l'impact financier et psychologique du non-versement de la prime si celle-ci représente un pourcentage significatif de la rémunération annuelle.**

9

DOSSIER

CLIMAT SOCIAL, BIEN-ÊTRE, CONFLITS & RISQUES PSYCHOSOCIAUX

“

La vie n'est pas d'attendre que les orages passent, c'est d'apprendre comment danser sous la pluie.

Sénèque

Si l'on reconnaît communément qu'il existe une corrélation entre climat social et productivité, nul ne sait établir de manière scientifique les liens entre les deux. La fonction RH tente de développer un climat social positif, un bien-être au travail et une écoute auprès des salariés pour en limiter les risques psychosociaux .

Le dispositif de veille sociale pour développer un climat social positif

L'observation sociale est l'affaire de tous, mais la fonction RH a un rôle central à jouer dans la mise en place d'un dispositif de repérage des signaux d'alerte. Elle construit les dispositifs, repère les indicateurs pertinents, en intégrant les indicateurs de mesure des risques psychosociaux, et analyse leurs évolutions. Elle met en place un réseau de capteurs, constitué d'un ensemble de correspondants en mesure de la renseigner sur les tensions, les conflits organisationnels, les risques psychosociaux en cours ou latents.

Améliorer le bien-être au travail pour réduire les risques psychosociaux : une priorité pour l'organisation

L'employeur doit prendre les mesures nécessaires pour assurer la sécurité et protéger la santé physique et mentale des travailleurs. Selon la cour de cassation, l'employeur est tenu d'assurer la sécurité de résultat envers ses salariés qui s'étend à la santé physique et mentale.

Contrairement aux idées reçues, la souffrance au travail des salariés n'est pas un sujet nouveau. Dès la fin du XIXe siècle, la psychologie oriente ses études et son action vers le monde industriel au temps de Taylor, avec l'apparition de la robotisation, l'accélération des cadences et des contrôles. En 1950, le D^{r} Le Guillant s'est intéressé aux métiers de roulants à la SNCF, aux téléphonistes et aux ouvrières en usine. Il a montré l'impact de la mécanisation, des contrôles permanents et des rendements intensifs sur les maladies psychiques qu'ils généraient. Pendant la période des Trente Glorieuses, avec un marché du travail totalement ouvert et un accroissement des richesses, les études sur le sujet ont été relayées au second plan. Depuis 1980 et l'arrivée de la concurrence mondiale, le sujet de la souffrance au travail est de retour.

Développer une politique de bien-être au travail devient une priorité pour chaque organisation. Tout en développant une démarche de prévention des risques psychosociaux, l'entreprise doit favoriser une posture d'écoute des salariés sur les facteurs organisationnels reconnus comme ayant un impact en matière de RPS, à savoir : le sens du travail, la répartition de la charge de travail, les relations entre collègues et avec la hiérarchie.

Les outils

Outil 50

Le climat social : comment le mesurer ?

« Le climat social, c'est la météo de l'entreprise qui a des répercussions directes sur les résultats de l'organisation. »

En quelques mots

Deux acteurs-clés ont un rôle central pour analyser et développer un climat social positif :

- la fonction RH, qui le mesure en permanence et met en place des plans d'action pour l'améliorer ;
- le manager, qui identifie les signaux de dégradation dans son service, réagit en cas de tensions et veille à développer un climat social local positif.

La démarche de mesure du climat social repose sur l'analyse régulière d'indicateurs qualitatifs ou quantitatifs ou encore d'enquêtes de climat réalisées auprès des collaborateurs.

LES RÔLES DE LA FONCTION RH ET DES MANAGERS DANS LA DÉTECTION ET L'AMÉLIORATION DU CLIMAT SOCIAL

Rôle de la fonction RH

Mesurer et analyser les variations du climat

- Suivi des indicateurs sociaux
- Analyse des relations sociales avec les instances représentatives
- Prise en compte de la fréquence et de l'origine des rumeurs
- Analyse des enquêtes de climat
- Réunions mensuelles avec les correspondants climat et les managers

Rôle du manager

Agir et développer un microclimat local positif

- Suivi des tableaux de bord sociaux de leur unité
- Traitement immédiat des tensions
- Prise en compte des résultats d'enquête de climat de son unité
- Analyse du climat local tous les mois entre la DRH et les responsables d'unité
- Mise en place d'inventaire de microclimat au niveau de son entité tous les 6 mois

POURQUOI L'UTILISER ?

Objectif

Le climat social est le résultat de la comparaison entre les attentes et les perceptions des collaborateurs concernant la structure de l'entreprise, les politiques RH (promotion, rémunération, formation), l'autonomie, le style de management, le style de *leadership*, les relations interpersonnelles et intergroupes, les conditions de travail, l'équilibre entre vie personnelle et vie professionnelle, les compétences de l'encadrement, le type d'évaluation, etc.

C'est un concept multidimensionnel. La veille sociale permet à l'entreprise d'interpréter les signaux, forts ou faibles, envoyés par les salariés sur leur état d'engagement et de satisfaction. Agir sur le climat, c'est agir sur la performance.

Contexte

La façon dont un individu se comporte au travail ne dépend pas seulement de ses caractéristiques personnelles, mais aussi de la façon dont il perçoit son climat de travail et les constituants de son organisation. Il est donc important pour le responsable RH de diagnostiquer et de comprendre comment les salariés perçoivent le climat de leur entreprise.

COMMENT L'UTILISER ?

Étapes

1. Mettre en place des indicateurs pertinents pour mesurer le climat social.
2. Suivre de près les rumeurs (fréquence, motifs).
3. Veiller à développer de bonnes relations avec les organisations syndicales.
4. Organiser la passation et l'analyse de différentes enquêtes : les questionnaires d'opinion, de satisfaction et d'engagement.
5. Inciter les managers à utiliser l'inventaire de microclimat local.
6. Mettre en place des capteurs sociaux ou des réseaux de correspondants qui ont pour mission d'identifier les signaux de tensions sociales. Ces acteurs ont le devoir d'avertir en cas de problème imminent et se réunissent tous les 2 mois pour passer en revue l'évolution des indicateurs.
7. Organiser régulièrement des réunions sur le climat local avec les responsables de secteurs ou d'établissement.
8. Traiter les problèmes identifiés au niveau de l'entreprise et au niveau local.

Méthodologie et conseils

Les grandes entreprises ont créé des observatoires qui analysent en permanence les tensions sociales. Ces structures sont souvent rattachées à la direction du développement social, qui a pour objectif la prévention des conflits sociaux de l'entreprise.

Le stress et la souffrance au travail sont des facteurs-clés de détérioration du climat social.

Suite outil 50 →

Avant de vous lancer...

√ **Le climat de travail influence la motivation et le comportement des collaborateurs. En agissant sur le climat, on agit sur la performance de l'organisation.**

√ **Ne confondez pas le symptôme et les causes. On peut avoir, par exemple, un fort taux d'absentéisme (le symptôme), sans pour autant en connaître les causes, qui peuvent être diverses (politique RH, qualité du management, conditions de travail, stress).**

Suite outil 50

Le climat social : comment le mesurer ?

COMMENT ÊTRE PLUS EFFICACE ?

Repérer et mesurer les tensions sociales

Pour identifier le climat social, la fonction RH doit suivre les variations des indicateurs sociaux, analyser l'ensemble de la littérature « sociale » de l'entreprise et suivre de près les rumeurs.

1. 3 types d'indicateurs sociaux à suivre :

- les **indicateurs sociaux classiques** : l'absentéisme, le *turnover*, les accidents, les conflits, etc. ;
- les **indicateurs sociaux courants** : les réclamations de la clientèle, les indicateurs qualité, le taux de participation aux fêtes, les sourires et l'ambiance dans les services ;
- les **signaux faibles** : les pleurs, le manque d'engagement, les plaintes quotidiennes. Ils sont à prendre en considération et relèvent d'une souffrance psychologique individuelle.

2. Analyse de la qualité des relations sociales

Il est important d'analyser le mode de relation avec les partenaires sociaux. L'analyse du contenu des comptes rendus du comité d'entreprise, le nombre et la nature des questions avec le CSE, ainsi que le mode d'action des partenaires sont de bons indicateurs pour mesurer la présence de tensions sociales.

3. Prendre en compte les rumeurs

Il est important de prendre en compte la nature et l'augmentation des rumeurs au sein de l'entreprise. Les rumeurs ne véhiculent pas des renseignements mais reflètent un état social.

L'identification des causes d'un mauvais climat

Un ensemble d'outils permet d'identifier les facteurs-clés de perturbation du climat. Les différentes enquêtes d'opinion, les entretiens semi-directifs, les réunions avec les capteurs et correspondants, l'inventaire de microclimat local remontent des informations du terrain et sont utiles pour la compréhension des tensions.

1. Analyse des enquêtes d'opinion

Les critères habituellement étudiés dans les enquêtes d'opinion ou de satisfaction sont, par exemple, les axes stratégiques et de vision, la qualité du management, les conditions de travail, la qualité de vie et les risques psychosociaux, la politique de gestion des RH (rémunération, mobilité, formation).

2. L'inventaire de microclimat local

L'inventaire de climat local donne au manager la possibilité d'avoir un retour rapide et immédiat sur le climat de l'équipe. Ce questionnaire, totalement anonyme, propose aux salariés d'évaluer leur climat de travail. Il est utilisable dans les équipes supérieures à 5 pour assurer l'anonymat des réponses :

- 16 affirmations sont proposées aux collaborateurs qui évaluent chaque item sur un *continuum* allant de 0 à 10 ;
- le manager est absent durant la passation du questionnaire. Il revient à la réunion suivante après avoir pris connaissance des résultats collectifs et propose des pistes d'amélioration ;
- le manager peut également l'utiliser en face-à-face lors des entretiens. Cette utilisation atteste d'un haut degré de maturité managériale et d'une grande confiance entre ses collaborateurs et lui-même.

Cas d'entreprise

Inventaire de microclimat
Atelier de production

Cet inventaire micro-climat local permet de vous exprimer en toute confidentialité sur ce que vous vivez en ce moment au travail. Pour cela vous trouverez 16 affirmations que vous noterez chacune de 0 à 10. Remettez cette fiche dans l'urne qui sera remise à votre manager afin qu'il exploite les résultats et apporte des pistes d'action.

Items	
Critères	Affirmations (à noter de 0 à 10)
Qualité du travail	J'ai la possibilité de faire un travail de qualité.
Qualité du travail	La qualité de mon travail est reconnue.
Valeurs de l'entreprise ou règles du jeu	Mon manager fait vivre les valeurs de l'entreprise.
Valeurs de l'entreprise ou règles du jeu	Mon manager m'encourage à respecter les valeurs de l'entreprise.
Équilibre vie personnelle/vie professionnelle	Mon manager prend en compte mes contraintes personnelles.
Équilibre vie personnelle/vie professionnelle	Tout est fait pour équilibrer ma vie personnelle et professionnelle.
Qualité des relations interpersonnelles	Il y a une bonne ambiance dans l'équipe.
Qualité des relations interpersonnelles	Il y a une forte entraide entre collègues.
Qualité du management	Je suis content de travailler avec mon manager.
Qualité du management	Mon manager m'aide toujours en cas de difficulté ou de besoin.
Développement des compétences	J'ai l'occasion de développer mes compétences au travail.
Développement des compétences	Je suis de plus en plus à l'aise dans mon poste.
Engagement vis-à-vis de l'entreprise	Je suis content de venir travailler tous les jours.
Engagement vis-à-vis de l'entreprise	Je suis fier d'appartenir à ce service.
Risques psychosociaux	Je suis stressé parce que j'ai trop de travail.
Risques psychosociaux	J'ai des troubles du sommeil à cause de mon travail.

Ce questionnaire a été utilisé dans une PME de 150 salariés qui n'a pas les moyens humains et financiers de mettre en place une enquête de climat social au sein de son entreprise.

Il est réalisé tous les 6 mois par les managers de proximité. Le manager distribue ce questionnaire à chaque collaborateur qui le remplit de manière anonyme. Le manager quitte la salle afin de permettre le dépouillement et le traitement des données de manière confidentielle. Les résultats de l'équipe sont compilés et une note moyenne est obtenue sur chacune des dimensions. Le manager prend ensuite connaissance des résultats et choisit deux axes de travail prioritaires sur lesquels il souhaite agir en priorité. Il réfléchit avec son équipe sur les pistes d'amélioration. Il quitte la réunion après avoir élaboré un plan d'action échéancé. Le manager communiquera régulièrement sur l'avancée du plan d'action.

Outil 51 Le conflit social et ses règlements

> “ Quand, dans un État, vous ne percevez le bruit d'aucun conflit, vous pouvez être sûr que la liberté n'y est plus.
>
> Édouard Herriot

En quelques mots

On identifie **3 formes de conflit au sein des organisations** :

- les **conflits individuels**, dont les raisons sont essentiellement psychologiques et mettent en cause des individus ;
- les **conflits organisationnels**, concernant deux ou plusieurs groupes d'individus qui ont notamment pour cause la définition et l'exercice du pouvoir (refus de coopération, rétention d'informations entre deux unités…)
- le **conflit collectif**, qui n'est pas la somme des conflits individuels mais qui oppose des groupes sociaux (salariés et dirigeants, apporteur de capitaux et apporteur de travail…).

LES 3 PROCÉDURES DE RÈGLEMENT D'UN CONFLIT

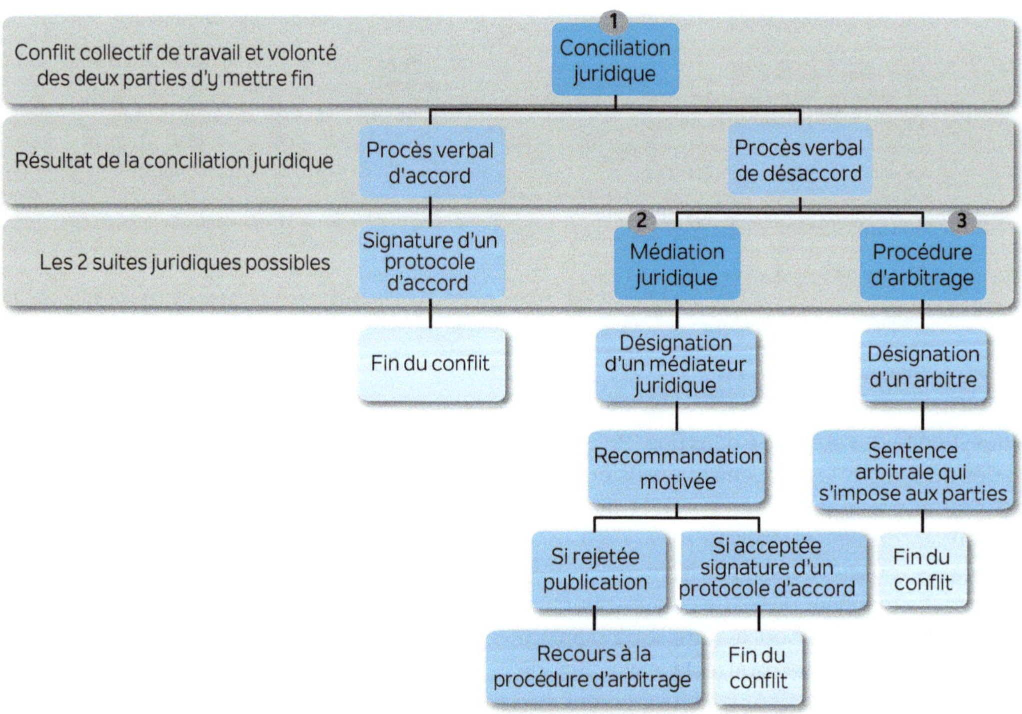

POURQUOI L'UTILISER ?

Objectif

C'est à la DRH de bien identifier les formes de conflit pour tenter d'y remédier. Savoir sortir d'un conflit le plus rapidement possible permet d'éviter l'enlisement, qui peut avoir un coût économique et social important pour les deux parties.

Contexte

Habituellement, quand on interroge les individus sur le conflit et leur représentation, on constate qu'un conflit est synonyme de désordre alors que pour les sociologues, le conflit est une réalité incontournable de la société et un moteur du changement social.

Les tensions dans un groupe de travail font donc partie du fonctionnement normal de toute entreprise.

COMMENT L'UTILISER ?

Étapes

Les 3 techniques pour sortir d'un conflit social lourd :

1. La **conciliation juridique** : procédure qui vise à rassembler les deux parties (à savoir l'employeur et les représentants du personnel) engagées dans un conflit collectif, afin de rechercher un accord grâce à un tiers (le conciliateur juridique), qui devra faciliter les échanges.
2. La **médiation juridique** : mise en place quand la conciliation n'a pas fonctionné et s'est conclue par un procès-verbal de désaccord. C'est une procédure qui permet au tiers (le médiateur juridique) de soumettre aux deux parties des propositions de solution au conflit, sous forme de recommandations. La médiation peut être réclamée par l'une des parties ou par les pouvoirs publics. Le médiateur, contrairement au conciliateur, aura de larges pouvoirs. Il n'invitera pas à discuter, mais posera des questions. À la suite de cette analyse, il rédige dans les 15 jours des recommandations pour clore le conflit.
3. La **procédure d'arbitrage** : en cas de refus de la médiation, on nomme un arbitre ou une commission arbitrale qui est beaucoup plus interventionniste que la médiation. Une sentence arbitrale (acte juridique) s'impose aux deux parties.

Méthodologie et conseils

- La conciliation juridique est possible si les deux parties sont d'accord. Le conciliateur n'a aucune autorité sur les parties prenantes, mais son rôle est d'inciter les deux parties à se mettre d'accord. Si la conciliation aboutit, elle donne lieu à un procès-verbal d'accord qui met fin au conflit.
- La médiation juridique peut se faire à la demande d'une des parties. Le médiateur invite les parties à discuter mais peut investiguer et faire appel à des experts. Les deux parties peuvent ne pas accepter les recommandations faites par le médiateur. En cas de refus, les deux parties doivent expliquer leur désaccord. Si la recommandation est acceptée, elle a un caractère obligatoire et s'applique dans un délai de 15 jours.

Avant de vous lancer...

√ **Les managers jouent un rôle primordial au niveau local pour désamorcer les conflits. Ils doivent ainsi prendre en compte les signaux faibles pour agir immédiatement en cas de tension ou difficulté. Être réactif permet de désamorcer un conflit potentiel, de conserver un bon niveau de qualité de vie au travail et d'éviter que le conflit s'enlise et devienne global.**

Outil 52

Le bien-être au travail et la prévention des risques psychosociaux

> « La prévention des risques psychosociaux c'est l'affaire de tous ! »

En quelques mots

Développer une politique de bien-être au travail permet de réduire les risques psychosociaux. Le terme « risque psychosocial » désigne toutes les souffrances et manifestations provoquées par le travail. Le stress, par exemple, n'est pas une maladie ; néanmoins, une exposition prolongée au stress peut réduire l'efficacité au travail et causer des problèmes de santé. La personne peut gérer la pression à court terme, mais a de grandes difficultés à faire face à une exposition prolongée ou répétée, à des pressions intenses (ANI, 2 juillet 2008, art. 3).

LES 3 RÔLES DE LA FONCTION RH EN MATIÈRE DE PRÉVENTION DES RISQUES PSYCHOSOCIAUX

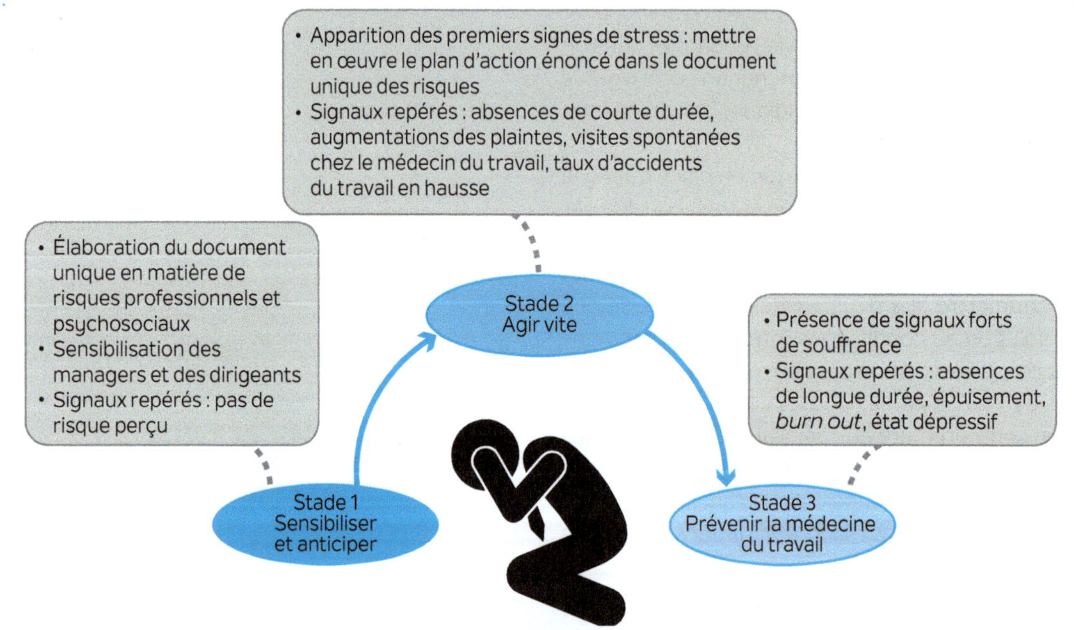

POURQUOI L'UTILISER ?

Objectif

Construire une politique de bien-être au travail permet à la fois de réduire les risques psychosociaux, d'agir sur le climat collectif et sur la motivation. L'entreprise doit se mettre en conformité avec la loi concernant les obligations de santé de résultats et prendre conscience que l'employeur est tenu pour responsable de la souffrance qui provient du climat de travail. Identifier les 3 stades en matière de risques psychosociaux est primordial pour en comprendre la genèse, afin de mieux anticiper et réagir face à la souffrance au travail.

Contexte

Tout employeur est tenu aux obligations générales en matière de santé et de sécurité, à la fois physique et mentale, des salariés. La mise en place d'un document unique sur les risques professionnels, dont les risques psychosociaux, est obligatoire pour toutes entreprises. Le manquement à l'obligation de sécurité de résultat est caractérisé comme une faute inexcusable de l'employeur.

L'accord national interprofessionnel du 2 juillet 2008, étendu en avril 2009, sur la prévention du stress, qui découle de l'accord européen de 2004 ainsi que de l'ANI du 26 mars 2010 sur le harcèlement et la violence au travail, constitue le socle juridique sur lequel se baser.

COMMENT L'UTILISER ?

Étapes

1. Faire un inventaire des facteurs de risques psychosociaux pouvant nuire à la santé de tout salarié (mise en place du document unique des risques professionnels). Il est réalisé avec le comité de direction, le médecin du travail et le comité social et économique (CSE).
2. Préciser la criticité et l'occurrence de chacun des risques identifiés.
3. Repérer la conséquence du risque.
4. Élaborer le plan d'action qui permettra de les réduire, voire de les supprimer.
5. Le mettre à disposition des représentants du personnel, du médecin du travail, mais aussi de l'inspecteur du travail et des ingénieurs-conseils ou des contrôleurs de sécurité.
6. Placer une affiche sur le lieu de travail pour indiquer où il est possible de le consulter.
7. Sensibiliser tous les managers et la direction à la responsabilité de l'entreprise, en matière de santé de résultat au travail.
8. Réévaluer les risques, une fois par an.

Méthodologie et conseils

Selon l'INRS, la notion de bien-être au travail est un concept englobant, de portée plus large que les notions de santé physique et mentale. Le bien-être met l'accent sur la perception personnelle et collective des situations et des contraintes de la sphère professionnelle. Le sens de ces réalités a, pour chacun, des conséquences physiques, psychologiques, émotionnelles, psychosociales et se traduit par un certain niveau d'efficacité pour l'entreprise.

Suite outil 52 →

Avant de vous lancer...

- √ **Mettez en place une politique de prévention des risques psychosociaux pour diminuer les risques humains, économiques et juridiques de l'entreprise.**
- √ **Identifiez les facteurs de risques et rentrez dans une démarche d'amélioration continue avec le document unique.**
- √ **Développez le bien vivre au travail et augmenter la performance des collaborateurs en redonnant une place à l'humain dans l'entreprise.**

Suite outil **52**

Le bien-être au travail et la prévention des risques psychosociaux

COMMENT ÊTRE PLUS EFFICACE ?

En 2014, plus de 620 000 accidents du travail, dont 530 mortels, et plus de 51 000 maladies professionnelles ont été reconnus au titre du régime général. L'appropriation effective par tous les acteurs d'une culture de la prévention primaire est l'un des principaux défis que le troisième plan santé au travail 2016-2022 a pour objectif de relever. Le PST 3 est structuré autour de trois axes :

- 2 axes stratégiques principaux :
  - donner la priorité à la prévention primaire et développer la culture de prévention ;
  - améliorer la qualité de vie au travail, levier de santé, de maintien en emploi des travailleurs et de performance économique et sociale de l'entreprise.
- 1 axe « support » transversal :
  - renforcer le dialogue social et les ressources de la politique de prévention, en structurant un système d'acteurs, notamment en direction des PME-TPE.

Réduire ou supprimer les risques psychosociaux reste néanmoins complexe à gérer. Mais comprendre qu'agir sur l'organisation du travail et connaître la genèse des RPS peut permettre à la fonction RH d'identifier les mécanismes mis en jeu et détecter les premiers signes de souffrance au travail, afin d'agir au plus vite.

Prendre conscience de la subjectivité des situations de travail et agir sur l'organisation

Des individus peuvent réagir de manière différente à des situations identiques. La difficulté à analyser les risques psychosociaux vient en partie du fait qu'il est difficile de mesurer les situations de travail et la souffrance qu'elle génère de manière objective. C'est à la fonction RH d'agir sur l'organisation et de sensibiliser les dirigeants aux effets de ces nouvelles formes d'organisation sur la santé de leurs collaborateurs.

Repérer les stratégies individuelles et collectives

Pour faire face aux situations de stress, les salariés vont user de leurs stratégies individuelles ou collectives. Ces stratégies sont intentionnelles et vont permettre de faire face aux situations difficiles. Ce sont des conduites intelligentes qui utilisent des démarches cognitives pour résoudre le problème. Elles s'inspirent de notre vécu et sont mises en place pour vivre au mieux les situations mal tolérées.

Identifier les mécanismes de défense inconscients mis en œuvre

En parallèle, pour faire face à ces situations de stress, le salarié réagit en mettant également en œuvre, de manière totalement inconsciente, des mécanismes de défense. Ils permettent de s'adapter au monde du travail et de diminuer l'angoisse.

Identifier les marches de l'escalier des symptômes

Si les barrières énoncées ci-dessus ne suffisent pas, le salarié a de grandes chances de tomber dans la maladie. L'escalier des symptômes de stress permet de mesurer la criticité de la situation du salarié. Identifier les 3 stades en matière de risques psychosociaux est primordial pour en comprendre la genèse, afin de mieux anticiper et réagir face à la souffrance au travail.

Cas d'entreprise

Grille de décodage de la souffrance au travail utilisée par la fonction RH

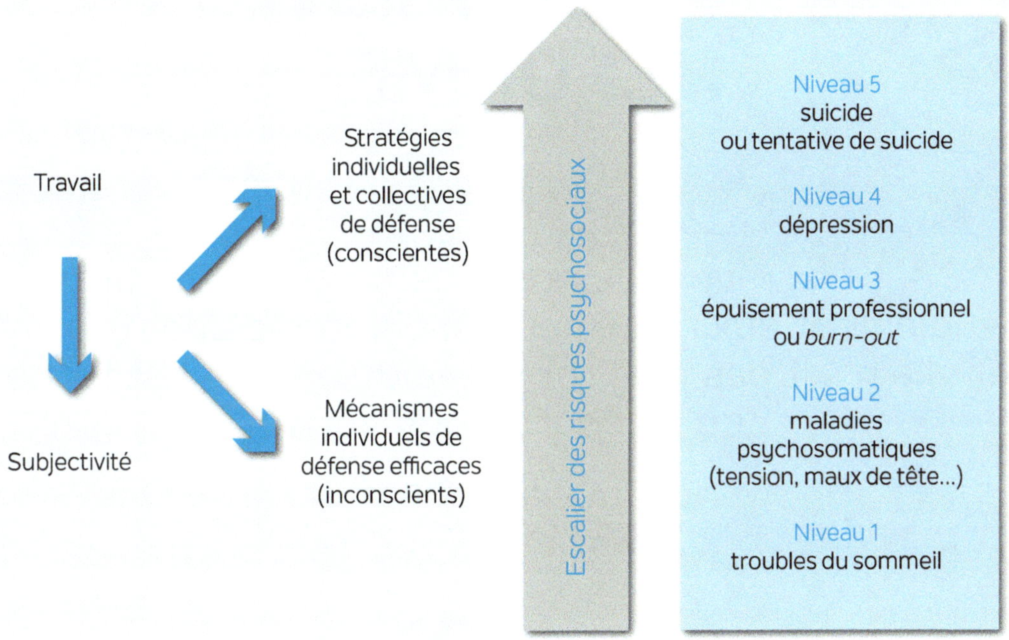

Cet outil aide au diagnostic. Il s'adresse en particulier aux membres de la fonction RH en charge des risques psychosociaux. La littérature scientifique fait part d'une individualisation des problèmes de santé psychologique au travail faisant obstacle à l'efficacité de la prévention. On parlera de subjectivité.

Un questionnaire a été proposé à 137 individus sur l'importance qu'ils accordent aux facteurs intervenant dans la genèse des risques psychosociaux. Le poids accordé aux « difficultés personnelles » est plus faible que celui accordé aux « contraintes de travail » et aux « problématiques internes au groupe ». Ces résultats indiquent une perception des facteurs participant à l'émergence de risques psychosociaux comme davantage liés aux problématiques de travail qu'à de seules caractéristiques personnelles.

10

DOSSIER

LE **DROIT** DU **TRAVAIL INDIVIDUEL** ET **COLLECTIF FORTEMENT RÉFORMÉ**

“

C’est un travers de notre démocratie de courir aveuglément aux réformes. On demande une réforme… et elle n’est pas plus tôt votée qu’on s’en détourne, qu’on court à une autre.

Aristide Briand

http://dunod.link/fivg71h

Le gouvernement Macron a réformé le Code du travail en allant au-delà de la loi Travail portée en 2016 par Myriam El Khomri. Cette réforme du 22 septembre 2017 vise à assouplir le Code du travail pour permettre aux entreprises d'embaucher plus facilement et de faire face à la conjoncture économique, tout en améliorant les conditions de travail des salariés. Deux points ne sont pas remis en cause : la durée légale du travail reste à 35 heures et le salaire ne peut être en dessous du SMIC. Elle prend la forme de 5 ordonnances portant sur 117 mesures.

Ordonnance n° 1 : renforcement de la négociation collective

La négociation dans les PME sans syndicat peut désormais avoir lieu avec un élu du personnel non mandaté. Le champ de la négociation d'entreprise est élargi, puisque la négociation peut se faire au niveau de l'entreprise et non plus uniquement au niveau de la branche.

Ordonnance n° 2 : organisation du dialogue social et économique et valorisation des responsabilités syndicales

La création d'un conseil social et économique (CSE) remplace les anciennes institutions. Il valorise réellement les responsabilités syndicales.

Ordonnance n° 3 : prévisibilité et sécurisation des relations de travail

Elle porte sur les modalités du CDD (peuvent être déterminées par la branche), sur la facilitation du télétravail (plus sécurisé), le reclassement (en cas d'inaptitude) est moins contraint, la création de la rupture conventionnelle collective ainsi que le plafonnement des indemnités prud'homales. D'autres modifications, telles que l'augmentation des indemnités de licenciement et l'obligation de reclassement à l'étranger dans le cadre du PSE, ont été supprimées.

Ordonnance n° 4 : diverses mesures pour la négociation collective

Le ministre chargé du travail, de sa propre initiative ou à la demande écrite et motivée d'une organisation d'employeur ou de salariés, peut saisir un groupe d'experts chargé d'apprécier les effets économiques et sociaux susceptibles de résulter de leur extension.

Ordonnance n° 5 : le compte professionnel de prévention

La réforme du compte pénibilité est désormais instituée et est nommée compte professionnel de prévention. La déclaration des facteurs de pénibilité est quant à elle supprimée.

Les outils

Outil 53 Le règlement intérieur de l'entreprise

> Le règlement ne laisse aucune place à l'interprétation, moins encore à l'intuition, aux sueurs froides, aux rêves prémonitoires, ni aux démons et aux anges gardiens qui nous entourent.
>
> Tony Scott

En quelques mots…

Le **règlement intérieur** est une source complémentaire du droit du travail. C'est un outil de gestion et de management pour l'employeur qui permet une meilleure compréhension des droits et devoirs de chacun. Il est obligatoire dans les entreprises de 20 salariés et plus. Le règlement intérieur explicite le pouvoir réglementaire et disciplinaire de l'employeur. Il indique la hiérarchie des sanctions encourues ainsi que les moyens de recours des salariés. Un certain formalisme doit être respecté lors de la rédaction et lors du dépôt.

LE RÈGLEMENT INTÉRIEUR ET SES CLAUSES

Le règlement intérieur, qu'est ce que c'est ?

Le règlement est un document écrit, rédigé par l'employeur en français (traductions possibles dans d'autres langues). Il doit être porté par tout moyen à la connaissances des personnes ayant accès aux lieux de travail où se fait l'embauche.

Pour quelles entreprises ? Quels salariés ?

Il est obligatoire dans les entreprises dont l'effectif est supérieur ou égal à 20 salariés, et facultatif pour les entreprises de moins de 20 salariés. Il s'impose à tous les salariés de l'entreprise, même s'ils ont été embauchés avant sa mise en application.

Comment le rédiger ?

Le projet de l'employeur doit être soumis pour avis au CSE, puis transmis à l'inspecteur du travail qui contrôle sa légalité et ses clauses. Une fois validé, il doit être déposé au greffe du conseil des prud'hommes et entrer en vigueur moins d'un mois après l'accomplissement des formalités. Il peut être modifié ou invalidé à la demande de l'inspecteur du travail ou d'un juge (par exemple, à la suite d'un litige).

POURQUOI L'UTILISER ?

Objectif

Le règlement intérieur est un document écrit qui fixe les règles de vie au sein de l'entreprise. Il encadre des domaines tels que l'hygiène et la sécurité, la discipline ou encore les droits de la défense. En rédigeant et en déposant auprès des instances compétentes un RI, l'entreprise se met en conformité avec la loi. Il donne à l'employeur les moyens d'affirmer son pouvoir réglementaire et disciplinaire auprès de tous ses salariés.

Contexte

Le règlement est obligatoire dans les entreprises de 20 salariés et plus, mais il est possible de le mettre en place dans celles de moins de 20 salariés. Les salariés, peu importe leur contrat, doivent le respecter.

Les dispositions du règlement ne peuvent pas entraîner de discriminations ou d'inégalités entre salariés.

COMMENT L'UTILISER ?

Étapes

1. Rédiger le règlement intérieur.
2. Demander l'avis consultatif du CSE.
3. Envoyer un exemplaire et l'avis du CSE à l'inspecteur du travail pour un contrôle administratif et au greffe du Conseil des prud'hommes.
4. L'afficher sur les lieux du travail.
5. Entrer en application le RI un mois après les formalités de dépôt et de publicité. Si les clauses ne sont pas conformes, l'inspecteur de travail peut en demander le retrait ou la modification.
6. Faire signer le règlement intérieur par chaque salarié pour les entreprises qui n'ont pas de CSE.
7. Le distribuer lors de l'embauche et le commenter à chaque salarié pour lui expliquer ses droits et devoirs.

Méthodologie et conseils

Le règlement intérieur doit être renouvelé régulièrement par le biais de notes de service à caractère général et permanent. Dans ce cas, les modalités de dépôt sont les mêmes que lors de sa création. Ses dispositions doivent être conformes à celles des lois, règlements et conventions collectives applicables. Il ne peut contenir que les suivantes :

- les mesures d'application de la réglementation en matière de santé et de sécurité dans l'entreprise ;
- les conditions dans lesquelles les salariés peuvent être appelés à participer, à la demande de l'employeur, au rétablissement des conditions de travail protectrices de la santé et de la sécurité, dès lors qu'elles apparaîtraient compromises ;
- les règles générales et permanentes relatives à la discipline (notamment l'échelle des sanctions que peut prendre l'employeur) ;
- les dispositions relatives aux garanties de procédure prévues pour le salarié si l'employeur envisage une sanction disciplinaire ;
- les dispositions relatives aux droits de la défense des salariés, aux harcèlements moral et sexuel et aux agissements sexistes ;
- aux dispositions affirmant le principe de neutralité dans l'entreprise et limitant la manifestation des convictions, par exemple religieuses, des salariés.

Avant de vous lancer...

√ **Évitez de rédiger un règlement intérieur standard qui ne répond pas aux préoccupations de l'entreprise.**

√ **Les restrictions que le règlement impose aux salariés doivent être justifiées par la nature de l'activité à réaliser et proportionnées au but recherché.**

√ **Les règles concernant les outils informatiques (secrets des correspondances privées, consultations des courriels personnels...), peuvent se faire au moyen d'une charte, annexée ou non au règlement intérieur, d'une note individuelle ou d'une note de service.**

Outil 54

Le contrat à durée indéterminée (CDI)

« Le contrat à durée indéterminée a pour vocation de pourvoir durablement un emploi. C'est la forme normale du contrat de travail.

En quelques mots...

Le contrat de travail de droit commun est le **contrat à durée indéterminée**. Pour éviter les litiges ultérieurs, il est recommandé de faire un contrat écrit. Une déclaration préalable d'embauche est obligatoire. Le critère central du contrat de travail est **le lien de subordination**. Les éléments qui définissent ce lien sont le pouvoir de direction, de contrôle, de sanction et le pouvoir de l'employeur de donner des ordres. Il est l'élément caractéristique du contrat de travail. En contrepartie, l'employeur tire les profits, assure les risques économiques et peut exercer son autorité sur les salariés.

EXEMPLE DE CLAUSES PARTICULIÈRES, FACULTATIVES ET OPTIONNELLES DU CONTRAT DE TRAVAIL

Clause de mobilité

- Elle prévoit l'éventualité d'une modification du lieu de travail.
- La rédiger avec précision et spécifier les zones géographiques.
- Attention à l'abus de pouvoir. La prévoir contractuellement. Si elle n'est pas dans le contrat, elle ne se présume pas.

Clause de non-concurrence

- Disposition interdisant au salarié, à l'expiration de son contrat, de créer une entreprise concurrente ou de passer au service d'une entreprise concurrente. Étant une atteinte à la liberté du travail, celle-ci est très contrôlée par la loi.
- Elle est indispensable à la protection des intérêts légitimes de l'entreprise. Elle doit être limitée dans le temps, dans l'espace et tenir des spécificités de l'emploi du salarié, qui reçoit obligatoirement une compensation financière.

Clause d'objectifs et de quotas

- Elle prévoit la fixation d'objectifs et de quotas dans le contrat de travail.
- Aux juges d'apprécier, en cas de conflit, le caractère réaliste des objectifs fixés.
- En période de crise économique, ou en cas de mauvaise politique, elle ne s'applique pas.

Clause de dédit formation

- Permet à l'employeur de s'assurer des services du collaborateur pendant un certain temps.
- En cas de départ anticipé, l'employeur s'assure d'être remboursé de tout ou partie des coûts de la formation.
- La clause doit être dégressive car elle remet en cause le droit de démissionner.

Clause de résidence

- Elle prévoit que le salarié habite à côté de l'entreprise.
- Elle n'est valable que si elle indispensable aux intérêts légitimes de l'entreprise (par exemple, lorsque le salarié est soumis à des astreintes).

POURQUOI L'UTILISER ?

Objectif

Le contrat de travail à durée indéterminée ne prévoit pas de date de fin du contrat. Le CDI peut néanmoins être rompu de manière unilatérale, soit par l'employeur (licenciement), soit par le salarié (démission), soit par une cause extérieure aux parties (force majeure). Sa rupture peut également être négociée. L'employeur doit avoir systématiquement recours à ce type de contrat, sauf s'il peut justifier de situations autorisant un autre type de contrat.

Contexte

Il faut veiller à bien différencier le contrat de travail du contrat d'entreprise. Dans les deux cas, des directives relatives au travail à exécuter sont présentes, mais dans le contrat d'entreprise le travailleur conserve toute son indépendance.
Face à la diversité des situations de travail et des frontières qui s'estompent entre le travail dépendant et indépendant, on constate aujourd'hui une abondante jurisprudence liée à la requalification des contrats. La délivrance d'un bulletin de paie constitue quant à elle une présomption de contrat de travail.

COMMENT L'UTILISER ?

Étapes

1. Rédiger un contrat de travail. La loi française n'oblige pas un contrat écrit, mais les conventions collectives l'imposent généralement et la directive CEE du 14 octobre 1991 donne l'obligation à l'entreprise de remettre au salarié, dans les 2 mois qui suivent son embauche, un document comportant les éléments essentiels du contrat de travail.
2. Faire la déclaration préalable à l'embauche (DPAE) dans les 8 jours précédant la date prévisible d'embauche.
3. Depuis le 1er janvier 2017, la visite médicale d'embauche est remplacée par la visite d'information et de prévention (loi El Khomri du 8 août 2016).
4. Organiser l'information et la formation à la sécurité du nouvel embauché.

Méthodologie et conseils

Si le Code du travail n'impose pas qu'un contrat de travail soit « écrit », il peut encore aujourd'hui être un contrat de travail oral. De plus en plus de conventions collectives l'exigent cependant pour la protection tant du salarié que de l'employeur.
Les informations communément inscrites dans un contrat de travail sont :

- le nom et l'adresse de l'entreprise et du salarié ;
- la date effective du début d'activité ;
- le poste de travail occupé et le lieu ainsi que la fonction et les principales tâches confiées au salarié (mentionner que la liste des missions est non exhaustive) ;
- la rémunération ;
- la durée et les termes de renouvellement ou non de la période d'essai ;
- le nom et l'adresse de l'organisme de Sécurité Sociale auquel cotise l'employeur et la retraite complémentaire ;
- les horaires de travail et la durée des congés ;
- l'intitulé et les références de la convention collective applicable, le règlement intérieur en vigueur, les textes de loi relatifs à l'égalité professionnelle entre les femmes et les hommes et à la lutte contre les discriminations.

Avant de vous lancer...

√ **Les clauses inscrites dans le contrat ne nécessitent pas l'accord du salarié pour être appliquées. Si le salarié refuse l'application d'une clause inscrite à son contrat de travail, l'employeur peut le licencier pour cause réelle et sérieuse.**

Outil 55

Le contrat à durée déterminée (CDD)

"80 % des jeunes entrent dans le monde du travail par un contrat précaire : CDD ou contrat de travail temporaire.

En quelques mots

Avec les ordonnances Macron, le **contrat à durée déterminée** n'a toujours pas pour objectif de pourvoir durablement des emplois liés à l'activité normale et permanente de l'entreprise. Pour cette raison, il faut systématiquement motiver son recours, en s'appuyant sur les cas autorisés.

Une indemnité de fin de contrat est versée au salarié en CDD, sauf cas spécifiques. S'il est conclu pour un motif non prévu par la loi, il peut être requalifié en CDI. Il est interdit de conclure un CDD pour pourvoir un poste lié à l'activité permanente de l'entreprise, remplacer un ou plusieurs salariés en grève ou pour effectuer des travaux dangereux.

LES CAS DE RECOURS AUTORISÉS DU CONTRAT À DURÉE DÉTERMINÉE

Remplacement d'un salarié

- Salarié absent temporairement dont le contrat est suspendu (maladie, congé maternité, etc.).
- Salarié passé provisoirement à temps partiel (congé parental, reprise d'entreprise, etc.).
- Salarié ayant quitté définitivement l'entreprise et dans l'attente de la suppression du poste.
- CDD signé dans l'attente de l'arrivée d'un salarié recruté en CDI.

Accroissement temporaire d'activité

- Accroissement ponctuel ou récurrent (par exemple, fêtes de fin d'année).
- En cas de licenciement économique, il est en principe interdit de conclure un CDD dans les 6 mois suivants sauf :
  - si le CDD n'excède pas 3 mois et ne peut être renouvelé ;
  - en cas de commande exceptionnelle à l'exportation nécessitant la mise en œuvre de moyens plus importants qu'habituellement (quelle que soit la durée du CDD).

Emploi saisonnier

- Tourisme (activités commerciales en stations de ski ou balnéaires, par exemple).
- Agriculture et industrie agroalimentaire (récoltes par exemple).

CDD d'usage

- Emplois où l'usage exclut le recours au CDI en raison de la nature de l'activité et du caractère temporaire de ces emplois.

CDD spéciaux

- CDD d'insertion (CDDI) conclu dans une structure d'insertion par l'activité économique (IAE).
- Contrats de professionnalisation et d'apprentissage.
- CDD à objet défini qui a pour particularité de s'achever lorsque la mission pour laquelle il a été conclu prend fin.
- CDD senior.

POURQUOI L'UTILISER ?

Objectif

Le contrat à durée déterminée permet une adaptation des ressources aux besoins fluctuants de l'organisation. Il permet de mettre un peu de flexibilité dans la gestion de l'entreprise pour faire face aux aléas du marché. Néanmoins, il est nécessaire de respecter les règles légales en matière de CDD et de connaître les différents cas de recours strictement définis par la loi.

Contexte

Le contrat à durée déterminée d'usage (CDDU) est apparu pour certaines professions pour lesquelles un recours habituel à une succession de CDD était nécessaire. Ce contrat **à durée limitée spécifique est réservé à certains secteurs d'activités** (hôtellerie-restauration, évènementiel, sondages, etc.) où il est d'usage de ne pas recourir au CDI en raison du caractère temporaire des emplois. **Seuls certains métiers de ces secteurs sont concernés** : les postes nécessitant l'emploi d'un salarié durant toute l'année doivent être occupés par des CDI dans ces mêmes secteurs. Le CDDU est donc une forme flexible de CDD mais qui n'alloue pas de prime de précarité et qui permet les renouvellements successifs entre deux contrats sans période d'attente entre les deux.

COMMENT L'UTILISER ?

Étapes

1. Rédiger un contrat écrit et signé par les deux parties.
2. Vérifier que le CDD entre bien dans le cadre légal des cas de recours autorisés par la loi.
3. Rédiger un écrit qui précise le motif du recours et la date de début et de fin du contrat.
4. Inscrire une période d'essai dans le contrat. Elle ne peut excéder un jour par semaine dans la limite de 2 semaines pour un CDD de moins de 6 mois et d'un mois pour les contrats de plus de 6 mois.
5. Verser, à la fin du contrat, une indemnité de fin de contrat équivalente à 10 % du salaire brut.
6. Transmettre le contrat écrit au salarié au plus tard dans les 2 jours suivant l'embauche.

Méthodologie et conseils

Suite à l'ordonnance n° 3 relative à la prévisibilité et la sécurisation des relations de travail, la durée totale d'un CDD peut être définie par convention ou accord de branche, durer plus de 18 mois et être renouvelé plus de 2 fois. Sans clause dans la convention, la durée maximale d'un CDD est fixée à 18 mois et est renouvelable 2 fois uniquement.
La convention peut aussi inclure des dispositions modifiant les règles de calcul du délai légal de carence entre deux CDD successifs sur un même poste, voire le supprimer. En l'absence d'un tel accord, le délai de carence est :

- fixé au tiers de la durée totale du contrat pour un CDD supérieur ou égal à 14 jours ;
- fixé à la moitié de la durée totale du contrat pour un CDD inférieur à 14 jours.

Avant de vous lancer...

√ **Le salarié a droit à une indemnité de fin de contrat (prime de précarité) lorsque le CDD arrive à son terme et qu'il ne se poursuit pas par un CDI. Il existe des situations qui exonèrent l'employeur du versement de cette indemnité de précarité (emploi saisonnier ou d'usage, embauche du salarié en CDI dans une autre entreprise, embauche immédiate en CDI au sein de l'entreprise).**

√ **En cas de licenciement économique il est interdit d'avoir recours au CDD pendant une durée de 6 mois sauf commande à l'exportation et accroissement temporaire d'activité de moins de 3 mois.**

Outil 56

Les suspensions du contrat de travail

> “ Suspension et suppression ne sont nullement synonymes.
>
> Sénèque

Résumé

Le contrat de travail peut être perturbé par des évènements touchant à la relation de travail et son exécution peut être suspendue. Les différents cas de suspension sont : le congé maternité, paternité ou d'adoption, la maladie ou l'accident, le congé pour convenances personnelles, ainsi que les mises à pied disciplinaires, le chômage partiel, les congés payés et la grève.

Ils suspendent les obligations des parties, sauf certaines telles que la loyauté ou la discrétion. Le salarié demeure membre de l'entreprise et le contrat reprend à la fin de la suspension. Celle-ci entraîne en général une perte de salaire, sauf dispositions conventionnelles ou légales contraires.

LES DIFFÉRENTS CAS DE SUSPENSION

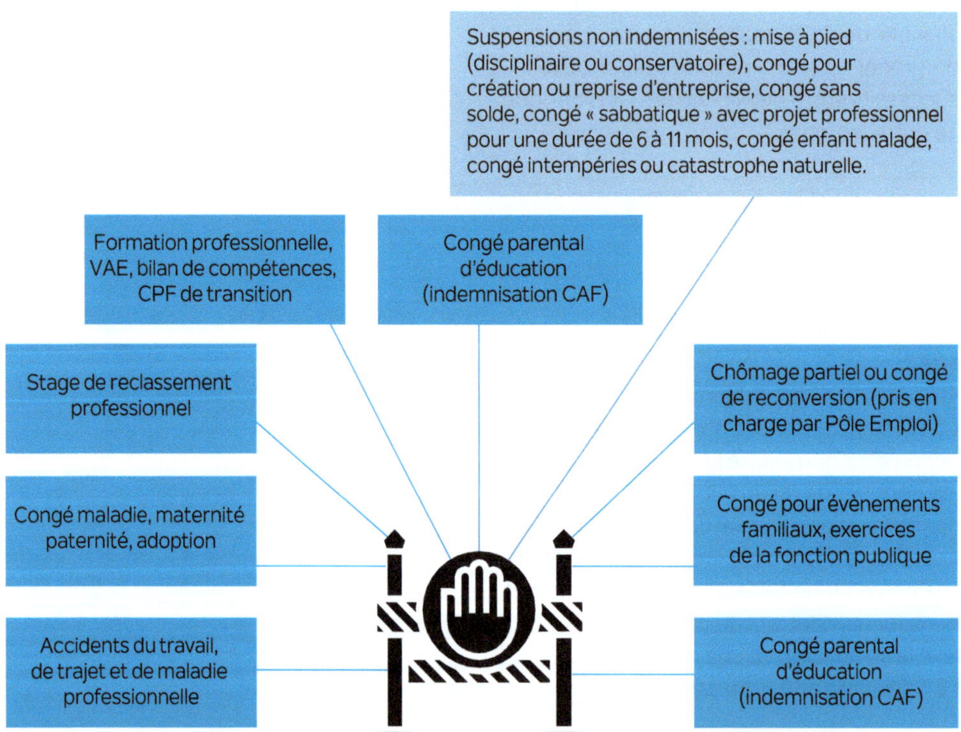

POURQUOI L'UTILISER ?

Objectif

Les suspensions du contrat de travail sont les situations dans lesquelles le salarié cesse temporairement d'exécuter ses obligations contractuelles, soit de son propre fait, soit du fait de l'employeur, soit pour une cause étrangère à l'entreprise et cela, sans rupture du contrat de travail.

Contexte

Depuis le 1er janvier 2019, un entretien professionnel doit être proposé systématiquement aux salariés à l'issue d'une suspension de son contrat de travail. Pendant une suspension du contrat de travail non rémunéré, les **obligations contractuelles sont suspendues :** le salarié ne fournit plus de travail, l'employeur ne lui verse plus de rémunération. Cependant, le salarié conserve une **obligation de loyauté** envers son employeur : elle se traduit par un ensemble de principe incluant le respect de l'obligation de discrétion et de l'obligation de non-concurrence.

COMMENT L'UTILISER ?

Étapes

1. Les cas de suspension entraînent une dispense de l'obligation de fournir une prestation de travail.
2. Les cas de suspension entraînent en général une perte au droit de salaire, sauf dispositions conventionnelles contraires. La période de suspension n'est pas systématiquement rémunérée. Cela dépend des cas de suspension.
3. Le salarié demeure membre de l'entreprise et en conserve les droits qui en découlent (électorat, éligibilité, ancienneté, congés payés).
4. Pendant la suspension, le lien d'autorité se trouve suspendu mais le devoir de loyauté et de discrétion subsiste.
5. Dès la cessation de la suspension, le contrat reprend de plein droit.

Voir Outil 39

Méthodologie et conseils

- La visite médicale de reprise est obligatoire après une absence pour maladie professionnelle, un congé maternité, une absence d'au moins 30 jours pour cause de maladie ou d'accident non professionnels et en cas d'accident du travail.
- Le congé pour évènement familial, en cas de décès d'un enfant est porté à 5 jours depuis le 1er janvier 2017. Concernant la mort d'un frère, d'une sœur, d'un parent ou d'un beau parent, le congé pour évènement familial est de 2 jours. Ces dispositions s'imposent aux conventions collectives qui accordent des jours supplémentaires.

Avant de vous lancer...

√ **Il est possible de licencier un salarié pour les conséquences causées par la maladie et non pour la maladie elle-même. Les conditions pour justifier d'un licenciement pour maladie sont les suivantes : absence prolongée de la personne, absence répétée mais justifiée, absence qui perturbe le bon fonctionnement de l'entreprise et oblige l'employeur à remplacer le salarié.**

√ **Il est interdit de licencier une salariée pendant son congé maternité. Néanmoins, il est possible de licencier une salariée enceinte avant son congé maternité, pour faute grave non liée à l'état de grossesse.**

√ **L'initiative de la visite de reprise appartient à l'employeur qui a une obligation de résultat. La visite de reprise met fin à la période de suspension et oblige l'employeur à tenir compte de l'avis du médecin du travail.**

Outil 57 Les sanctions disciplinaires

> « La discipline est mère du succès.
>
> Eschyle

En quelques mots

La **sanction disciplinaire** est une mesure qui affecte la vie du contrat de travail, même si elle n'a pas toujours d'incidence directe sur la présence du salarié dans l'entreprise. L'employeur sanctionne les comportements fautifs qui ne correspondent pas à l'exécution normale de la relation contractuelle.

L'employeur doit prévoir dans le règlement intérieur la nature et l'échelle des sanctions. Seules celles prévues au RI peuvent être utilisées. L'employeur peut donc exercer son pouvoir disciplinaire mais doit respecter un grand nombre de règles et de principes, sans lesquels son pouvoir ne peut s'exercer en toute légalité.

LES MODÈLES DE LETTRE POUR UNE SANCTION

MODÈLE DE LETTRE D'AVERTISSEMENT

M......

Le......................., nous avons relevé les faits suivants (liste des faits marquants reprochés dans l'ordre chronologique, récapitulés en principe de façon objective et précise, avec les circonstances, le nom des témoins. Ex : retard, oubli de pointage, négligence professionnelle).

Ces faits qui constituent une faute contractuelle (ou une (des) infraction(s) au règlement intérieur), nous amènent à vous notifier ici un avertissement qui sera versé à votre dossier personnel. Si de tels incidents se renouvelaient, nous pourrions être amenés à prendre une sanction plus grave. Nous souhaitons donc vivement que vous preniez en compte rapidement et durablement nos observations.

Veuillez agréer, M...

À................., le....................
Le Directeur

Signature

MODÈLE DE LETTRE DE CONVOCATION À L'ENTRETIEN PRÉALABLE EN VUE D'UNE SANCTION DISCIPLINAIRE (SANS LICENCIEMENT ENVISAGÉ)

Le............, à.........

Madame ou Monsieur,

En application de l'article L. 1332-2 du Code du travail, nous vous prions de vous présenter dans le bureau de M.... le... à.... heures, en vue d'un entretien préalable à une sanction, au cours duquel nous entendrons vos explications.
En effet, nous envisageons l'application d'une sanction disciplinaire à votre égard.
Nous vous rappelons que vous pouvez vous faire accompagner d'une personne de votre choix appartenant au personnel de l'entreprise.

Veuillez agréer, Madame ou Monsieur, l'expression.....

POURQUOI L'UTILISER ?

Objectif

La sanction disciplinaire est une mesure prise par l'employeur à la suite d'un agissement du salarié considéré comme fautif et de nature à affecter sa présence dans l'entreprise, sa carrière ou sa rémunération, de façon immédiate ou non.

Contexte

Un employeur peut sanctionner un salarié pour des agissements considérés comme fautifs. Cela fait partie de son pouvoir disciplinaire. Il doit néanmoins respecter les clauses du règlement intérieur, la convention collective et la procédure légale.

COMMENT L'UTILISER ?

Étapes

1. Pour les sanctions légères, telles que l'avertissement ou des sanctions de même nature, la procédure « simplifiée » est suffisante. Elle consiste à les notifier par écrit en rappelant les griefs reprochés au salarié.
2. Si l'avertissement ou le blâme risque d'avoir des conséquences à terme sur la situation du salarié dans l'entreprise, il est préférable de respecter la procédure avec l'entretien préalable :
   - convocation à un entretien préalable : la lettre précise l'objet de l'entretien et la possibilité de se faire assister par un salarié de son choix ;
   - entretien préalable : l'employeur indique le motif de la sanction envisagée et recueille les explications du salarié ;
   - notification de la sanction : ne peut intervenir moins d'un jour franc, ni plus d'un mois après le jour fixé par l'entretien.

Méthodologie et conseils

L'employeur ne peut utiliser à l'encontre d'un salarié les sanctions qu'il souhaite. Les sanctions pécuniaires sont interdites. On peut rappeler qu'un salarié ne peut perdre une prime à la suite d'une faute ou perdre une partie de son salaire à la suite d'une rétrogradation, sans modification de la prestation de travail et de la fonction.

- La **mise à pied disciplinaire** est une sanction qui se traduit par une suspension provisoire du contrat de travail sans rémunération. Elle doit être inscrite dans le règlement intérieur qui doit lui prévoir une durée maximale.
- La **mise à pied conservatoire** a pour finalité de précéder un licenciement pour faute grave ou lourde et n'est pas considérée comme une sanction disciplinaire, mais comme une mesure provisoire en attente d'une nouvelle sanction.
- Les **observations verbales** et les **réprimandes orales** ne sont pas considérées comme des sanctions. Une sanction nécessite *a minima* un écrit.

Voir Outil 53

Avant de vous lancer...

√ Aucun fait fautif connu de l'employeur depuis plus de 2 mois ne peut faire l'objet d'une sanction.

√ Il y a non-cumul des sanctions, il est impossible de sanctionner une même faute à 2 reprises. En revanche, lorsque des faits de même nature se reproduisent, l'employeur peut faire état des précédents et des sanctions antérieures pour prononcer une sanction aggravée. La jurisprudence accepte que l'employeur retienne les fautes antérieures.

√ Aucune sanction antérieure de plus de 3 ans ne peut être invoquée à l'appui d'une nouvelle sanction.

√ Les sanctions discriminatoires liées au sexe, à l'âge, à l'état de grossesse... sont nulles et l'auteur d'une sanction discriminatoire est passible de sanctions pénales.

Outil

58 La démission

> “ J'admire le courage de ceux qui osent mettre fin à ce qui ne va pas : divorce, démission, suicide...
>
> Rondro H. Rakotobe

En quelques mots

Le salarié qui démissionne rompt son contrat de travail de son plein gré et en assume la responsabilité. La **démission ne concerne que le CDI**.

L'employeur a intérêt à répondre à la lettre de démission pour s'assurer de la volonté réelle du salarié de démissionner et rappeler dans la lettre d'enregistrement que le contrat est bien rompu à l'initiative du salarié : s'il y a dispense de préavis, il est conseillé de rédiger un écrit et d'indiquer si la dispense émane de l'employeur ou du démissionnaire.

LES MODALITÉS DU PRÉAVIS DE DÉMISSION

Qui fixe la durée et le début du préavis ?

- La loi ne fixe pas la durée du préavis. Il faut se référer à la convention collective ou aux usages professionnels.
- Le préavis est valable à compter de la notification de la démission.

Peut-on dispenser un salarié de faire son préavis ?

- Si l'employeur dispense du préavis, il doit maintenir les salaires et avantages qu'aurait touché le démissionnaire s'il avait travaillé.
- Si l'employeur accepte la dispense demandée par le salarié, il n'a pas à payer la période dispensée.
- Si l'employeur n'accepte pas la dispense demandée, le salarié doit exécuter son préavis totalement.

Qu'en est-il de la situation du salarié pendant le préavis ?

- Le contrat continue à s'exécuter normalement.
- Le démissionnaire peut bénéficier d'heures pour sa recherche d'emploi (disposition relevant d'une convention collective, d'un accord collectif ou d'un usage).

Quelles sont les durées habituelles de préavis précisées dans les convention collectives ?

- 1 mois pour les ouvriers.
- 2 mois pour les employés, techniciens.
- 3 mois pour les agents de maîtrise.
- 4 mois pour les cadres.

POURQUOI L'UTILISER ?

Objectif

La démission est la rupture unilatérale à la seule initiative du salarié. Cette démission doit être claire, non équivoque et attester d'une volonté sérieuse de démissionner. Cette décision est réfléchie et volontaire et est prise en toute liberté et indépendance. Elle concerne le contrat à durée indéterminée (CDI).

Contexte

La loi n'exige aucun formalisme concernant la démission. Elle peut être orale, mais pour garantir l'aspect non équivoque, volontaire et éviter ultérieurement une requalification en licenciement abusif, il est conseillé que toute démission soit rédigée par le démissionnaire.

COMMENT L'UTILISER ?

Étapes

1. Le salarié envoie sa lettre de démission à son employeur attestant sa volonté de démissionner et précise la date à laquelle il souhaite partir. Il n'est pas nécessaire que cette lettre comporte le motif de la démission.
2. Si la démission est orale, il est conseillé de demander au salarié de confirmer sa démission par écrit.
3. L'employeur n'est pas tenu de répondre au salarié. En cas de réponse par écrit, l'employeur précise de fait les obligations du salarié démissionnaire (notamment en matière de préavis).
4. L'employeur précise au salarié la durée du préavis.
5. Le bulletin de salaire, le solde de tout compte, le certificat de travail et l'attestation d'assurance chômage sont établis par l'employeur. Le salarié signe un reçu pour solde de tout compte.

Méthodologie et conseils

Les cas de démission qui ne constituent pas une volonté non équivoque de démissionner sont :

Voir Outil 54

- le départ précipité d'un salarié à la suite d'un état dépressif ;
- le départ précipité d'un salarié à la suite d'un incident de travail, d'un choc émotionnel ;
- la démission obtenue à l'aide de procédés vexatoires et sous la contrainte morale ;
- la démission sous l'emprise de l'énervement provoquée par des reproches injustifiés de l'employeur.

Lorsqu'une absence injustifiée du salarié est suivie de courriers de l'employeur et de sommation d'huissier à défaut de reprise du travail, cela est considéré comme une démission.

Il existe des cas de rétractation légitime lorsque le salarié démissionnaire était sous le joug d'une émotion forte lors de la rédaction de sa lettre de démission.

Avant de vous lancer...

√ **La loi protège le salarié qui serait sous l'emprise de l'émotion à un moment de sa vie. Elle protège également l'employeur en considérant que certaines démissions sont abusives, notamment pour les cadres qui démissionnent à un moment portant préjudice à l'employeur.**

√ **Une démission peut être considérée comme légitime lors d'un manquement de l'employeur à ses obligations contractuelles (par exemple : non-versement du salaire). Dans ce cas, les juges saisis peuvent assimiler la démission à un licenciement abusif.**

√ **Certains salariés démissionnaires peuvent touchent le chômage lorsqu'ils démissionnent pour raison privée (par exemple, suivre son conjoint) ou pour motifs professionnels, (suivre un projet de reconversion professionnelle ou un projet de création ou de reprise d'une entreprise).**

Outil 59 Les ruptures conventionnelles individuelles et collectives (RCC)

> *Une rupture est toujours douloureuse, au moins permet-elle de sauvegarder l'essentiel : conserver l'estime de l'autre, éviter le pourrissement dû à l'exaspération, raviver le désir qu'on éprouve pour le monde.*
>
> Roland Topor

En quelques mots

La **rupture conventionnelle individuelle** est un mode de rupture amiable qui nécessite une procédure en plusieurs étapes. Pour qu'une rupture conventionnelle individuelle soit conforme, elle doit comprendre des concessions réciproques.

Le salarié a le droit aux allocations d'assurance chômage alors même qu'il n'a pas été involontairement privé d'emploi. **La rupture conventionnelle collective** (RCC) a été instituée par les ordonnances Macron réformant le droit du travail. C'est un **mode de départ collectif** qui permet à plusieurs salariés volontaires de quitter l'entreprise.

LA PROCÉDURE DE LA RUPTURE CONVENTIONNELLE INDIVIDUELLE

1. Entretien(s) entre l'employeur et le salarié pour se mettre d'accord sur les modalités de la rupture
2. Concessions réciproques et rédaction de la convention de rupture qui mentionne la date de la rupture et le montant
3. Délai de rétractation du salarié et de l'employeur (15 jours d'attente) après la signature de la convention
4. Envoi de la convention à la direction du travail et de l'emploi (DIRECCTE) pour homologation de la convention
5. Attente de 15 jours. Si pas de refus dans les 15 jours, la convention est homologuée
6. Rupture du contrat au plus tôt le lendemain de l'homologation

POURQUOI L'UTILISER ?

Objectif

Les ruptures conventionnelle individuelle ou collective sont des modes de rupture du contrat de travail. Elles se matérialisent, pour une rupture conventionnelle individuelle, par la signature d'une convention qui nécessite une procédure en plusieurs étapes ; pour la rupture conventionnelle collective, par un accord collectif obligatoire répondant aux conditions d'un accord dit majoritaire.

Contexte

La rupture conventionnelle individuelle est issue de l'accord national interprofessionnel du 25 juin 2008 sur la modernisation du marché du travail. La rupture conventionnelle collective est issue des ordonnances Macron de 2017.

COMMENT L'UTILISER ?

Étapes

Dans le cadre d'une rupture conventionnelle individuelle, les étapes sont les suivantes :

1. Démarrer par un ou plusieurs entretiens préalables. Il n'y a pas de formalisme particulier pour cet entretien, ni de convocation exigée. Le salarié peut se faire assister par un salarié de son choix appartenant au personnel de l'entreprise ; l'employeur peut faire de même.
2. Signer la convention de rupture (pour les 2 parties) qui fixe les conditions, à savoir :
   - les concessions réciproques et notamment le montant de l'indemnité spécifique de rupture conventionnelle qui ne peut être inférieure à l'indemnité de licenciement ;
   - la date de rupture du contrat de travail ;
   - le droit de rétractation (un délai de 15 jours calendaires est accordé aux parties pour se rétracter, à compter du lendemain de la signature de la convention).
3. Faire une demande d'homologation à la DIRECCTE, 15 jours après la signature de la convention de rupture :
   - l'entreprise adresse une demande d'homologation à la direction régionale du travail et de l'emploi en remplissant le formulaire prévu à cet effet (demande faite par l'employeur ou le salarié) ;
   - la direction du travail et de l'emploi vérifie la convention (modalités et liberté de consentement des parties).
4. À compter du lendemain de la réception de la demande d'homologation, la direction du travail a 15 jours ouvrables pour la valider. Passé ce délai de 15 jours, l'absence d'accord explicite vaut acceptation.
5. En cas d'accord d'homologation, la rupture est effective. En cas de désaccord, il y a maintien du salarié dans l'emploi.
6. La fin du contrat a lieu au plus tôt le lendemain de l'homologation, mais les 2 parties peuvent avoir fixé une date plus tardive dans la convention.

Méthodologie et conseils

Les modalités de la rupture conventionnelle collective doivent être décrites dans l'accord qui comprend les modalités d'information du CSE : les conditions pour en bénéficier, le nombre de candidats, les critères de départage des candidats, les modalités de calcul des indemnités de rupture garanties aux salariés, les mesures visant à faciliter leur reclassement externe, les modalités de suivi de la mise en œuvre de l'accord.

Avant de vous lancer...

√ **Elles se situent à mi-chemin entre la démission et le licenciement et permettent une rupture amiable, une simplification et une sécurisation de la rupture.**

√ **Les personnes ayant conclu une rupture conventionnelle individuelle ou rupture conventionnelle collective ont droit à l'assurance chômage.**

Outil 60 Le licenciement pour motif personnel

> Toute personne qui ne se fait pas licencier au moins une fois au cours de sa carrière ne prend pas assez de risques.
>
> Robert Frost

En quelques mots

Le licenciement pour motif personnel peut être disciplinaire ou non-disciplinaire. L'employeur doit respecter la procédure légale de licenciement pour motif personnel, en convoquant le salarié à un entretien préalable et en notifiant le licenciement dans des délais bien définis.

Tout licenciement pour motif personnel doit être fondé sur une cause réelle et sérieuse. Les dispositions relatives aux motifs de licenciement sont assouplies par les ordonnances Macron, tout comme les sanctions à la suite d'une irrégularité de procédure. Le but de la réforme est de réduire le risque de contentieux et de diminuer les sanctions liées à une violation des règles procédurales.

LA PROCÉDURE DE LICENCIEMENT POUR MOTIF PERSONNEL FAUTIF OU NON FAUTIF

Connaissance des faits

Il ne peut se dérouler plus de 2 mois entre la connaissance des faits par l'employeur et la convocation à l'entretien préalable.

Convocation à l'entretien préalable

L'entretien préalable doit avoir lieu au plus tôt 5 jours ouvrables après la réception de la convocation.

Entretien préalable

La lettre de notification ne peut être envoyée que 2 jours ouvrés après l'entretien et moins d'un mois après l'entretien préalable. Elle doit être envoyée par lettre recommandée avec accusé de réception ou remise en main propre contre décharge.

Aucune sanction antérieure de plus de 3 ans à l'engagement de poursuites disciplinaires ne peut être invoquée à l'appui d'une nouvelle sanction.

POURQUOI L'UTILISER ?

Objectif

Le licenciement pour motif personnel peut être disciplinaire ou non-disciplinaire (lorsque des faits inhérents à la personne peuvent rendre impossible le maintien dans l'entreprise, en dehors de toute faute avérée).

Tout licenciement doit être fondé sur une cause réelle et sérieuse. La cause réelle nécessite qu'elle soit objective et qu'elle puisse être vérifiable par des éléments précis (les faits doivent exister et les preuves doivent être associées aux faits). La cause sérieuse indique qu'elle revêt une certaine gravité qui rend impossible la continuation du travail dans l'entreprise et rend nécessaire le licenciement.

Contexte

Tout licenciement nécessite de respecter une procédure de licenciement précise.

COMMENT L'UTILISER ?

Étapes

1. À partir de la connaissance des faits, l'employeur a 2 mois pour convoquer le salarié à un entretien préalable, quelle que soit la sanction qu'il prendra à son encontre.
2. En cas de faute grave ou lourde où le maintien dans l'emploi est impossible, l'employeur peut envisager une mise à pied à titre conservatoire pour éviter que le salarié soit présent dans l'entreprise jusqu'à l'entretien préalable.
3. La convocation à l'entretien préalable par lettre recommandée avec accusé de réception précise la date, le lieu, l'horaire et la possibilité pour le salarié de se faire accompagner par le salarié de son choix. Cette convocation ne précise pas les motifs retenus contre la personne convoquée mais l'objet (« Nous envisageons à votre égard un licenciement... »).
4. L'entretien préalable permet à l'employeur de préciser les griefs retenus et au salarié de présenter et défendre ses arguments.
5. La lettre de notification de la sanction sera envoyée au salarié au moins le surlendemain de l'entretien.

Voir Outil 57

Méthodologie et conseils

Suite aux ordonnances Macron, les griefs contenus dans la lettre de licenciement peuvent être précisés postérieurement à la notification du licenciement. L'indemnité légale de licenciement est augmentée de 25 % jusqu'à dix ans d'ancienneté et le plafonnement des indemnités prud'homales à 3 mois de salaire jusqu'à deux ans d'ancienneté lors des licenciements abusifs. Elles augmentent à un maximum de 20 mois de salaire à partir de 30 ans d'ancienneté. En cas de harcèlement ou de discrimination, le plafonnement n'existe pas.

Suite outil 60 →

Avant de vous lancer...

- √ **L'entretien préalable est organisé pour que le salarié puisse se défendre et présenter ses arguments. Par conséquent, si le salarié ne se présente pas à l'entretien préalable ou s'il ne va pas chercher sa lettre recommandée, la procédure suit son cours.**
- √ **La participation à une grève licite, les opinions politiques et religieuses, l'activité syndicale, l'état de grossesse ne peuvent en aucun cas motiver un licenciement. Si c'était le cas, le licenciement serait abusif, sans cause réelle et sérieuse.**

Suite outil **60**

Le licenciement pour motif personnel

COMMENT ÊTRE PLUS EFFICACE ?

Le licenciement pour motif personnel peut être fautif ou non fautif.

Les 2 catégories de licenciement pour motif personnel

Les licenciements pour motif personnel peuvent être de nature fautive ou non fautive. On parlera alors de licenciement disciplinaire quand celui-ci est la conséquence d'une faute commise par le salarié. Le licenciement sera non-disciplinaire quand il est la conséquence soit d'une insuffisance professionnelle, soit d'une maladie qui désorganise l'entreprise, soit de toute autre cause qui affecte l'entreprise mais qui ne met pas en jeu le comportement fautif du salarié.

Pour les **licenciements disciplinaires**, il existe différents types de fautes qui sont plus ou moins graves et qui autorisent ou non des ruptures dont les conséquences pour le salarié ne sont pas de même nature.
La hiérarchie croissante des fautes est la suivante :

- la faute légère ;
- la faute simple ;
- la faute grave ;
- la faute lourde.

Pour les **licenciements non-disciplinaires**, il existe différents types de faute mais l'insuffisance professionnelle ou la maladie qui désorganise l'entreprise ne sont pas considérées comme des actes fautifs ; néanmoins ils peuvent justifier un licenciement non-disciplinaire pour motif personnel.

Les différents types de licenciements disciplinaires en fonction de la gravité de la faute

- La **faute légère** : faute dont la nature rend possible le maintien des relations contractuelles. Elle ne constitue pas un motif de licenciement. Elle peut donner lieu à une sanction disciplinaire telle que l'avertissement ou le blâme. La répétition de plusieurs fautes simples constitue une faute sérieuse (exemples : absences non autorisées, horaires non respectés, refus d'exécuter des tâches).
- La **faute simple** : faute rendant impossible la continuation du contrat de travail et constituant un motif de licenciement. Elle ne nécessite pas une rupture immédiate du contrat de travail mais le préavis peut être réalisé.
- La **faute grave** : faute rendant impossible le maintien du salarié dans l'entreprise et pouvant justifier une mise à pied conservatoire (exemples : concurrence déloyale, abandon de poste, vol, non-respect des consignes dans le BTP).
- La **faute lourde** : faute rendant impossible le maintien du salarié dans l'entreprise et justifiant une mise à pied conservatoire. On parle de faute lourde quand les actes du salarié sont d'une exceptionnelle gravité et ont eu pour objectif de nuire à l'employeur et l'entreprise (exemples : actes de malveillance, virus dans les logiciels, copie de la base de données avant le départ, acte de sabotage).

Les obligations de l'employeur

En fonction du type de faute, l'employeur est tenu de verser toutes les indemnités à savoir l'indemnité compensatrice de préavis, l'indemnité de licenciement et l'indemnité compensatrice de congés payés.
Il doit remettre au salarié un certificat de travail qui mentionne la date d'entrée et de sortie, les postes occupés et leurs dates, une attestation d'assurance chômage et un état récapitulatif de l'épargne salariale.

Cas d'entreprise

Les conséquences des différentes fautes disciplinaires sur l'exécution du contrat de travail dans les entreprises privées

Faute légère	Faute simple	Faute grave	Faute lourde
• Autorisation à prononcer une sanction disciplinaire autre que le licenciement • Avertissement • Blâme	• Licenciement autorisé • Préavis peut être réalisé • Indemnités de licenciement • Indemnités compensatrices de préavis • Indemnités compensatrices de congés payés • Paiement de la prime de fin d'année si elle est due car toute sanction pécuniaire est prohibée • Allocation chômage	• Préavis non réalisé • Mise à pied peut être demandée • Pas d'indemnités de licenciement • Pas d'indemnités compensatrices de préavis • Indemnités compensatrices de congés payés • Paiement de la prime de fin d'année si elle est due • Allocation chômage	• Licenciement immédiat • Préavis non réalisé • Mise à pied conservatoire qui justifie la faute lourde • Pas d'indemnités de licenciement • Pas d'indemnités compensatrices de préavis • Pas d'indemnités compensatrices de congés payés (depuis 2016) • Paiement de la prime de fin d'année si elle est due • Allocation chômage car rupture involontaire du contrat de travail

Un salarié peut être licencié pour faute simple, grave ou lourde, au terme d'une procédure disciplinaire. Cependant, il ne peut pas être licencié pour une faute légère (sans conséquence sérieuse sur le fonctionnement de l'entreprise). Les conséquences du licenciement varient en fonction de la qualification retenue par l'employeur. En cas de litige, c'est au juge de déterminer si le salarié a commis une faute et sa gravité. Si la faute commise a causé un préjudice à l'employeur, le salarié peut être condamné à la réparer en versant à l'employeur des dommages et intérêts.

Outil 61 Le droit de grève

> « C'est un drôle de pays, la France, où les négociations ont toujours lieu après le déclenchement des grèves et non avant.
>
> Françoise Giroud

En quelques mots

Le **droit de grève** est un droit constitutionnel et jurisprudentiel. Aucun salarié ne doit être discriminé en raison de l'exercice du droit de grève. Le contrat de travail du gréviste est suspendu pendant la grève. Le gréviste est protégé contre toute sanction, sauf faute lourde. Il est soumis à certaines obligations et peut être poursuivi pénalement en cas d'abus pendant la grève.

DROITS DU GRÉVISTE PENDANT LA GRÈVE

Les droits du gréviste

- Le gréviste est protégé de tout acte de discrimination a son égard pour fait de grève.
- L'ancienneté du gréviste est maintenue.
- Le mandat des instances représentatives du personnel est maintenu.
- Le gréviste ne peut être licencié sauf faute lourde.
- Le gréviste perçoit uniquement les remboursements de sécurité sociale en cas de maladie.

Les droits suspendus et les devoirs du gréviste

- Pas de protection d'accident du travail et de trajet.
- Les jours de grèves ne sont pas rémunérés.
- Les jours de grèves ne sont pas pris en compte pour le calcul de la durée des congés payés.
- Le salarié ne percevra pas de complément patronal s'il est malade pendant la grève.
- Le gréviste est tenu de respecter le travail des non-grévistes.
- Les actes de violence et de détérioration commis pendant une grève constituent des délits pouvant entraîner des condamnations pénales à son égard.

POURQUOI L'UTILISER ?

Objectif

Le conflit collectif manifeste un désaccord entre un employeur et un ou plusieurs salariés à l'occasion du travail. Cette cessation collective et concertée du travail a pour objectif d'appuyer des revendications professionnelles.

Contexte

Tout salarié peut utiliser son droit de grève. Cependant un salarié ne peut pas faire grève tout seul, sauf s'il accompagne une grève nationale ou s'il est le seul salarié de son entreprise.
Le droit de grève est un droit individuel parce que le salarié décide seul de faire grève. Il n'est pas soumis à la décision d'une majorité ou à celle du syndicat. C'est un droit constitutionnel.

COMMENT L'UTILISER ?

Étapes

1. Vérifier qu'il s'agit bien d'une grève licite. Le droit de grève n'a pas de définition légale mais pour qu'une grève soit qualifiée de licite, il faut à la fois des revendications d'ordre professionnel (améliorations des conditions de travail, de salaire, de défense de l'emploi), un arrêt total du travail et une concertation des salariés qui témoignent d'une volonté commune de faire grève. Si ces trois conditions ne sont pas réunies, alors il s'agit d'une grève illicite.
2. Connaître les droits de l'employeur pendant la grève.
3. Connaître les conséquences pour le gréviste de l'usage de son droit de grève. Certains droits sont suspendus pendant la grève.

Méthodologie et conseils

- C'est en 1946, sous la IVe République que le droit de grève est reconnu par la Constitution. Par conséquent, le droit de grève ne peut être réglementé et aucune convention collective ne peut l'aménager.
- La grève est un droit jurisprudentiel. Il n'existe que 6 articles dans le Code du travail concernant la grève, dont 5 concernent les services publics et le service minimum.
- La cour de cassation du 9 juillet 2015 a condamné une entreprise pour discrimination indirecte suite à des retenues sur les salaires des grévistes différentes selon les conséquences de la grève pour l'entreprise. Cette jurisprudence réaffirme qu'il ne peut y avoir de traitement différencié entre les salariés grévistes. On rappellera que, selon le Code du travail, aucun salarié ne peut être sanctionné, licencié ou faire l'objet d'une mesure discriminatoire en raison de l'exercice normal du droit de grève.

Avant de vous lancer...

√ **Le *lock-out*, ou fermeture de l'entreprise à l'initiative de l'employeur, est autorisé uniquement en cas de nécessité absolue, pour protéger l'entreprise.**

√ **Pendant la grève, l'employeur ne conserve qu'une partie de son droit disciplinaire. Celui-ci ne pourra s'exercer qu'en cas de faute lourde. Tout licenciement prononcé en l'absence de faute lourde est nul de plein droit.**

√ **Lors de la grève, le contrat de travail du salarié est suspendu mais non rompu.**

√ **En cas de grève illicite, le salarié n'est plus protégé par le droit de grève et peut donc être licencié, dans ce cas, pour faute grave.**

Outil 62

Le comité social et économique (CSE)

> *L'entreprise est le niveau essentiel du dialogue social qui se déroulera dans les entreprises de plus de 50 salariés, au sein d'une seule instance : le comité social et économique.*
>
> Édouard Philippe

En quelques mots...

Les attributions du CSE sont définies en fonction de l'effectif de l'entreprise. Composé de l'employeur et d'une délégation du personnel élue pour un mandat de 4 ans, ils remplacent les anciens délégués du personnel dans les entreprises d'au moins 11 salariés, et les 3 instances suivantes : délégués du personnel, comité d'entreprise et CHSCT, dans les entreprises d'au moins 50 salariés. Les représentants de proximité sont de nouveaux acteurs destinés à compenser le recentrage des fonctions des élus du personnel au sein du CSE.

LES GRANDES MISSIONS DU COMITÉ SOCIAL ET ÉCONOMIQUE

Entreprises de 11 à 50 salariés

- Présenter à l'employeur les réclamations individuelles ou collectives relatives aux salaires et autres dispositions légales concernant la protection sociale, ainsi que les conventions et accords applicables dans l'entreprise.
- Contribuer à promouvoir la santé, la sécurité et les conditions de travail.
- Réaliser des enquêtes sur les accidents du travail ou les maladies professionnelles.
- Les membres du CSE peuvent saisir l'inspection du travail.

Entreprises de 50 salariés et plus

- Assurer une expression collective des salariés permettant la prise en compte permanente de leurs intérêts dans les décisions relatives à la gestion et à l'évolution économique et financière de l'entreprise, à l'organisation du travail, à la formation professionnelle et aux techniques de production.
- Le CSE est consulté sur : le volume ou la structure des effectifs, la modification de l'organisation économique ou juridique, la durée du travail et les conditions d'emploi, l'introduction de nouvelles technologies, l'aménagement important modifiant les conditions de santé et de sécurité ou les conditions de travail, les mesures prises concernant les accidentés du travail, les activités sociales et culturelles.

POURQUOI L'UTILISER ?

Objectif

Dans les entreprises de plus de 50 salariés, le comité social et économique (CSE) fusionne l'ensemble des instances représentatives du personnel (IRP), délégués du personnel (DP), comité d'entreprise (CE) et comité d'hygiène, de sécurité et des conditions de travail (CHSCT).

Contexte

Le CSE est mis en place au 1er janvier 2020 pour tous les employeurs de droit privé et à leurs salariés.

COMMENT L'UTILISER ?

Étapes

1. **Signer un accord d'entreprise pour définir les modalités de consultation avec le délégué syndical ou, en l'absence de délégué syndical, avec le CSE.**
Cette possibilité permet de définir :
- **le contenu**, la périodicité et les modalités des consultations récurrentes du CSE, ainsi que la liste et le contenu des informations nécessaires à ces consultations ;
- **le nombre de réunions annuelles** du comité prévues, qui ne peut être inférieur à 6 ;
- **les niveaux auxquelles les consultations sont conduites** et, le cas échéant, leur articulation. Le CSE a aussi la possibilité d'émettre un avis unique portant sur tout ou partie des thèmes de consultation prévus à l'article L. 2312-33. La périodicité des consultations prévue par l'accord ne peut être supérieure à 3 ans.

2. **Consulter le CSE sur les sujets suivants :**
- **orientations stratégiques de l'entreprise** : conséquences sur l'activité, l'emploi, l'évolution des métiers et des compétences, l'organisation du travail, le recours à la sous-traitance, à l'intérim, à des contrats temporaires et à des stages. Cette consultation porte sur la gestion prévisionnelle des emplois et des compétences et sur les orientations de la formation professionnelle ;
- **situation économique et financière** de l'entreprise ;
- **politique sociale de l'entreprise, les conditions de travail et l'emploi** : l'évolution de l'emploi, les actions de prévention en matière de santé et de sécurité, les conditions de travail, les congés et l'aménagement du temps de travail, la durée du travail, l'égalité professionnelle entre les femmes et les hommes et les modalités d'exercice du droit d'expression des salariés ;
- **mise en œuvre des moyens de contrôle de l'activité des salariés** : les méthodes ou techniques d'aide au recrutement, les traitements automatisés de gestion du personnel et les moyens ou les techniques permettant un contrôle de l'activité des salariés (préalablement à leur utilisation) ;
- restructuration et compression des effectifs ;
- licenciement collectif pour motif économique ;
- offre publique d'acquisition ;
- procédures de sauvegarde, de redressement et de liquidation judiciaire.

Méthodologie et conseils

De nouveaux acteurs voient le jour, comme les représentants de proximité (représentants du personnel) intervenant dans un champ de compétence plus restreint que celui du CSE d'établissement ou du CSE qui l'a désigné.
La loi n'impose pas la mise en place de représentants de proximité dans l'entreprise.

Avant de vous lancer...

√ **Des dispositions plus favorables relatives aux attributions du CSE peuvent résulter d'accords collectifs de travail ou d'usages.**

Outil 63

Le délégué syndical et le représentant de la section syndicale

> “
> 1968 : la présence syndicale est autorisée dans l'entreprise.

En quelques mots

Chaque **syndicat représentatif** dans une entreprise peut désigner un **délégué syndical** (DS) parmi les candidats aux élections professionnelles, qui ont recueilli sur leur nom et dans leur collège au moins 10 % des suffrages exprimés au 1er tour des dernières élections du comité d'entreprise.
Le délégué syndical exerce un rôle de représentation du syndicat dans l'entreprise, négocie et signe des accords collectifs. Si le syndicat n'est pas représentatif dans l'entreprise, il désigne un **représentant de la section syndicale** (RSS). Ce dernier bénéficie des mêmes prérogatives que le délégué syndical mais ne peut, sauf exceptions, négocier et conclure des accords collectifs.

LES ATTRIBUTIONS ET MODES DE DÉSIGNATION DES DÉLÉGUÉS SYNDICAUX (DS) ET DES REPRÉSENTANTS DE LA SECTION SYNDICALE (RSS)

Les attributions

2 rôles : REVENDICATION + REPRÉSENTATION du syndicat.
- Défendre les intérêts des salariés.
- Animer la section syndicale, collecter les adhésions et animer les réunions de la section syndicale.
- Veiller à l'application du droit du travail et transmettre les réclamations à l'employeur.
- Négocier et signer des accords d'entreprise ou d'établissement (uniquement les délégués syndicaux et non pas les représentants de la section syndicale).

Les modes de désignation

- Pas d'élection. Le DS ou le RSS sont désignés par les syndicats.
- Depuis la loi démocratie sociale du 20 août 2008, désignation d'un DS si les candidats aux élections professionnelles (CSE) ont recueilli 10 % des suffrages exprimés au 1er tour.
- Si le syndicat n'a pas obtenu 10 % des suffrages aux élections professionnelles, désignation d'un RSS.
- Mesure possible au regard des résultats des élections des membres du CSE.

POURQUOI L'UTILISER ?

Objectif

Représenter le syndicat auprès de l'employeur et revendiquer sont les rôles principaux du délégué syndical (DS) ou du représentant de la section syndicale (RSS). La négociation d'accords est en principe la seule compétence du délégué syndical et non du représentant de la section syndicale.

Contexte

Les entreprises, ayant plus de 50 salariés, pendant 12 mois consécutifs ou non, au cours des trois années précédentes, peuvent se voir désigner un délégué syndical ou un représentant de la section syndicale.
Avec l'ordonnance n° 2 relative à la nouvelle organisation du dialogue social et économique dans l'entreprise et la valorisation des responsabilités syndicales, toutes les personnes justifiant l'exercice d'un mandat de représentant du personnel ou d'un mandat syndical au cours des cinq années précédant la session d'examen, peuvent postuler à une certification reconnaissant les compétences syndicales.

COMMENT L'UTILISER ?

Étapes

1. Le délégué syndical (DS) a pour mission d'informer les salariés, de participer aux négociations dans l'entreprise, de signer les accords avec l'employeur et de représenter la section syndicale auprès des salariés. Il procède, pour la section syndicale, à la collecte des cotisations, aux affichages, à la rédaction du contenu des tracts, à l'animation des réunions, etc.
2. Le représentant de la section syndicale (RSS) bénéficie des mêmes prérogatives que le DS mais ne peut, sauf exceptions, négocier et conclure des accords collectifs. Sa fonction sera d'animer la section syndicale, afin que le syndicat qui l'a désigné obtienne, aux élections professionnelles, les résultats lui permettant d'être reconnu comme représentatif et de désigner un délégué syndical aux prérogatives plus étendues.

Méthodologie et conseils

Ce type de mandat (DS et RSS) a une durée illimitée. Il cesse par la démission de son titulaire ou sur décision du syndicat, sauf si le délégué syndical qui doit se présenter aux élections professionnelles obtient moins de 10 % des votes valablement exprimés. Pour remplir leur rôle, ils disposent de plusieurs moyens :

- **le crédit d'heures** : 10 à 20 heures par mois selon la taille de l'entreprise pour le DS, 4 heures pour le RSS ;
- **la liberté de déplacement** : le DS et le RSS peuvent se déplacer librement, tant dans l'entreprise qu'en dehors de celle-ci ;
- **la protection contre le licenciement** : tout projet de licenciement concernant les DS ou RSS doit être soumis à une autorisation préalable de l'inspection du travail ;
- **la loi du 17 août 2015 relative au dialogue social et à l'emploi** (loi Rebsamen) : elle comporte des mesures visant à valoriser les parcours professionnels des élus et des titulaires d'un mandat syndical.

Avant de vous lancer...

√ **Le délégué syndical négocie les accords avec l'employeur et contribue aux avancées sociales de l'entreprise.**

√ **Les heures de délégation n'ont pas à être contrôlées par l'employeur. En cas de présomption de mauvaise utilisation, l'employeur est tenu de les payer et il saisira le Conseil des prud'hommes à des fins de remboursement.**

Outil 64

Le statut protecteur des représentants du personnel

> *« Le statut protecteur contre le licenciement des instances représentatives du personnel a été mis en place en France dès 1945.*

En quelques mots

Le salarié investi de l'un des mandats suivants **bénéficie de la protection contre le licenciement**, y compris lors d'une procédure de sauvegarde, de redressement ou de liquidation judiciaire :

- candidat à l'élection au CSE ou au CSE interentreprises ;
- membre élu du CSE ou du CSE interentreprises ;
- représentant syndical au CSE ou au CSE interentreprises ;
- candidat aux fonctions de représentant de proximité ;
- représentant de proximité.

Cela concerne aussi les délégués syndicaux, les représentants de la section syndicale, les conseillers du salarié, etc., dont les mandats n'ont pas changé à la suite des ordonnances Macron.

LA PROTECTION DES SALARIÉS PROTÉGÉS

Les candidats à l'élection au CSE ou aux fonction de représentant de proximité sont protégés pendant 6 mois à partir du dépôt de leur candidature.

Les membres élus du CSE ou CSE interentreprises sont protégés pendant toute la durée de leur mandat et pendant les 6 mois suivant l'expiration de leur mandat (ou la disparition du CSE).

Les salariés sont également protégés à partir du moment où ils prouvent que l'employeur avait connaissance de leur candidature imminente, avant la convocation à l'entretien préalable au licenciement.

Le délégué syndical, ou représentation de la section syndicale, et le conseiller du salarié sont protégés pendant la durée de leur mandat puis pendant 12 mois à compter de l'expiration de son mandat, s'il a exercé celui-ci pendant au moins un an.

POURQUOI L'UTILISER ?

Objectif

Les partenaires sociaux bénéficient d'un statut protecteur qui se matérialise par l'impossibilité pour l'employeur, s'il souhaite licencier un représentant du personnel, de procéder à la rupture de son contrat de travail de manière unilatérale, en l'absence d'une autorisation administrative préalable de l'inspecteur du travail.
Cette protection vise notamment à les protéger d'éventuelles représailles de la part de l'employeur. Ce statut protecteur s'applique aussi bien aux représentants en cours de mandat, qu'à ceux sur le point d'y accéder ou encore à ceux qui ont cessé leur fonction.

Contexte

L'ordonnance du 22 septembre 2017 qui substitue le comité social et économique (CSE) aux anciennes institutions représentatives du personnel (DP, CE, DUP et CSSCT) modifie en conséquence les dispositions du Code du travail relatives aux salariés protégés.

COMMENT L'UTILISER ?

Étapes pour licencier un salarié protégé

1. L'employeur convoque le salarié protégé à un entretien préalable, avant la consultation du CSE, et conduit cet entretien.
2. L'employeur demande l'avis auprès d'un membre élu à la délégation du CSE ou d'un représentant syndical au CSE.
3. L'employeur doit demander en plus une autorisation de licenciement à l'inspecteur du travail dont dépend l'établissement qui emploie le salarié.
4. L'inspecteur du travail procède à une enquête contradictoire, au cours de laquelle le salarié peut, sur sa demande, se faire assister d'un représentant de son syndicat.
5. L'inspecteur du travail prend sa décision dans les 2 mois qui suivent la date de réception de la demande d'autorisation de licenciement. Passé ce délai, et en l'absence de décision de l'inspecteur du travail, l'autorisation de licenciement est rejetée.
6. La décision de l'inspecteur est motivée et notifiée par lettre recommandée avec avis de réception (LRAR) :
- à l'employeur ;
- au salarié ;
- à l'organisation syndicale du salarié (s'il est délégué ou représentant syndical).

Voir Outil 60

Méthodologie et conseils

L'employeur doit respecter la procédure de licenciement habituelle prévue pour tout salarié (que ce soit pour licenciement personnel ou économique). La protection s'applique au salarié titulaire comme au suppléant.

Avant de vous lancer...

√ **Les différentes situations pouvant donner lieu à la protection du salarié protégé sont : le licenciement individuel ou collectif pour motif économique, le licenciement individuel pour motif inhérent à la personne du salarié ou mesures assimilées, la mise à la retraite, le chômage partiel, la modification du contrat de travail ou la modification des conditions de travail.**

Bibliographie

Ouvrages

Barbara ALBASIO, Guillaume CRAVERO, *Creative attitude*, Dunod, 2017.

Luc BRUNET, André SAVOIE, *Climat de travail au cœur de la dynamique organisationnelle*, Éditions EMS, 2016.

Géraldine COUGET, *Recrutement : renforcer la diversité dans l'entreprise,* Éditions L'Express, 100 conseils de pros, 2009.

Christophe DEJOURS, *Souffrance en France, la banalisation de l'injustice sociale*, Points, 1998.

Christophe DEJOURS, Florence BÈGUE, *Suicide au travail : que faire ?*, PUF, 2009.

Guillaume DUVAL, *L'entreprise efficace à l'heure de Swatch et Mc Donald's. La seconde vie du taylorisme*, La Découverte, 2e éd., 2004.

Henri ECKERT, *Avoir 20 ans à l'usine*, La Dispute, 2006.

Alain GAVAND, *Prévenir la discrimination à l'embauche. Pourquoi et comment agir,* Éditions d'Organisation, 2006.

Jean-Gabriel GANASCIA, *Le Mythe de la singularité : faut-il craindre l'IA*, Éditions du Seuil, 2017.

Élodie GENTINA, Marie-Ève DELÉCLUSE, *Génération Z*, Dunod, 2018.

Erwing GOFFMAN, *L'Arrangement des sexes*, La Dispute, 2002.

Monique GOUIRAN, *Responsabilité sociétale & Ressources Humaines*, AFNOR, 2011.

Jean-Paul GUEDJ, *Le Harcèlement dans l'entreprise ; décrypter, combattre et prévenir la violence au travail*, Larousse Poche, 2010.

Annick HAEGEL, *Toute la fonction RH*, Dunod, 3e éd., 2016.

Franck LA PINTA, Vincent BERTHELOT, *Marketing RH*, Focus RH, 2013.

Pascal LARDELLIER, *Le Pouce et la souris*, Fayard, 2006.

Louis LEQUILLANT, *Le Drame humain du travail*, Erès, 2006.

Ilana LÖWY, *L'Emprise du genre : masculinité, féminité, inégalité*, La Dispute, 2005.

Dominique MEDA, Patricia VENDRAMIN, *Réinventer le travail*, PUF, 2013.

Bruno METTLING, *Transformation numérique et vie au travail*, Rapport, septembre 2015.

Daniel OLIVIER, *Management 2.0, performance économique et capital humain*, AFNOR, 2012.

Sandrine PAGEAU, *Recruter et manager les jeunes*, Collection L'Express, 2009.

Bernard PRÉEL, *Le Choc des générations*, La Découverte, 2000.

Bernard PRÉEL, *Les Générations mutantes,* La Découverte, 2005.

Sylvia SCHWEITZER, *Les femmes ont toujours travaillé*, Odile Jacob, 2002.

Jean-François SIRINELLI, *Les Baby-boomers*, Fayard, 2003.

Maurice THÉVENET, *Le Travail*, Eyrolles, 2009.

Camille TRAVERS, *Du e-recrutement au recrutement 2.0*, Focus RH, 2013.

Tracey SMITH, *Strategic workforce planning*, CreateSpace Independant Publishing Platform, 2012.

Dominique TURCQ, *Travailler à l'ère post-digitale – Quel travail pour 2030 ?*, Dunod, 2019.

Revues

« Oser le désordre, l'œuvre méconnue de la créativité et de la résilience », *Business Digest* n° 273, 2017.
« Génération », *Alternatives Économiques*, Hors-série n° 85, 3e trimestre, 2010.
« Conflit au travail. De nouvelles mobilisations », *Sciences humaines*, juin 2011.
« Le temps des femmes », *Alternatives Économiques*, Hors-série poche n° 51, sept. 2011.
« Open Innovation », *La jaune et la rouge*, février 2017.

Documents de travail

10 enjeux pour la France à l'horizon 2022, McKinsey Global Institute, avril 2017.
Imaginer l'avenir du travail à l'horizon 2030, France Stratégie, avril 2015.

La Boîte à outils

DES OUTILS OPÉRATIONNELS TOUT DE SUITE

MEGA Boîtes à Outils

Agilité – 100 outils
Coordonnée par N. Van Laethem

Manager leader – 100 outils
Coordonnée par P. Bélorgey, N. Van Laethem

Digital en entreprise – 100 outils
Coordonnée par C. Lejealle

MÉTIERS

Acheteur, *3e éd.*
S. Canonne, Ph. Petit

Assistante, *2e éd.*
C. Harache, H. Tellitocci

Auditeur financier, *2e éd.*
S. Boccon-Gibod, É. Vilmint

Chef de produit, *2e éd.*
N. Van Laethem, S. Moran

Chef de projet, *2e éd.*
J. Maes, F. Debois

Chief Digital Officer
E. Métais-Wiersch, D. Autissier

Chief Happiness Officer
A. Motte, S. Larabi, S. Boutet

Coaching, *3e éd.*
B. Ammiar, O. Kohneh-Chahri

Commercial, *3e éd.*
P. Bélorgey, S. Mercier

Communication, *4e éd.*
B. Jézéquel, Ph. Gérard

Community Manager, *2e éd.*
C. Pellerin

Comptabilité, *2e éd.*
B. Bachy

Consultant, *2e éd.*
P. Stern, J.-M. Schoettl

Contrôle de gestion
C. Selmer

Création d'entreprise, *2019*
C. Léger-Jarniou, G. Kalousis

E-commerce
C. Delabre

Formateurs, *3e éd.*
F. Bouchut, I. Cauden, F. Cuisiniez

Management, *2e éd.*
P. Stern, J.-M. Schoettl

Manager de managers
A. Hamayon, J. Isoré, J.-P. Testa

Micro-entrepreneur
J. Hellart, C. Selmer

Pilote des systèmes d'information, *2e éd.*
J.-L. Foucard

Publicité
S. Barre, A.-M. Gayrard-Carrera

Responsable financier, *3e éd.*
C. Selmer

Responsable marketing omnicanal, *3e éd.*
N. Van Laethem, B. Durand-Mégret

Responsable qualité, *3e éd.*
F. Gillet-Goinard, B. Seno

Ressources humaines, *3e éd.*
A. Haegel

Santé - Sécurité - Environnement, *3e éd.*
F. Gillet-Goinard, C. Monar

Speaker-conférencier
C. Morlet, B. Deloupy

TPE
G. Ducret

COMPÉTENCES TRANSVERSALES

Accompagnement professionnel
M.-L. Barthélémy, H. Le Pennec

Conduite du changement et de la transformation, *2e éd.*
D. Autissier, J.M. Moutot, K. Johnson, E. Métais

Créativité, *3e éd.*
F. Debois, A. Groff, E. Chenevier

Design management
B. Szostak, F. Lenfant

Design thinking
E. Brunet

Développement durable et RSE
V. Maymo, G. Murat

Dialogue en entreprise
A. Stimec, A. Benitah

Écrire pour le Web
M. Gani

Gestion des conflits, *2e éd.*
J. Salzer, A. Stimec

Inbound marketing et growth hacking
S. Truphème, Ph. Gastaud

Innovation, *2e éd.*
G. Benoit-Cervantes

Innovation managériale
D. Autissier, E. Métais, J.-M. Peretti

Intelligence collective
B. Arnaud, S. Caruso-Cahn

Intelligence économique
C. Deschamps, N. Moinet

Lean, *2e éd.*
R. Demetrescoux

Leadership, *2e éd.*
J.-P. Testa, J. Lafargue, V. Tilhet-Coartet

Management de la relation client, *2e éd.*
L. Chabry, F. Gillet-Goinard, R. Jourdan

Management transversal, 2e éd.
Jean-Pierre Testa, Bertrand Déroulède

Marketing digital
S. Truphème, Ph. Gastaud

Marketing vidéo
T. Gasio

Mind mapping, *2e éd.*
X. Delengaigne, M.-R. Delengaigne

Mon parcours professionnel
F. Gillet-Goinard, B. Seno

Négociation, *2e éd.*
P. Stern, J. Mouton

Organisation, *2e éd.*
B. Pommeret

Orthographe
A. Ponsonnet

Prise de décision
J.-M. Santi, S. Mercier, O. Arnould

Réseaux sociaux, *4e éd.*
C. Bladier

Sécurité économique
N. Moinet

Stratégie, *3e éd.*
B. Giboin

Stratégie Big Data
R. Rissoan, R. Jouin

Stratégie digitale omnicanale
C. Headley, C. Lejealle

Supply chain
A. Perrot, Ph. Villemus

Vidéo marketing
T. Gasio

DÉVELOPPEMENT PERSONNEL

Bien-être au travail, *2e éd.*
C. Huet, G. Rohou, L. Thomas

Confiance en soi
A. Leibovitz

Développement personnel
L. Lagarde

Efficacité professionnelle
P. Bélorgey

Gestion du stress
G. du Penhoat

Gestion du temps, *2e éd.*
P. Bélorgey

Intelligence émotionnelle, *2e éd.*
C. Peres-Court, M.-E. Launet

Marketing de soi
N. Van Laethem, S. Moran

Motivation
S. Micheau-Thomazeau, L. Thomas

Pleine conscience au travail
S. Labouesse, N. Van Laethem

Psychologie positive au travail
B. Arnaud, E. Mellet